新公共管理运动对瓦格纳定律的冲击

XIN GONGGONG GUANLI YUNDONG DUI WAGENA DINGLÜ DE CHONGJI

郝晓薇 ◎ 著

西南财经大学出版社
SOUTHWESTERN UNIVERSITY OF FINANCE & ECONOMICS PRESS

图书在版编目(CIP)数据

新公共管理运动对瓦格纳定律的冲击/郝晓薇著. —成都:西南财经大学出版社,2012.10
ISBN 978-7-5504-0854-8

Ⅰ.①新… Ⅱ.①郝… Ⅲ.①财政支出—研究—世界
Ⅳ.①F811.4

中国版本图书馆 CIP 数据核字(2012)第 225098 号

新公共管理运动对瓦格纳定律的冲击
郝晓薇 著

责任编辑:向小英
封面设计:大　涛
责任印制:封俊川

出版发行	西南财经大学出版社(四川省成都市光华村街55号)
网　　址	http://www.bookcj.com
电子邮件	bookcj@foxmail.com
邮政编码	610074
电　　话	028-87353785　87352368
照　　排	四川胜翔数码印务设计有限公司
印　　刷	郫县犀浦印刷厂
成品尺寸	148mm×210mm
印　　张	7.875
字　　数	195 千字
版　　次	2012 年 10 月第 1 版
印　　次	2012 年 10 月第 1 次印刷
书　　号	ISBN 978-7-5504-0854-8
定　　价	28.00 元

1. 版权所有,翻印必究。
2. 如有印刷、装订等差错,可向本社营销部调换。

摘　要

　　一百多年来，作为一个关于财政支出与工业化经济发展正相关的经验描述，瓦格纳定律在财政理论界影响深远。尽管也有一些学者对瓦格纳定律提出过疑问，但从未动摇过瓦格纳定律的地位，其至今仍是解释财政规模增长的重要理论依据。

　　肇始于20世纪70年代末期的新公共管理运动，持续地对世界各国政府行为产生着深远的影响。基于财政危机的巨大压力和私人部门管理效率的模范作用，新公共管理运动倡导社会领域中政府职能大范围地退缩，而补之以市场机制作用的发挥。

　　公共财政与政府行为密切联系，政府职能范围的调整要求财政规模与结构必须随之做出相应调整。而新公共管理运动实践中的政府职能优化对财政规模的影响具有特定的指向，主要表现在以下方面：①政府职能缩减对财政规模的限制；②分权化改革对财政规模的限制；③公共人事制度改革对财政规模的限制；④公共产品供应机制改革对财政规模的限制；⑤社会保障制度改革对政府规模的限制。本研究对新公共管理运动在以上五个方面对瓦格纳定律产生的影响进行了理论分析，由此在理论层面揭示了一个新的财政现象：新公共管理运动无论在理念上还是在实践上都对瓦格纳定律提出了前所未有的挑战，甚至对瓦格纳定律的合理性造成了致命的冲击。

为了证明这一财政现象的客观性，在实践层面，本书以五个新公共管理运动典型国家（澳大利亚、加拿大、法国、英国、美国）的财政支出数据为分析样本，考察其自新公共管理运动以来（1979—2006）财政支出规模的变化趋势。对上述典型国家的财政支出进行了 ADF 检验、协整检验和 Granger 因果检验，检验的计算过程均通过专业软件 Eviews6.0 完成。检验结果表明，上述国家的财政支出从总体指标数据到分类、分项指标数据，几乎都不支持瓦格纳定律。实践证明，经过新公共管理运动的洗礼，瓦格纳定律几乎失去了存在的客观条件。瓦格纳定律的成立具有阶段性，其成立的阶段可称为瓦格纳适应期。

中国的改革开放一直紧随国际发展之潮流，注意吸收和借鉴发达国家的成功经验。在具体的改革进程中，如民营化进程、服务型政府理念的推行、政府机构改革、人事管理制度优化及行政审批制度改革等具体措施，都与席卷全球的新公共管理运动浪潮几乎保持了高度的一致性。可以说，中国行政改革是世界新公共管理运动的有机组成部分。在这样的具体背景下，将中国财政支出状况与西方新公共管理运动典型国家财政支出状况进行比较，发现中国财政支出在规模上存在刚性增长趋势，中国总体财政支出及大部分分项支出都支持瓦格纳定律，中国财政支出在很大程度上仍旧遵循了瓦格纳定律的内在逻辑。

中国改革实践具有新公共管理运动取向，而财政支出又具有瓦格纳特性，这本身在逻辑上就是一种深层次矛盾。对于在同一个国家的同一时期出现的这种矛盾现象，本研究在分析其原因的基础上给出了针对性的化解思路：以市场机制为助力，减少甚至蠲除财政在市场机制能够有效作用之领域的投入，从而控制财政支出规模，有利于走出瓦格纳定律的窠臼，预防和规避财政风险；在削减财政在过度支出领域支出额度的同时，以改善民生为目标，在公共物品（服务）供给领域引入有效的多元化机制，对于政府理应有所作为的领域加大财政投入力度，并进一步完善相应管理运营机制，有利于提高财政资金在民生领域的利用效率，提高公共物品及公共服务的供给水平。

关键词：瓦格纳定律；新公共管理运动；实证检验；瓦格纳适应期；中国公共财政体系优化

Abstract

Over the past century, in respect of the empirical description of the positive correlation between fiscal expenditure and industrialized economic development, Wagner's Law has profound influence in the field of fiscal theories. Although some scholars have doubts about the Wagner's Law, they never shake the position of the Wagner's Law, and it still the most important theoretical basis for explaining the growth of fiscal scale.

The New Public Management Movement initiated in 1970s' has profound influence on the behaviors of the government of the countries all over the world continuously. Due to the huge pressure of fiscal crisis and the model role of the managerial efficiency of private sectors, the New Public Management Movement advocates the large-scale reduction of governmental functions in social field, supplemented by market mechanism functions.

The close relationship between the public finance and governmental behaviors and the adjustment of the range of governmental functions require that the fiscal scale and structure must make corresponding adjustment, while the influence of the optimization of the governmental functions in the practice of the New Public Management Movement on fiscal scale is specifically oriented, which can find expression mainly in the following aspects: ① the restriction of the reduction of governmental functions on fiscal scale; ② the restriction of decentralization reform on fiscal scale; ③ the restriction of reform of personnel system on fiscal scale; ④ the restriction of supply mechanism reform of public products on fiscal scale; ⑤ the restriction of reform of social security system on fiscal scale. This paper aims to make theoretical analysis of the influence of the New Public Management Movement on the Wagner's Law in respect of the above five aspects, and disclose a new fiscal phenomenon thereof at the theoretical level: the New Public Management Movement issues unprecedented challenge to the Wagner's Law both theoretically and practically, and even make vital impact on the rationality on the Wagner's Law.

To prove the objectiveness of the fiscal phenomenon, this paper takes the fiscal expenditure data of five countries (Australia, Canada, French, England and America) which are typical in New Public Management Movement as the samples for analysis, to investigate the trends of their fiscal expenditure scale since the New Public Management Movement (1979 - 2006), and makes ADF Test, Cointegration Test and Granger Causality Test for the fiscal expenditure of the typical countries. The computation processes of the tests are all completed by professional software Eviews6.0. The test results show that the fiscal expenditure of the above countries don't support the Wagner's Law from general indexes to category indexes and item indexes. It is proved in practice that the Wagner's Law almost loses the objective conditions of survival after baptized by the New Public Management Movement. There is a validity period of Wagner's Law in which it plays an effective role in the financial practice.

The reform and opening to the outside world of China follows the tides of international development closely all along, and pay attention to absorbing and drawing lessons from the successful experience of the developed countries. In the specific process of reform, such as privatization process, the implementation of service-type governmental concept, reform of government agencies, optimization of personnel management system and reform of administrative examination and approval system, keep highly consistent with the New Public Management Movement that sweep over the world. It can be said that the administration reform in China is the organic component of the global New Public Management Movement. Under such concrete background, through the comparison between the fiscal expenditure conditions of China and those of the countries that are typical in the New Public Management Movement, it is found that the fiscal expenditure of China shows rigid upward trends in scale, and both the general fiscal expenditure and most item expenditures of China support the Wagner's Law, and the fiscal expenditure of China still follow the internal logic of the Wagner's Law to a large extent.

The reforms and practices of China are oriented to the New Public Management Movement, while the fiscal expenditure of China has the characteristics of the Wagner's Law, which is a kind of deep logic contradiction. With respect to such contradiction that occurs at the same country in the same period, the analysis gives targeted solutions: with the help of market mechanism, reduce and even eliminate the fiscal investment in the fields where the market mechanism can achieve effective effect, and control the scale of fiscal expenditure in this way, working out of the nest of the Wagner's Law, so as to prevent and avoid fiscal risks; while cutting off the overall quota for all expenditures of fiscal in the fields of excessive expenditure, we should take the improvement of people's living as our target, and introduce effective diversified mechanism in the field of public articles (services) supply, and increase the fiscal investment in the fields that the government should do something and make some achievements, and further improve the corresponding management and operation system, so as to improve the utilization efficiency of the fiscal funds in people's living and increase the supply level of the public articles and the public services.

Keywords: Wagner's Law; New Public Management; Empirical Analysis; Validity period of Wagner's Law; Optimization of Chinese Public Finance System

目 录

1 绪论 1

1.1 **研究背景与基础** 2
　1.1.1 研究背景 2
　1.1.2 研究基础（文献综述） 4
1.2 **研究目标与意义** 11
　1.2.1 研究目标 11
　1.2.2 研究意义 12
1.3 **研究思路与方法** 12
　1.3.1 研究思路 12
　1.3.2 研究方法 16
1.4 **研究体系与自评** 17
　1.4.1 研究体系 17
　1.4.2 研究自评 18

2 基于新公共管理框架的瓦格纳定律历史局限性分析 21

2.1 瓦格纳定律与新公共管理运动回溯 22
2.1.1 瓦格纳定律溯源 22
2.1.2 新公共管理运动梗概 30

2.2 新公共管理运动对瓦格纳定律冲击的规范视角分析 43
2.2.1 政府职能优化对政府规模的限制 44
2.2.2 分权化改革对政府规模的限制 47
2.2.3 公共人事制度改革对政府规模的限制 49
2.2.4 公共产品供应机制改革对政府规模的限制 51
2.2.5 社会保障制度改革对政府规模的限制 52

2.3 基于规范分析的实证思路设计 53
2.3.1 具体假设 53
2.3.2 实证路径 56

3 基于新公共管理视角的瓦格纳定律之实证检验 59

3.1 澳大利亚财政支出的瓦格纳检验及结果原因分析 61
3.1.1 澳大利亚财政支出的瓦格纳检验 61
3.1.2 澳大利亚财政支出非瓦格纳倾向的新公共管理视角分析 70

3.2 加拿大财政支出的瓦格纳检验及结果原因分析 72
3.2.1 加拿大财政支出的瓦格纳检验 72
3.2.2 加拿大财政支出非瓦格纳倾向的新公共管理视角分析 80

3.3 法国财政支出的瓦格纳检验及结果原因分析　82
　　3.3.1 法国财政支出的瓦格纳检验　82
　　3.3.2 法国财政支出非瓦格纳倾向的新公共管理视角分析　89
3.4 英国财政支出的瓦格纳检验及结果原因分析　93
　　3.4.1 英国财政支出的瓦格纳检验　93
　　3.4.2 英国财政支出非瓦格纳倾向的新公共管理视角分析　100
3.5 美国财政支出的瓦格纳检验及结果原因分析　102
　　3.5.1 美国财政支出的瓦格纳检验　102
　　3.5.2 美国财政支出非瓦格纳倾向的新公共管理视角分析　109
3.6 基于新公共管理运动的瓦格纳检验假设验证情况　110

4 中国财政支出的瓦格纳反思　115

4.1 中国财政支出的瓦格纳检验　116
　　4.1.1 中国财政支出一级指标的瓦格纳检验　118
　　4.1.2 中国财政支出分项指标的瓦格纳检验　121
4.2 基于新公共管理视角反思中国财政支出存在的问题　125
　　4.2.1 财政支出规模存在刚性增长趋势　126
　　4.2.3 财政支出结构存在价值取向偏差　134
4.3 中国财政支出体系的优化思路　152
　　4.3.1 以市场机制为助力控制财政支出规模　153
　　4.3.2 以改善民生为目标优化财政支出结构　155

5 结论与展望　159

5.1 主要研究结论　160

5.2　预期研究展望　165

附录　计量结果表　167
　　澳大利亚（AUS）计量结果表　167
　　加拿大（CAN）计量结果表　177
　　法国（FRA）计量结果表　186
　　英国（GBR）计量结果表　195
　　美国（USA）计量结果表　202
　　中国（PRC）计量结果表　209

参考文献　219

致谢　235

1 绪 论

1.1 研究背景与基础

1.1.1 研究背景

瓦格纳定律作为一个关于财政支出与工业化经济发展正相关的经验描述,其内在关系被解析为财政支出占 GNP(GDP)的比例随着人均 GNP(GDP)的增长而增长,并且财政支出占 GNP(GDP)的比例呈序时性上升趋势。一百多年来,瓦格纳定律在财政理论界影响深远,许多学者从不同的层面和角度论证、验证其规律性。尽管也有一些学者对瓦格纳定律提出过疑问,但从未动摇过瓦格纳定律的地位。

20 世纪 70 年代末以来,西方国家发起了一场声势浩大的行政管理改革运动——新公共管理运动。新公共管理运动直面传统行政管理理念及模式的弊端,以提高公共行政效率、减轻政府财政压力为出发点,本着市场效率优于政府规制效率的内在原则,将企业家精神和私人部门管理方式引入政府行政管理领域,强调有限政府理念,在一切可能的领域推行市场化,引发了公共部门管理全方位的实质性变革。新公共管理运动的洪流很快以所向披靡的势态席卷整个世界,以事实证明其理念和机制的实践有效性。公共行政与公共财政密切相连,行政体制改革与财政体系优化密不可分,新公共管理运动不仅带来了公共行政领域翻天覆地的变革,而且也必将对公共财政实践带来深刻的影响。其具体内容反映在财政支出各个指标方面,直接或间接导致了财政支出规模的弱化。显而易见,公共财政体系建设必须服从、服务于新公共管理运动这一现实基础。

具体而言,新公共管理运动对于财政体系的影响,主要体现在对于财政领域及其结构和规模的限定与优化上。一方面，新公共管理运动将信息革命为引领的新兴科技植入政府管理，倡导"有限政府"理念，导致了政府职能及行使方式转变、行政决策成本和人力资源成本的降低及社会事业管理支出缩减等效应，对财政支出必然产生限制和减量作用（叶子荣，2007）；另一方面，基于管理共性的认识，新公共管理运动更加强调绩效目标，将私营部门管理理念及手段引入政府管理，加大了分权化管理、政府活动领域调整、政府机构改革及公共服务供给市场化等强度，对财政支出结构必然提出调整和优化的要求。

在学术理论方面，20世纪末中国理论界开始关注世界新公共管理运动，并不断深入介绍新公共管理运动及其动态。进入21世纪，随着对新公共管理认识和思考的不断深入，国内学界自然而然将其与我国实践相结合，探讨我国行政改革能否及如何借鉴该模式。

在财政实践方面，当时正处于公共财政体系建设的酝酿时期的中国（中国于1998年年底正式提出公共财政的改革目标模式），决策者和大多数研究者的关注的重点是公共财政框架构建，注意力集中于公共财政建设本身。而学界尚没有揭示中国公共财政框架建设与新公共管理运动的相关性，相关的研究并没有得到应有的重视。

目前在中国的理论研究和部门实践中深受瓦格纳定律及其理论的影响，存在着对提高财政"两个比重"的误解，各级财政部门都或多或少地存在财政收入越多越好的片面认识，并且财政支出结构也不尽合理，以至于在现实中出现了这样一种矛盾：一方面中国政府力主服务型政府的改革，并大力鼓励市场力量及民营经济以多种方式介入基础设施等公共性建设领域；另一方面财政规模却持续高速增长并在2010年达到8.9万亿元人民币，引发了社会广泛关注。

有鉴于此，探析新公共管理背景下经济发展与财政规模变迁的规律，已成为理论发展和实践进步的客观要求；在新公共管理运动背景下，根据中国现实和中国社会经济转型的发展趋势，重新审视瓦格纳定律，调整财政政策，意义重大。

1.1.2 研究基础（文献综述）

作为前人的思考成果和智慧结晶，文献是任何研究主题都无法避开的研究基础。只有在充分占有和掌握文献的基础上，才能够保证研究深度、成全研究创新和把控研究方向。基于此，对于文献的梳理工作是本研究的有机组成部分。学术界关于财政规模的相关研究资料可以说汗牛充栋。鉴于研究主题的限制，本研究主要围绕瓦格纳定律相关文献展开综述，而不涉及过于宽泛的主题。

1.1.2.1 国外研究文献评述

瓦格纳定律自诞生之日起便受到了国际学术界的广泛关注。1958年其英文版（原文为德语版）出版后，学术界对瓦格纳定律的关注更加集中，不仅衍生出解释财政支出规模增长的不同理论流派［如梯度渐进增长论，Peacock & Wiseman（1961）；非均衡增长模型，Baumol（1967）；发展阶段增长论，Musgrave（1969）and Rostow（1971）；官僚行为增长论，Niskanen（1971）等］，也有一些学者开始反思瓦格纳定律的逻辑缺陷（Musgrave, 1959），引发了国际理论界对瓦格纳定律的实证研究与验证。这些实证研究大部分运用了传统的回归分析技术，协整分析和误差纠正机制以及因果检验等技术也在某些文献中有所运用，检验结果在不同的样本之间出现了较大的差异。

（1）支持瓦格纳定律的国外研究

关于支持瓦格纳定律的实证研究，其研究依据一般来源于单个国家的实践数据，其时间跨度大部分集中于19世纪50年代至20世纪90年代之间。其中包括对发达国家如加拿大（see e. g. Ahsan, Kwan & Sahni, 1996; Biswal, Dhawan, & Lee, 1999）、日本（Nomura, 1995）、瑞典（Henrekson, 1993）、美国（Yousefi & Abizadeh, 1992; Islam, 2001）、英国（Gyles, 1991; Oxley, 1994）、希腊（Courakis, Moura-Roque, & Tridimas, 1993; Hondroyiannis & Papapetrou, 1995; Chlestsos & Kollias, 1997）等国家的研究；也包括对发展中国家和地区如伊拉克（Asseery, Law, & Perdikis, 1999）、巴基斯坦（Khan, 1990）、墨西哥（see e. g. Hayo, 1994; Lin, 1995）、韩国（Abizadeh & Yousefi, 1998）、土耳其（Halicioglu, 2003; Cavusoglu, in press）等的研究。研究结果均提供了对瓦格纳定律有利的支持。

某些多国实证研究结果也具有瓦格纳倾向：Thornton（1999）发现6个欧洲国家1850—1913年的数据支持瓦格纳定律；Kolluri, Panik, and Wahab（2000）发现七国集团1960—1993年的数据支持瓦格纳定律；Chang（2002）选取了3个新型工业化国家和3个成熟的工业化国家1951—1996年的数据作为样本检验瓦格纳定律，研究结果发现其中5个国家的数据支持该定律；Iyare and Lorde（2004）发现9个加勒比海国家的数据较为广泛地支持瓦格纳定律；Akitoby, Clements, Gupta and Inchauste（2006）通过对51个发展中国家1970—2002年的数据进行实证分析，发现70%的国家支持瓦格纳定律；Lamartina and Zaghini（2008）指出，23个经济合作与发展组织国家1970—2006年的数据支持瓦格纳定律。

（2）否定瓦格纳定律的国外研究

一些实证研究结果不同程度地否定了瓦格纳定律：Abizadeh and Gray（1985）使用55个国家1963—1979年的数据为研究依据，发现富国支持瓦格纳定律而穷国否定瓦格纳定律；Ram（1986）用63个国家1950—1980年的数据作为样本，发现大部分国家不支持瓦格纳定律；Bairam（1995）发现，除国防支出外，美国（1972—1991年）其他分项财政支出一律否定了瓦格纳定律；Afxentiou and Serletis（1996）在对欧洲多个国家（1961—1991年）的研究中发现，没有证据支持瓦格纳定律；Ansari, Gordon, and Akuamoah（1997）发现3个亚洲国家的数据不支持瓦格纳定律；Halicio（2003）研究指出，土耳其1960—2000年的数据不支持瓦格纳定律；Chang, Liu, and Caudill（2004）采用3个亚洲的最新工业化国家和9个成熟工业化国家的数据进行检验，发现大部分数据不支持瓦格纳定律。Wahab（2004）对30个经济合作与发展组织国家的研究结果证明，仅非常有限的数据支持瓦格纳定律。Chiung-Ju Huang（2006）指出，1979—2002年中国内地与中国台湾地区的财政支出不具备瓦格纳倾向。M. Adetunji Babatunde（2007）研究发现尼日利亚1970—2006年的数据不支持瓦格纳定律。Nrayan, Nielsen & Smyth（2008）发现，就中国1952—2003年的总体省级面板数据和西部省份的面板数据而言，没有证据显示瓦格纳定律成立。Joseph M. Frimpong and Eric F. Oteng-Abayie（2009）利用西非货币区（West African Monetary Zone）3个国家1965年以来的数据对瓦格纳定律进行了检验，实证结果为发展中国家否定瓦格纳定律提供了事实论据。Mohammad Afza, Qaisar Abbas（2010）使用协整分析和因果检验技术对巴基斯坦1960—2007年的数据进行了瓦格纳检验，检验在不同时段（1960—1972，1981—2007，1991—2007，1981—1991）得出了差异性结论，其中绝大部分时段（前三个）都否定了瓦格纳定律。

总之，不同学者在检验的过程中也形成了对瓦格纳定律的不同理解。整合过去的经验分析，对瓦格纳定律目前至少有6种表述方式，具体见表1-1。就这6个版本的模型表达式而言，没有证据显示哪一个表达式更加优越，所以在近期的实证研究中，有很多研究就其研究对象对这 6 种模型都进行了检验。本研究亦如此。

表 1 - 1　　　　瓦格纳定律的六种模型

版本	方程表达式	原始出处(创建者)
1	LE = a + bLGDP	Peacock-Wiseman (1961)
2	LC = a + bLGDP	Pryor (1969)
3	LE = a + bL(GDP/P)	Goffman (1968)
4	L(E/P) = a + bL(GDP/P)	Gupta (1967)
5	L(E*100/GNP) = a + bL(GDP/P)	Musgrave (1969)
6	L(E*100/GNP) = a + bLGDP	Mann (1980)

注：本表来自 Demirbas 于 1999 年的研究总结。L 代表对时间序列取自然对数；E 代表财政支出；GDP 代表国内生产总值；C 代表公共消费支出；P 代表人口。[①] 其中，C = 一般公共服务支出 + 国防支出 + 公共秩序与安全支出。

　　从上述国际层面对瓦格纳定律的实证检验来看，基本上是直接针对瓦格纳定律本身是否正确，能否得到实践支持的角度展开研究的。尽管所取得的不同研究结论都很直观，但由于并没有深入分析实证研究对象深刻的社会经济背景，特别是忽略了瓦格纳定律产生的历史条件和背景与当今社会的重大差异——新公共管理运动以来，伴随着公共行政改革而发生了深刻变化的公共财政管理及其收支结构，因此，只能作为我们重新检验瓦格纳定律的历史参考，不能作为今天我们对瓦格纳定律解读的充分依据。

---

① 需要说明的一点是，Demirbas（1999）总结的瓦格纳定律各个版本的方程中，对于衡量总体经济发展程度的指标采用的是 GNP。鉴于数据的可得性和完整性，本研究采用 GDP 代替这一指标。

1.1.2.2 国内研究文献述评

国内学界几乎是改革开放以后才开始接触并认识瓦格纳定律的，由于起步较晚，因此对于瓦格纳定律的研究大部分停留在对其结论的追随上，反思很少。值得一提的是郭希林（2005）的规范性分析，他提出财政支出规模必会存在一个合适的极值，甚至会在此极值后呈现出逐渐下降的态势。叶子荣等（2007）立足于新公共管理运动这一新的特殊背景，对瓦格纳定律的局限性进行了开创性的规范研究，认为新公共管理有限政府的理念必然导致实践中财政规模的缩减或限制，瓦格纳定律很有可能被打破。孙天法（2007）从市场结构范式的基础出发，指出瓦格纳财政体系不具有可持续性，并结合实践反思了中国财政支出在1994—2006年间呈现的瓦格纳特性。季建林（2010）结合中国行政费用上升的问题，在承认瓦格纳定律合理性的基础上探讨了其应存在合理极值的问题。

在实证研究方面，绝大部分从不同角度援引国际研究瓦格纳定律的六种经典计量模型结合中国的实际展开了探索性研究：杨继（2002）、吴凯（2006）的研究认为瓦格纳定律在中国基本成立；姚静（2009）的研究考虑到了体制背景，将数据样本分为1978—1994年与1995—2006年两个时段分别考察，实证结果指出在1995—2006年间我国财政支出增长支持瓦格纳定律，并做出了中国在将来财政比率仍会不断上升的结论；李树生（2009）在考虑结构变化的条件下利用中国1952—2007年的数据对瓦格纳定律进行了检验，研究发现瓦格纳定律在中国是适用的，按照现有经济增长水平中国政府规模在未来还能够持续扩张。李永友和裴育（2005）选取了中国1979—2003年国民产出、总的公共支出、公共消费支出三个变量，利用经验数据考察了我国公共支出与国民产出之间的经济关系，其实证分析结果表明，瓦格纳定律在我国并不成立。但是，考虑到该时段内我国经济体制的明显变化，这一结论实际上并不令人意外，更进一步的研究需要在同一体制下考察财政支出与 GDP 的内在关系，如此方能更加确切的贴合瓦格纳定律本身的逻辑。黎君（2004）的研究虽然看到了中国财政支出规模变迁不符合瓦格纳定律的特点，但结论强调中国实践应该依照瓦格纳定律进行修正，有片面之嫌；胡锋（2002）的研究指出了瓦格纳定律在我国被错误应用，强调中国转轨时期的社会经济现象与瓦格纳模型分析的对象不同；郑春荣（2008）观察到了近年来财政支出比重在许多国家不升反降的现象，对瓦格纳定律的普适性进行了反思，但其研究未考虑到新公共管理运动这一背景；赵石磊（2008）通过基于 VAR 模型的协整检验与因果关系检验的计量分析发现，中国 1978—2006 年共 29 年的历史数据不支持瓦格纳定律，虽然经过对样本区间进行调整后得出 1987—2006 年的数据支持瓦格纳定律的相反结论，但对与这种差异的解释并未深究而仅停留在了表面现象上；王小利、张永正（2008）在 Gibbs 抽样条件下，利用中国 1952—2006 年的时间序列数据，对瓦格纳定律在中国的有效性问题进行了实证检验，实证结果证明瓦格纳定律在中国并不成立，中国政府公共支出规模扩张与经济增长两者之间在数量上的关系具有明显的阶段性特点。

  国内外学者从实证角度对瓦格纳定律的探索性研究，从整体上看基本上停留在被动解释层面上——本着验证瓦格纳定律的中国表象的目的出发，希望得到肯定性的回应。尽管有的研究得出否定结果，但所给予的解释也显得或牵强附会、或不够深入。即使有的研究将原因归集于中国转轨时期的社会经济现象的特殊性，也意在说明如果中国完成社会经济转型，瓦格纳定律还是可以在中国得到实证支持的。可见，上述研究还没有将其视野放大到新公共管理运动的实践背景，系统地反思瓦格纳定律。至于结合中国政府向服务型转变这一现实背景的瓦格纳定律研究，在我国似乎还没有相关的文献可查阅。

以上国内外学者对瓦格纳定律的局限性从不同角度进行了一定的研究，但是从整体上看，大部分（尤其是实证研究）都是被动的解释，即本着验证的目的出发却得出否定结果的时候不得不给出的解释。只有极少数学者对其不足进行了主动的思考，但是可以说这些分析缺乏深入性，尤其没有结合新公共管理运动的冲击来进行深入反思。而新公共管理运动在实践上倡导的有限政府和绩效管理理念，必然限制财政规模，瓦格纳定律的局限性已然凸显。

1.1.2.3 已有研究成果的局限性

伴随着公共管理实践的进一步发展，尤其是新公共管理运动的兴起，瓦格纳定律的历史局限性也越来越凸显出来。

新公共管理运动并没有改变瓦格纳定律的前提条件（工业化），但是前者所倡导的理念却在实践上对后者提出了挑战。一方面，新公共管理运动倡导"有限政府"理念，并将信息革命为引领的新兴科技植入政府管理，导致了政府职能及行使方式转变、行政决策成本和人力资源成本的降低及社会事业管理支出缩减等效应，对财政支出必然产生限制和减量作用（叶子荣，2007）；另一方面，基于管理共性的认识，新公共管理运动更加强调绩效目标，将私营部门管理理念及手段引入政府管理，加大了分权化管理、政府活动领域调整、政府机构改革及公共服务供给市场化等强度，对财政支出结构与规模的调整和优化提供了现实条件。

以上国内外学者对瓦格纳定律的局限性从不同角度进行了一定的研究，但是无论国际还是国内，没有任何一项研究考虑到了新公共管理运动的背景。虽然新公共管理运动的产生于西方社会进入后工业化时代不无关系，但是严格地说，所谓"后工业化时代"，就是以高新技术产业为支撑、为主体的时代，后工业化是工业化的深度发展，其实质仍旧是工业化。[①] 工业化仍旧在不可逆转地进行，新时代背景下的工业化与新公共管理理念并行，由工业化所衍生的经济、政治、社会需求的扩张，在新公共管理理念之下催生了多元化的供给主体，从而客观上降低了政府供给的压力，为限制或者弱化财政支出规模提供了相当巨大的空间，瓦格纳定律的神话将被打破。因此，以新公共管理运动视角为切入点研究瓦格纳定律的历史局限性，应成为下一步相关理论研究的重点之一。

1.2 研究目标与意义

1.2.1 研究目标

本研究的目标是基于新公共管理运动的理论和实践，在考察瓦格纳定律历史局限性的同时，试图从新的现实背景中总结世界代表性国家公共财政变迁的新趋势，进而结合具体国情探求我国公共财政建设的新走向。

具体目标及逻辑展开如下：

在规范分析的基础上，对新公共管理运动背景下的财政规模及结构进行针对性的实证研究，归纳和分析新公共管理运动发展比较典型的不同国家在该运动中各自呈现的财政变革情况，并努力透过纷繁复杂的现象，深入探索各国在新背景下公共财

[①] "后工业化社会"是美国社会学家 D. 贝尔创造的名词，他在《后工业化社会的来临》中用该词来描述20世纪后半期工业化社会中所产生的新社会结构。他认为这种结构将导致美国、日本、苏联以及西欧在21世纪出现一种新的社会形式。这一命题仍旧符合瓦格纳定律关于在工业化进程中社会关系的复杂化这一前提假设，因此在此背景下研究瓦格纳定律具有逻辑可行性。

政建设的共同规律，以方便我国在实践中借鉴。

同时，利用各国经验数据进行财政规模变迁趋势的研究，印证倡导"有限政府"理念的新公共管理运动所必然导致财政规模有限的假设，得出瓦格纳定律具有历史局限性的结论，以尝试对公共经济理论的创新。

在此基础上，以历史的视角审视瓦格纳定律在我国的适用性，就我国1994年以来的财政规模及结构的时间序列数据进行实证分析，结合瓦格纳定律考察我国公共财政建设现状；考察新公共管理运动对我国公共行政改革的影响，揭示我国公共财政建设的理性走向。

1.2.2 研究意义

理论意义：充分认识瓦格纳定律的历史局限性，结合新公共管理运动背景修正瓦格纳定律的原始模型，具有重要的理论意义；在此基础上探讨中国公共财政体系优化，对于建设中国特色的公共财政理论的深化具有重大的学术价值，可以说其本身就是一种理论创新。

实践意义：破除"瓦格纳定律"迷信，适应新公共管理运动的要求进行财政改革和建设，既有利于探索我国公共财政的目标、模式、规模和结构，也有利于强化公共财政绩效意识和绩效管理，提高我国公共财政运行效率。

1.3 研究思路与方法

1.3.1 研究思路

瓦格纳定律的内在逻辑可以归纳如下：随着经济发展和人

均所得的上升，社会对公共部门提出了更多需求，公共部门的活动将日趋复杂和重要，公共支出必将逐渐增加（如图 1-1 所示）。

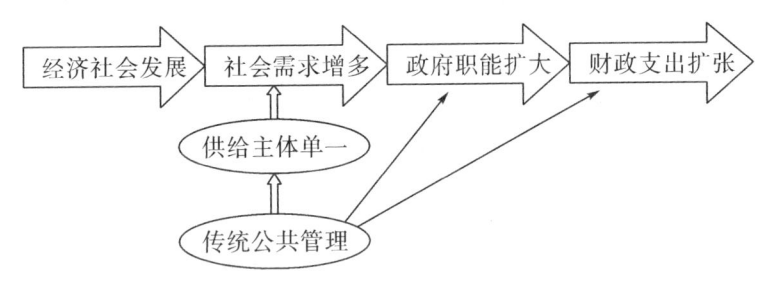

```
经济社会发展 → 社会需求增多 → 政府职能扩大 → 财政支出扩张
                    ↑                ↑
                 供给主体单一
                    ↑
                 传统公共管理
```

图 1-1　瓦格纳定律的内在逻辑

而新公共管理运动本质上是公共部门管理的一次突破和创新，它体现了公共管理方式方向性的根本调整，同时更是政府管理领域的改革过程，其实质是行政改革。与此同时，由于公共行政与公共经济密切相连，而前者所表现的政府职能与后者所表现的财政职能更是处在一个联动状态之下，政府职能的实现要求财政相应到位（秦春华，2009）。基于此，行政管理改革必然对作为公共经济基础核心部分的财政体系提出变革要求。鉴于私人部门管理效率的模范作用，新公共管理运动倡导社会领域中政府职能大范围的退出，而补之以市场机制作用的发挥，为社会需求供给主体多元化的实现提供了理论依据及现实空间，这要求财政必须随之相应限制规模。在这一历史背景下，瓦格纳定律作为一项风靡世界百年的财政理论，对于当前财政管理实践的指导明显暴露出力不从心的局限，虽然轮廓与形体未变，但理论的旧鞋子已经难以套上不断生长的实践之足。这一逻辑的实质体现为对瓦格纳定律内在逻辑的挑战，具体如图 1-2 所示。

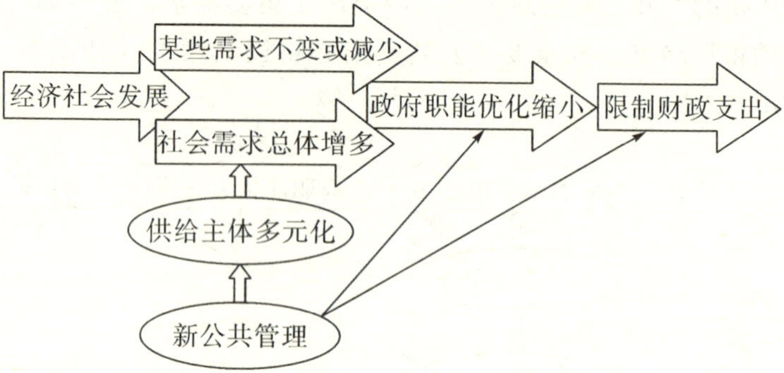

图 1-2　新公共管理运动对瓦格纳定律的冲击

基于以上研究逻辑，整体研究思路设计如下：选择五个新公共管理运动典型国家作为研究对象，包括澳大利亚（AUS）、加拿大（CAN）、法国（FRA）、英国（GBR）、美国（AUS），采用以上各国1979—2006年的财政数据细目，将之代入成熟的瓦格纳定律数学模型表达式，验证新公共管理运动以来以上各国财政规模的变迁与该定律的契合情况，挖掘各国新背景下财政支出变化规律和内在原因，以证实本研究的初始假设。进而将视线聚焦中国财政理论及实践状况，发现在中国当下仍旧不乏对瓦格纳定律的不当推崇。针对这类削足适履的言论乃至做法，本研究本着实事求是和与时俱进的原则，试图揭示这一问题的原因所在，矫正迷信定律的僵化观念，在反思中为我国公共财政建设提供参考。总体思路如图1-3所示。

研究展开的逻辑层次如下：① 采用协整分析（E-G两步法）与Granger因果检验法，检验瓦格纳定律在新公共管理运动典型国家的适用性；② 采用协整分析（E-G两步法）与Granger因果检验法，从新公共管理视角出发检验瓦格纳定律在中国的适用性；③ 将以上两组结果进行对比，归纳中国行政改革的新公共管理特性，并分析中国公共财政建设当前存在的问题及原因，进而结合中国实际提出优化思路。

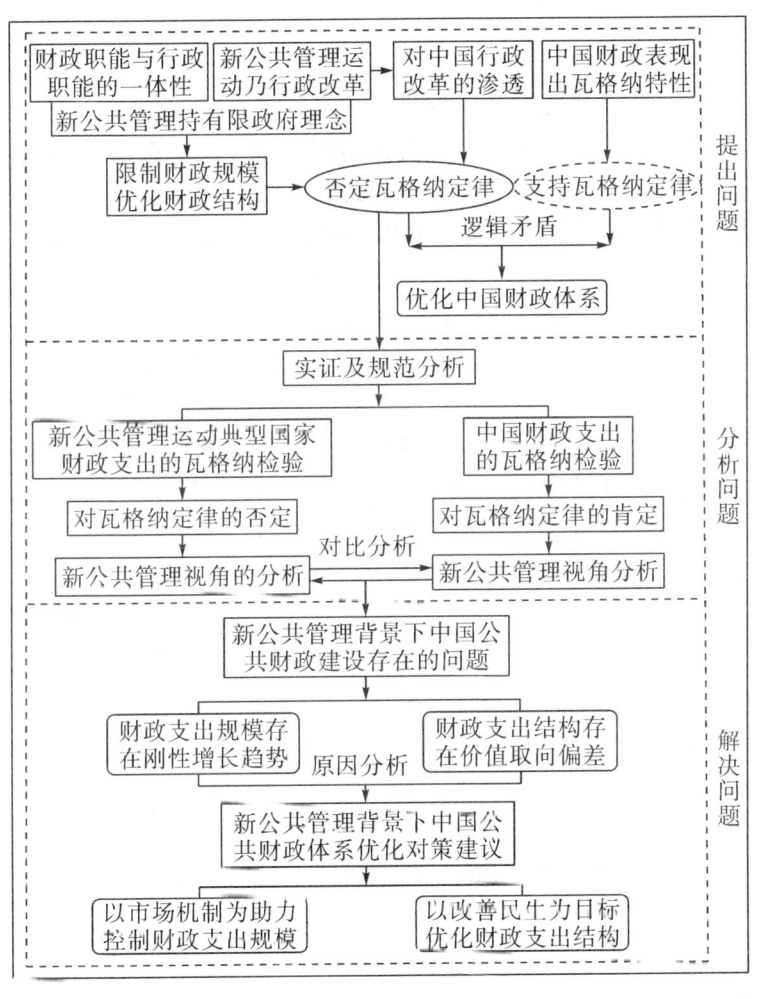

图 1-3 研究思路示意图

1.3.2 研究方法

1.3.2.1 文献法
对国内外研究现状主要采用文献法进行归纳和梳理。在充分占有历史文献的基础上,对瓦格纳定律、新公共管理运动及其对中国行政改革的影响、中国公共财政建设等几部分内容的国内外研究现状给予总结和分析,厘清本研究的研究起点。

1.3.2.2 定性分析与定量分析相结合
在研究中,定性分析方法与定量分析方法相辅相成。

本研究使用定性分析方法,在分析公共管理与公共经济相关理论的基础上,具体运用归纳和演绎、分析与综合以及抽象与概括等方法,揭示新公共管理运动过程中典型国家财政规模及结构的变迁过程与特点,并揭示中国公共财政建设存在的问题。

定量分析方法主要用于对瓦格纳定律六种模型的检验过程,涉及 ADF 检验、协整分析、Granger 因果检验,通过对典型的国家以及中国财政规模变迁进行实证研究,揭示瓦格纳定律的历史局限性,并将新公共管理运动典型国家与中国的实证结果相对比,在立足现实的基础上通过借鉴前者经验提出对中国公共财政建设的优化思路。

1.3.2.3 静态分析与动态分析相结合
静态分析常被称为横截面分析,是指考察研究对象在某一时间点上的现象和本质问题。本研究主要采用静态分析法来分析不同国家财政规模某一时间点或横截面上的状况及其带有规律性的特征,以及中国财政规模在同一时间内总结构的数量指标。

动态分析被称为时间序列分析,利用全体研究对象共六个国家的时间数据,挖掘财政规模在新公共管理运动背景下随着时间的推移所显示出的发展、演化的新趋势。

1.4 研究体系与自评

1.4.1 研究体系

总体研究根据提出问题、分析问题、解决问题的思路展开。根据预设的研究思路，研究内容共包括五章。

第1章绪论，主要介绍整个研究的轮廓。包括研究起点（背景）与文献基础，研究目标与意义，研究思路与方法，研究的整体内容概括及自我评价。

第2章基于新公共管理框架的瓦格纳定律历史局限性分析，主要从规范分析的视角揭示了瓦格纳定律在新公共管理运动背景下出现的问题。首先为了廓清问题基点，梳理了瓦格纳定律与新公共管理运动的理论脉络；进而在逻辑上结合新公共管理运动的理念及举措分析了瓦格纳定律面临的困境；最后在此基础上，提出了本研究的实证思路与具体假设。

第3章基于新公共管理视角的瓦格纳定律之实证检验，按国别对研究对象（澳大利亚、加拿大、法国、英国、美国）1979年以来的时间序列数据对瓦格纳定律进行了实证检验，发现各国新公共管理运动以来的财政支出均不支持瓦格纳定律，并分别结合每个国家的新公共管理运动实践分析了其原因。

第4章中国财政支出的瓦格纳反思，利用中国1994年以来的财政支出对瓦格纳定律进行了实证检验，发现中国财政支出在很大程度上具有瓦格纳特性；分析了中国行政改革的新公共管理特性，在此基础上得出中国财政支出具有缩小的空间，与实证研究的结论相对立；立足于中国公共财政建设的具体情况，结合新公共管理运动典型国家的财政支出规模及结构的发展趋势，对比分析了中国财政支出存在的问题；针对中国财政支出存在的问题，从思路方面提出了优化建议。

第5章结论与展望，总结了整体研究的结论，并对下一步研究设想进行了展望。

1.4.2 研究自评

1.4.2.1 创新点

（1）从新公共管理视角切入，利用新公共管理运动典型国家的数据对财政变化趋势进行实证检验，结果证明瓦格纳定律的生命力渐趋式微。

回顾历史文献，对新公共管理运动的分析可谓汗牛充栋，对瓦格纳定律的实证检验也不胜其多，但将二者有机结合起来的论述几乎没有，此其一。其二，此前对于瓦格纳定律检验的实证研究，结论可以分为两类：一类是瓦格纳定律成立；另一类是瓦格纳定律不成立。对于前者而言本研究的结论完全相反，对于后者而言本研究的出发点完全不同。其三，本研究在将财政职能与政府职能有机统合理论的基础上，将问题进一步具体化至新公共管理视角下的瓦格纳定律检验，是对于这一理论的实证佐证。

（2）在事实基础上提出了瓦格纳适应期理论设想。实证结果证明财政支出扩大具有阶段性而非无限性的特征，这一阶段性可以称为瓦格纳适应期，瓦格纳定律仅在瓦格纳适应期内成立。新公共管理运动或者缩短瓦格纳适应期，或者使瓦格纳"之"形曲线的高度降低。

随着社会需求在社会发展最初阶段的极端贫乏到社会发展到较高级阶段的急速增多，基于社会管理者管理角色的基本义务和社会发育程度的限制，社会公共需求得满足更多的依赖财政供给，财政支出在一定时期内必然随着GDP的增长而增长；

但是由于财政支出源自GDP，其占GDP的比例在逻辑上不可能达到100%，因此其增长必须有一个天花板值，一旦财政支出增长达到天花板值之后，就绝不会再有上升空间，此时的社会发育程度渐趋成熟，社会管理者的管理功能渐趋弱化，主要由财政负担的社会需求的供给基本达到饱和，此后衍生的新的社会需求，应该可以由财政之外的社会多元化主体供给，表现为财政支出的渐趋减少。在财政支出达到天花板值之前的阶段，即为瓦格纳适应期。总体来看，随着经济的发展和社会发育成熟度的提高，社会需求的满足会由依赖财政逐渐转变为社会自我满足，财政支出相对于GDP的比值会稳定在一定水平，财政支出的绝对值及其占GDP的比例由此呈现为变体"之"字形曲线。而新公共管理运动与瓦格纳适应期的相互关系，在图形上直观地表现为缩短乃至结束瓦格纳适应期，并使该曲线的高度降低，其实质是对瓦格纳定律内在逻辑的冲击。

（3）将中国行政改革纳入世界新公共管理运动的视野，分析了中国行政改革的新公共管理特性。

自20世纪末以来，中国学界对新公共管理运动从凤毛麟角的介绍发展到人人熟知的常识，从理念及实践角度在公共管理各个领域强调学习新公共管理经验的研究到现在仍旧热火朝天，但是没有任何一个研究从成果的视角反过来分析目前中国改革对新公共管理运动的吸纳程度。而本研究对这一逆向视角做了初步尝试，发现在具体行政改革进程中，中国一直注意吸收和借鉴国际经验，其具体措施与新公共管理运动的主体思路一脉相承，体现了我国行政改革与新公共管理运动的内在联系。因此，可以毫不夸张地说，中国的行政改革是世界新公共管理运动的有机组成部分。

（4）从新公共管理视角利用中国财政支出数据对瓦格纳定律进行实证检验，发现在新公共管理运动背景下中国财政支出在很大程度上仍具有瓦格纳特性，并对这一现象的内在原因进行了理论分析。

就中国为研究对象对瓦格纳定律进行检验的研究，国内外都有，不同的研究结论也有所出入，但是所有这些相关研究都未考虑到中国受新公共管理运动影响的因素。本研究对中国财政数据的选取以1994年为起点，一方面是为了呼应瓦格纳定律本身要求民主的内在逻辑，另一方面则是出于新公共管理运动对中国影响的考虑。实证结果发现，中国财政支出在新公共管理运动的背景下竟然呈现出了非常明显的瓦格纳特性，这本身就是一种矛盾。立足于中国现实深入分析其原因，发现这一矛盾既具有一定的合理性，又反映了中国财政实践在前瞻性方面的不足。如何有效地处理这一矛盾，对中国公共财政建设提出了严峻的挑战。

1.4.2.2 局限性

本研究将新公共管理运动与瓦格纳定律纳入同一研究框架，虽立意有所创新，但由于客观条件所限，在研究中也存在一定的局限性。

（1）限于统计资料的限制，仅选取了五个新公共管理运动典型国家作为研究对象。五个研究对象虽然能在一定程度上说明问题，但是其广泛性不足，在下一步研究中应将研究对象扩展至更大范围进行补充。

（2）对于中国财政支出数据的选择是从1994年至2006年，样本容量太小，说服力有限。但是就目前的研究条件来看这一点无法弥补，权当提供一个研究思路，在时间足够长的以后由后人进行更充分的检验。

（3）对中国财政支出的优化仅提出了思路，未能得出切实可行的实践机制。不过这一点主要是来自研究主题的限制，如将此点扩展开来，可以成就另外一个主题。

2 基于新公共管理框架的瓦格纳定律历史局限性分析

任何理论都生发于现实,而高于现实。瓦格纳定律作为从财政实践中总结出来的一条规律,作为各国政府在财政管理中的指导理念之一,在自其提出起至今一百多年的历史实践中经久不衰。但是实践是不断发展演进的,新公共管理运动的滥觞及发展,不仅从理念上而且从实践上对瓦格纳定律的内在逻辑给予了重创,使得反思后者的历史局限性成为客观必然。如前所述,对于瓦格纳定律的实证研究,国内外学界都做出了一定的努力。在前人研究的基础上,本研究着重将视角锁定在新公共管理运动的角度,从规范分析入手,基于客观事实归纳总结出瓦格纳定律在新的时代背景下的不足,进而推出本研究的假设,并通过实证分析(具体实证过程及结果分析见第 3 章)尝试得到一定的突破,延长这条研究之路。

2.1 瓦格纳定律与新公共管理运动回溯

瓦格纳定律与新公共管理运动,前者作为风行世界百年的经典财政理论,后者作为风靡全球各地的行政改革理念,都已经深为学界及实践部门所耳熟能详,相关的研究成果也可谓汗牛充栋,为本研究思路的成长提供了丰富而充分的养料。从逻辑角度来说,为了廓清研究问题和研究起点,在此仍有必要对二者进行系统而概括的阐释。

2.1.1 瓦格纳定律溯源

2.1.1.1 瓦格纳定律的形成背景

瓦格纳定律是据其提出者德国经济学家阿道夫·瓦格纳(Adolf Wagner, 1835—1917)的姓名命名的,也称瓦格纳法则

(为行文的前后一致性,本研究统一采用"瓦格纳定律"一词)。在1882年公布其研究观点的当初,瓦格纳并没有以"定律"或"法则"的形式表述其思想。之后虽然有不少学者对其思想进行了演绎和发展,但也均未做此界定,直至20世纪70年代初,财政学家伯德在解释瓦格纳的贡献时,才将其明确称为"瓦格纳定律"。

(1) 瓦格纳生平及思想

阿道夫·瓦格纳(Adolf Wagner)全名为阿道夫·海因希里·戈特黑尔夫·瓦格纳(Adolf Heinrich Gotthelf Wagner),是19世德国新历史学派的主要代表人物之一,也是社会政策学派财政学的集大成者和资产阶级近代财政学的创造者,主要著作有《政治经济学基础》(1876)①、《财政学》(1877—1901)、《政治经济学原理》(1892—1894)、《社会政策思潮与讲坛社会主义和国家社会主义》(1912)等。

瓦格纳1835年生于德国埃朗兰根(弗朗科尼亚),其父是一位生理学教授,为他提供了很好的教育条件。他1853—1857年在哥廷根及海德堡大学学习法律和国家学;1858年任维也纳商学院教授,1863年转任汉堡大学教授,1868年转弗赖堡大学讲授财政学、经济学和统计学;1870年被任命为柏林大学政治经济学教授,在任46年直至其职业生涯的终结,并在此期间名重一时,逐渐形成了自己的以财政、税收思想为核心的理论体系,成为德意志帝国最著名的经济学家之一。

瓦格纳初期受英国古典学派影响,主张自由主义,以后参加了社会政策学会,支持当时普鲁士王国权倾朝野的"铁血宰

---

① 该著作中文译名至少有三种:政治经济学基础、政治经济学教程、政治经济学读本。本研究根据新《帕尔格雷夫经济学大辞典》中译本,采用第一种译名。

相"奥托·冯·俾斯麦（Otto Von Bismark, 1815—1898）[1]的政策，既反对古典经济学的自由主义，又反对马克思主义，而提倡国家社会主义。瓦格纳是一个十分保守的普鲁士民族主义分子，他把德国国王威廉一世和俾斯麦也都称为"国家社会主义者"。他参加了阿道夫·施特克尔创建的反动的、反犹太主义的基督教社会党，并成为该党副主席和普鲁士国会下议院的议员（1882—1885），又是福音主义的社会协会的一名积极分子。纳粹党上台时，瓦格纳被誉为国家社会主义的先驱。不过，瓦格纳所持的民族保守主义与纳粹党的法西斯主义并不能够等同。

总结而言，瓦格纳的思想实质是立足于君主专制的有机国家观，主张国家积极干预经济，调和阶级矛盾。其具体观点包括：把社会经济组织分为营利性经济组织、慈善性经济组织和强制性经济组织三种，认为强制的共同经济组织位于个别经济组织之上，它必须保障历史所赋予国家的历史任务得以完成；将"财政"界定为"共同的经济组织中由权利共同体构成的强制共同经济"，并认为国家经费是生产性的，它将转移到国民每年生产的总值中；强调国家救助是社会改良的主要支柱，认为国家的职能应包括发展文化教育和增进社会福利，国家应为把工人阶级压合在君主专制的国家之内的"先上层、后下层"的"社会国家"；主张国家通过家长式的社会政策与再分配性的税收政策来干预经济，把高度垄断化的部门收归国有，主张实施

---

[1] 奥托·冯·俾斯麦（Otto von Bismark, 1815 年 4 月 1 日—1898 年 7 月 30 日），劳恩堡公爵，普鲁士王国首相（1862—1890），人称"铁血宰相"、"德国的建筑师"及"德国的领航员"。作为19世纪最卓越的政治家之一，他任普鲁士首相期间通过一系列成功的战争于1871统一了德国，并成为德意志帝国第一任总理。为了统一大业，面对复杂的阶级矛盾，俾斯麦选择了争取工人阶级的支持来抗衡资产阶级自由派的策略。他通过立法建立了世界上最早的工人养老金、健康和医疗保险制度，并崇尚国家社会主义。

累进税制，扩大财政支出。

瓦格纳最主要的理论贡献是被后世称为"瓦格纳定律"的财政思想。1882年，瓦格纳在对19世纪许多欧洲国家以及日本、美国的公共支出的增长情况做了考察后，发现了政府职能不断扩大及政府活动增加的现象，总结出公共支出不断增长的规律。他认为一国政府的支出与其经济增长间，也就是政府职能的扩大与国家所得的增加之间存在一种函数关系——随着经济的发展，国家职能会逐步扩大，就要求保证行使这些国家职能的公共支出不断增加，日益充裕。当时的事实正是这样，"公共支出不断增长"的情况"可由中央及地方政府经费增加的统计上，雄辩地说明这一点"。结合当时具体情况究其根源，乃是相对于自由资本主义发展阶段传统公共行政管理倡导的"守夜人"和"警察"的政府角色定位，经济工业化的发展促发了国家职能的扩张，工业化既是经济发展的动力，也是财政支出扩张的源泉。

瓦格纳的这一思想集中反映于其经典文章《公共财政的三点精粹》（Three Extracts on Public Finance），该文章最早被翻译收录于1958年R. A. Musgrave and A. T. Peacock 主编的《公共财政的名著》中。随后历经相关学者的不断研究和检验，并为各工业化国家在实践中所推崇，风行世界达一个多世纪之久。

（2）瓦格纳所处的时代背景

瓦格纳所处的时代，是自由资本主义向垄断资本主义过渡的时期，这为其思想体系的形成及瓦格纳定律的提出奠定了历史基础。需要指出的是，考察瓦格纳一系列理论观点的思想根源，不得不首先厘清德国历史学派①的发展脉络。可以说，瓦格纳的思想大体脱胎于该学派的理论体系，并成为其重要的有机组成部分。

德国历史学派，是19世纪40年代至20世纪初期在德国出现的庸俗经济学流派。它强调经济发展的历史性和国民经济的有机体现，代表德国产业资本的利益，反对英国古典政治经济学主张。随着社会实践的发展，该学派经历了两个阶段：旧历史学派、新历史学派。瓦格纳是新历史学派的重要代表之一。

19世纪前半叶，英国完成了产业革命，获得了世界工厂的地位。亚当·斯密的自由主义经济学说代表了英国产业资本的利益，而德国还处在封建割据的农业国阶段。为了发展德国本国的工业，必须采取保护贸易政策，以抵制来自英国的工业品，并在意识形态上对抗英国的斯密理论，旧历史学派应运而生。19世纪40年代至70年代，以W.罗雪尔为创始人，旧历史学派向之前的英法经济学提出了挑战：以历史归纳法反对抽象演绎法；以历史反对理论，否认经济规律的客观存在；以国家主义反对世界主义；以生产力培植反对交换价值的追求；以国家干预经济反对自由放任。

19世纪70年代后，德国的政治经济局势发生了很大的变化。就内部而言，德意志各邦统一，建立了德意志帝国，加速了德国资本主义经济的发展，产业资本壮大，日渐走向垄断资

---

① 德国历史学派的先驱为F.李斯特。此后W.罗雪尔将以F.K.冯萨维尼（1779—1861）为代表的法学研究中的历史方法，应用到经济学方面，奠定了这一学派的基础。继之有B.希尔德布兰德（1812—1878）和K.G.A.克尼斯（1821—1898），形成了旧历史学派。1870年后，由于工人运动和各种社会问题的出现，在旧历史学派传统的基础上，形成了以G.冯施穆勒为首的新历史学派，其主要代表人物有L.布伦塔诺（1844—1931）和A.瓦格纳（1835—1917）。20世纪初期从内部批判历史学派，并促进历史学派的解体的主要人物有M.韦贝尔（1864—1920）和W.桑巴特。

本主义；但是1873年的经济危机引起了中产阶级的没落，工人阶级陷入失业和贫困，社会问题严重，德国出现了资本家、工人与容克地主三足鼎立的复杂局面，其内在矛盾开始显露。从外部来看，同一时期的法国工人进行了夺权，成立了巴黎公社，为全世界的工人阶级争取自己的地位树立了榜样。在内在矛盾的压力和外在榜样的动力共同作用下，德国社会民主党宣传马克思主义，开展了工人运动。为了对抗马克思主义，缓和阶级矛盾，新历史学派继承了旧历史学派的遗产，提出了各式各样的社会改良主义。认为只要求工人克制和节约，不能解决问题，还必须从意识形态上批判"世界主义"、"经济人"的利己心的理论前提，以及古典学派的"唯物主义"。在施穆勒、瓦格纳等人的发起下，于1873年正式成立了"社会政策学会"，参加这个学会的经济学家一般都属于新历史学派，也被资产阶级自由派称做"讲坛社会主义者"①。该学会主张实行改良主义的"社会政策"，企图修补资本主义社会的缺陷，巩固资本主义制度。所谓"社会政策"，是指运用立法和行政手段，消除社会分配弊端的国家政策。

瓦格纳作为社会政策学派的集大成者，他的财政学理论也被称为"社会政策财政论"。瓦格纳旗帜鲜明地反对古典经济学派的财政中性论，提出政府要积极地干预国民经济。应该说，这是符合当时德国的垄断资本主义状况的，具有一定的合理性和先进性。

2.1.1.2 瓦格纳定律的基本内容

1882年，瓦格纳在对19世纪许多欧洲国家以及日本、美国

---

① 其中著名的除施穆勒，瓦格纳和布伦塔诺之外，还有 A. 黑尔德（1844—1880）、G. F. 克纳普（1842—1926）和 K. 比歇尔（1847—1930）等。瓦格纳不承认自己仅仅是"讲坛社会主义者"，而自认为是洛贝尔图斯—亚格措夫的门徒，是国家社会主义者。

的公共支出的增长情况做了考察后,总结出了政府职能不断扩大及政府活动增加的规律,他认为随着经济发展和工业化的进程,不断扩张的市场和市场主体之间的关系日趋复杂,需要政府对经济和社会活动施加干预,其结果必将导致政府支出规模的不断扩大。这一结论被解释为财政支出占 GNP 的比例与人均 GNP 正相关(Musgrave,1959)。

图 2-1 揭示了瓦格纳定律的内涵。其中 OF 曲线描绘了财政支出与 GNP 之间的函数关系。在工业化经济的发展过程中,财政支出随着 GNP 的提高而增长。图 2-1 中的横轴代表人均 GNP,并且横轴隐含时间因素;纵轴代表实际人均财政支出。a、b 两点是曲线上任意两点,其中 a 点发生在 b 点之前。

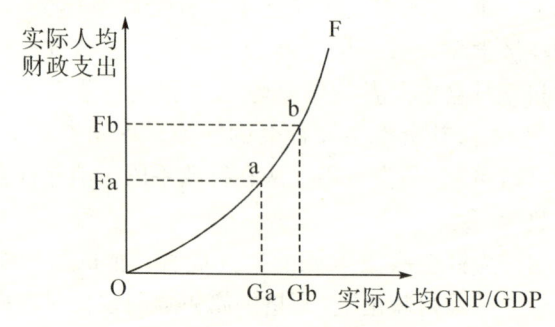

图 2-1 瓦格纳定律示意图

该图所示的函数关系具体包含三方面内容:①财政支出比率(财政支出占 GNP 的比重,即 F/G)的变化趋势:Fb/Gb > Fa/Ga,表明随着一国工业化经济的发展,人均收入的增加,财政支出比率必然上升;②财政支出的收入弹性(财政支出增加百分比与 GNP 或 GDP 增加百分比之间的比例):[(Fb - Fa)/Fa]/[(Fb - Fa)/Fb] > 1,财政支出的收入弹性大于 1,表明随着经济增长,财政支出的增长速度快于 GNP(GDP)的增长速度;③边际财政支出递增倾向:边际财政支出是指 GNP(GDP)

每增加一单位而引起的财政支出的增量,可用财政支出增量占GNP（GDP）增量的比重来表示[(Fb－Fa)/(Gb－Ga),即ΔF/ΔG],边际财政支出递增倾向是指随着GNP（GDP）的增加,财政支出的增量不断扩大的情况。

瓦格纳认为,工业化过程中的社会进步对政府作为提出的需求日益扩大,是财政支出比率上升最根本的内在原因。他指出,自由经济向垄断资本主义的过渡必然使政府制度运行理论也发生相应的变化——自由经济时代的"廉价政府"、"夜警国家"应向垄断资本主义时代的"高价政府"、"社会政策国家"转变,政府职能的扩大是一个必然的规律。①经济工业化扩大了市场与市场作用力之间的关系,使其更加复杂,这种复杂性将会导致促使各种法规应运而生,进而要求建立相应的司法体系和管理制度,以此对行为主体的经济活动进行规范;②都市化进程发展和人口密集程度增加的现象也会导致经济中各种产品和劳务外部效应的扩大,从而对政府加强管理提出了要求;③随着经济工业化程度的加深,不完全竞争程度和状况会日益加剧,导致社会资源不能完全通过市场机制得到最有效的配置,从而要求政府加强经济干预力度并可能成为直接参与生产经营活动的主体;④经济中客观存在具有极大外部性经济效益的行业,由于这类行业在规模与技术等方面的特点,私人不愿或不能生产,随着工业化进程的加快,这方面的需求越来越要求政府进行直接生产经营;⑤政府在提供教育、文化、卫生和福利等方面的公共服务肩负天然职责,而这些需求的增长具有收入弹性,经济发展导致政府用于以上公共服务方面的支出会增加得更快（陈君,2000）。

对瓦格纳定律的实证研究主要集中在对财政规模变迁的验证上。时至当下,国内外一大批学者采用不同的数据和综合多种变量对其进行了系统的检验。其中 Mann（1980）所总结的六种检验形式（详见表1-1）被后学奉为圭臬，其后对瓦格纳定律实证检验的建模思路，大部分都源自这一总结，或者直接参考选用其一，或者构架大同小异，也有对六种形式都进行检验的。

2.1.2 新公共管理运动梗概

自20世纪70年代以来，为了顺应经济全球化和管理信息化的发展趋势，西方国家迫于现实压力，针对公共行政实践中的效率低下、财政赤字巨大、社会成本高昂等问题，按照在公共部门推行学习私营管理机构经验与效仿市场运作机制的思路，开展了一场崇尚绩效管理、强调服务意识、加强竞争机制的政府行政改革运动，即迅速风靡全球并至今仍在不断深化的"新公共管理运动"（Hughes，1994）。

2.1.2.1 新公共管理运动兴起的历史背景

新公共管理运动是时代发展的必然产物，与传统行政弊端日益凸显、技术变革与创新迅速发展、经济全球化愈益加深以及私营部门变革高效率的榜样性等历史条件紧密相连。

（1）传统公共行政的弊端日益凸显

自20世纪70年代以来，以官僚制为中心的传统公共行政的弊端日益凸显，各国政府普遍陷入了财政危机、管理危机和信任危机之中。对以政府为代表的公共部门的不满和抨击在全社会范围内出现，公众强烈呼吁提升公共部门管理效能，改革公共部门管理被迫提上日程。概括而言，政府所受的抨击主要包括以下三点（董正威，2008）：

第一，政府规模过大，消耗资源过多。20世纪50~70年代，世界各国政府的规模都空前扩大。从理论上看，根据著名的"帕金森定律"，官僚制的属性决定官僚机构内在具有天然膨胀和增长的趋势。这一理论得到了来自实践的验证，以官僚制为组织形式的公共部门，由于机构臃肿、行动迟缓、人浮于事、效率低下，而成为众矢之的，饱受社会的指责和非议。因此，社会公众要求政府缩减规模、削减经费的呼声越来越高涨，这可以说是各国进行包括政府机构改革在内的一系列行政改革的导火索。

第二，政府职能越位，干预范围过大。这一点表现为政府管了太多不该管的事，主要体现在以下几个方面：一是政府干预经济和社会生活的程度加深、范围扩大；二是政府直接控制的经济资源（主要为财政收入）占社会总财富的比重日益扩大；三是政府直接生产经营的公共物品与服务数量不断增多；四是政府直接购买和消费的社会产品的绝对数量与相对数量都大幅增长；五是政府把控的社会资金转移和补贴的范围不断扩大、种类不断增多、数量不断增长。一方面，政府越位最终导致了其自身不堪重负的后果，来自财政的压力和公共管理效率的低下，使政府公信力遭到了严重削弱；另一方面，政府越位与错位侵占了市场机制能够有效作用的领域，压制了后者本能发挥的作用。在市场机制日益成熟的背景下，私营部门不断发展壮大，第三部门也日渐兴起，政府将属于市场与社会的职能归还后者已成为一种客观要求。

第三，从属于传统官僚体制的政府管理方式导致了平庸和低效的后果。官僚体制下产生的管理方式普遍比较单一且僵硬，而现代社会本身的复杂与丰富要求管理方式更加具有灵活性与弹性，前者明显对此力不从心。具体而言，现代社会中公众的民主意识越来越强，公民个体与群体素质也越来越高，对于公共事务的关注与参与意识也会越来越强烈。而传统官僚体制严格的等级制度却与这种形势完全抵触，其对于过程和规则的关注，不但忽略了应注重结果的责任机制，而且压制了公众的积极性和创造性。有鉴于此，管理方式的变革应成为一系列改革中的落脚点。对此,基于管理主义管理工具性的认识,私营部门中高效的管理方式和权变的管理哲学适时进入公共管理的研究视野,战略规划、分权机制、标杆管理、全面质量管理、弹性人事制度、顾客导向理念等一系列行之有效的具体方式和理念成为公共部门优化管理效率的可行选择,从而被毫不犹豫地纳入了公共行政管理领域。

历史的发展已充分说明,在过去的几十年里,公共部门在规模、作用范围、管理方式上存在着种种问题,许多国家的公众都也对政府存在的问题提出了严厉的批评。社会发展对公共管理提出了新的要求,新的时代对管理模式提出高度适应性、互动性与灵活性要求将现代公共行政改革提上了日程。

(2) 技术变革与创新迅速发展

政府管理从来都是与技术联系在一起的,就技术而言,在传统行政模式下,羽毛笔和打字机是主要的技术手段,这种技术尽管过于简单,却比较好地适应了官僚制的发展,文件或信息在等级制内上传下达,进行传递和流通,组织的等级制设计和各种制式的规定正是反映了这种情况。然而,社会进入后工业时代以后,官僚制在管理上开始显得有些捉襟见肘。信息技术使管理方式与管理理念发生变革,进而使得等级制本身也发生了变化。随着信息社会的到来,海量信息对传统行政模式下原始的管理技术提出了挑战,进而对传统的行政管理也产生了强烈的冲击。

现代信息技术大大改变了传统的政府管理。一方面,传统的韦伯式"办公室"这一官员处理公务、保存档案以及与公众互动的有形空间,正在被信息技术大幅度地打破,而促成了"无纸办公室"、"虚拟办公室"及"电子政府"等新的办公形式的出现;另一方面,在信息化的办公室中,信息、文件不再按照自上而下方式在组织层级内传达,而可以通过网络实现有效的资源共享，传统的办公室不再是工作人员获取文件与信息的必须空间，只要有电脑联网就可以随时获取信息；再者，关于资料和信息的保存，信息技术突破了人力、物力的有形限制，而可以通过光盘等磁性介质实现高效率的存管；此外，电子政府的出现不但精简了政府机构，而且增强了政府与公众的沟通与互动，大幅度提高了行政效率与公共服务质量；最具突破性意义的一点是，信息化带来了组织机构本身在体制上的变化，官僚制在此背景下几乎失去了生存的空间，组织结构由金字塔型向扁平化方向的转变造就了新的体制文化（中国行政管理学会，2000）。

根据1998年3月经济合作与发展组织发表的一份报告，信息化给公共行政带来的影响主要可从以下五个方面揭示（章璋，2002）：①政府在信息社会中的职能重塑。在信息化背景下，作为政策制定者，政府必须承担起信息技术创新的引导责任，为信息技术应用制定一系列相关规则和提供稳定的制度环境，并善于利用信息技术来提高政府公共管理与公共服务的能力。②政府与其他社会单元之间的关系重塑。在信息化社会中，政府不再天然具有信息垄断的优势以及由此带来的传统权威力量，政府与其他各种社会单元之间原有的相互关系必须向合作伙伴性质的关系转变。③政府传统结构的重塑。信息化带来了多元化，这种多元化不仅体现在公众需求方面，也为政府满足这种需求提供了多元化的各种模式，从而使得传统政府结构得到重塑。④政府传统等级制重塑。信息技术强大而开放的信息系统，在使组织结构扁平化的同时使不同层次的行政单位摆脱了传统的层级节制，为不同层级行政单位的合作提供了越级等级制的新途径。⑤政府伦理与信任的重塑。信息化使公众民主意识和参与意识更加强烈，政府的信息和运作更加透明化，从而有利于优化行政伦理，并自然增强政府公信力。诚如美国联邦通讯委员会技术政策主任迈克尔·尼尔森所说:"正像信息技术深刻地改变美国的商业结构一样,我们可以预见计算机技术和信息交流技术的发展将极大地影响政府的结构和职能。"①

(3) 经济全球化愈益深化

科技进步为世界经济突破传统时空界限提供了现实的路径,人类世界各方面的联系都在不断加强,所有细节昭示整个世界经济已经融为一体,全球化的深度延展正在塑造世界"地球村"。经济基础决定上层建筑,经济全球化的发展势必在政治层面对政府行政管理产生重大影响。在相关学术领域内,公共管理层面的全球化被诠释为"摆脱传统意义上的地域性主权国家的过程和世界秩序中非政府力量上升的过程"(董正威,2008)。从全域视角来看,全球化对主权国家的政府而言既是机遇又是挑战。就机遇而言,政府在全球化背景下的经济活动领域得以拓宽;就挑战而言,政府拥有的传统权力由于受到来自主权国家领土外的限制而不可避免地发生了变异。随着全球化程度的加深,跨国机构和超国组织的影响力越来越大增大,主权国家及其政府的权力由此日益遭到冲击。全球化的贸易、金融、通信和文化交流与互动,必将迫使主权国家不断弱化国家管制和放松保护主义措施,其实质在另一角度表现为传统意义上的地域性主权国家力量受到削弱,相对应的是非政府力量的日渐增强。对此,阿里·法拉兹曼得曾进行了鞭辟入里的分析,他认为"世界银行、国际货币基金、世界贸易组织等超区域性治理组织加强,它们的决定和行为规范与民族国家捆绑在一起,影响了后者的行政体制。为了处理区域性和跨区域性事务,及在诸如全球环境预警、保持生态可持续发展等共同利益方面谋求合作,现代国家相互信赖程度不断扩大,在这里地球村、全球

---

① 转引自韩承鹏. 信息社会的政府管理 [J]. 新疆社科论坛, 2001 (1): 48.

环境和世界公民等概念越来越受到重视，给所有的政府及其公共行政实践形成了压力"。①

毫无疑问，面对势不可挡的全球化浪潮，为了更好地实现自身发展，世界各国必须在行政管理领域做出针对性的变革与调整。而其迫切性正如杰弗·加藤所言："世界需要征服那些拒绝做出重大改变的国家。"② 进一步提炼和总结全球化对公共管理产生的影响，可以总结为以下五点：①全球化通过加强跨地域、跨国家的合作与联系，使原有的以地理区域为单位的传统行政机构之间较为紧密的辖制关系变得比较松散；②全球化对缺乏弹性的传统官僚层级制组织模式带来了致命冲击，扁平化的网络结构的组织模式应运而生并以星火燎原的姿态不断扩展势力范围；③技术尤其是信息技术的全球化，在改变公共行政组织结构的同时也改变了其决策、管理与沟通方式，现代网络技术为新的公共管理哲学与行政伦理的生长提供了肥沃的技术环境与土壤；④全球化与私营部门高效管理机制的示范效应相结合，使私营部门管理理念与技术对公共管理部门的渗透成为全球性的行为，新公共管理运动从而得以迅速席卷全世界；⑤全球化强化了分权意识，弱化政府权力成为其必然的价值取向。

综上所述，全球化浪潮成为传统行政模式反省伦理观念、进行自我改造、提高管理绩效的内在动力之一。

（4）私营部门高效率变革的标杆效应

私营部门高效率的变革对公共管理管产生了巨大的模范标杆效应。根据管理主义的核心理念，管理具有普遍性，不管是

---

① [美] 阿里·法拉兹曼得. 全球化与公共行政 [J]. 曾峻，朱华，译. 北京行政学院学报，2000（6）：75.

② [美] 约瑟夫·S. 奈，约翰 D. 唐纳胡. 全球化世界的治理 [M]. 王勇，等，译. 北京：世界知识出版社，2003：191.

在私营部门还是在公共部门,其并没有本质的区别(王强,2002)。鉴于私营部门在创新意识与能力、经济效益与效能以及服务水平与质量等各方面表现出来的高绩效,新公共管理理念主张通过引入私营部门管理经验和方法提高公共行政管理效能。自20世纪最后20年以来,私营部门为了应对日益加剧的竞争对管理方式进行了巨大变革,这种转变及其成效对政府部门管理产生了巨大的示范效应。

关于来自私营部门尤其是公司的某些变革,学者波特分析指出,有四种相互关联的因素有利于改进组织中不同部分之间的相互联系,进而提高其绩效水平(欧文·E.休斯,2001):①开始关注与外部力量的相互联系与合作。企业的业务范围在围绕不同主题集中,企业更为注重业务内容的"适当性"即重视核心业务,而边缘性业务被外包或转让给其他组织,以提高企业在核心业务上的竞争力,而不再单纯强调业务体系本身的多样化。②由于增长面临高原反应,加之全球竞争激烈程度加剧,企业的战略重点被迫从增长转为绩效。③技术变革为企业之间加强联系提供了更为现实的手段,特别是在电子技术和信息技术领域更容易实现这种相互联系的变革。④作为寻求相互联系的企业主体日趋增多的连锁反应,私营部门之间的多方位竞争也日益加剧。

上述四点虽然指的是私营部门,但在管理主义时代,公共部门显然正在受到私营部门的影响而出现了相类似的这种特征。从第一点看,在公共物品与服务领域,政府的职能正在退缩,市场和社会力量得以壮大,许多传统行政模式下被认为是政府"核心业务"的服务职能正在以民营化、合同外包、公私合作等多元化的形式转让给私营组织或非盈利部门经营。从第二点看,在小政府思潮的主导下,现在公共部门虽然几乎不存在增长的问题,但是在当今全球化浪潮和日趋竞争的时代面前,政府所处的环境则更为复杂,全球的竞争力量对公共部门的压力日渐增大,提高政府绩效实现高绩效政府目标以增强政府对环境的适应性、灵活性、弹性及竞争性已是时代发展的必然要求。从第三点看,关于信息技术对政府管理的影响和变革,前文已有详细论述,技术的进步与变革极大地改变了政府管理,对政府的管理体制和管理方式都产生了深刻的影响。从第四点看,各国行政改革的显著特点是在公共领域引入竞争机制,通过竞争机制提高公共领域的效率和质量。在一个充满激烈竞争的年代,竞争机制对公共部门的影响丝毫不比对私营部门的影响逊色。

在管理主义时代,改革传统的行政管理方式,学习和借鉴私营部门先进的管理方式已成为一种趋势。

2.1.2.2 新公共管理运动的主要内容

新公共管理在整个世界上掀起了一场声势浩大的改革运动,在这场改革浪潮中,尽管各国的改革在具体措施、力度、范围、重点上有所不同,但其改革的突出特点都是将商业管理主义的理论、方法和技术引入市场竞争机制,以提升公共部门管理能力,有效改善政府管理。从各国新公共管理的改革实践看,改革涉及了行政体制的各个层面。作为公共部门管理新范式,新公共管理为公共部门管理与改革提供了新视野。综观国内外学者的研究,可以将新公共管理的要点概括为以下五个方面:

(1) 强调政府政策管理职能与资源配置实务职能分离

新公共管理理论认为,公共组织可以根据其公共性的强弱划分为以下四种类型:政策组织、规制组织、服务提供组织和服从型组织(刘力、张源,2003)。从组织发挥作用的边界属性来看,政策组织必须是完全政府意义上的组织;规制组织可能是政府组织,也可以是政府外组织;而服务提供组织和服从型组织,都可以作为政府外公共管理组织(非政府组织)而存在并发挥应有作用。基于此,从政府职能优化的角度而言,政府最应该作为的领域即履行政策制定职能。政府应通过科学的政策制定和制度供给，为政府组织及非政府组织有效承担公共服务保驾护航。根据这一思路的内在逻辑，将政府政策管理职能与资源配置职能分开可以理解为新公共管理最为基础的行动方略。对此美国学者奥斯本与盖布勒进行了形象解析，他们把政策制定及相关职能比喻为"掌舵"，而把具体资源配置与服务职能比喻为"划桨"，对于处在不断发展状态中的社会这艘巨轮来说，"政府的管理职能应该是掌舵而不是划桨"[1]。作为形式上的社会管理者，政府要履行好"掌舵"功能，必须在信息尽可能完备的前提下，为社会资源实现合理配置提供尽可能完善与高效的政策和制度环境，而非亲自投身到社会资源配置与具体服务供给的实务中去。总而言之，要求政府把握好自己的定位，将政策职能与实务职能分离，可以说是新公共管理理念的核心方案。

（2）借鉴私营部门的管理经验和方式

如前所述，鉴于私营部门在管理方面所表现出的高效，加之管理主义对管理工具性和相通性的界定，新公共管理将借鉴私营部门管理经验与管理方式作为公共部门改善绩效的现实路径。例如，在公共部门实施明确的绩效目标控制，在行政管理过程中引入目标管理、全面质量管理、成本—效益分析等私营部门有效的管理理念，强调过程与结果并重；构建弹性化的人力资源管理机制，在公共部门引入更加灵活的人员流动更新机制，并辅之以货币化激励手段，以改善公务人员工作面貌、提高公务人员工作效率；利用招投标机制（合同出租），将政府本来从事的市场能够有效运营的服务及业务版块移交给市场，从行动上重新厘定政府职能范围，回归政府自身应该坚守的本职

---

[1] D. 奥斯本，T. 盖布勒. 改革政府——企业精神如何改革着公共部门 [M]. 上海市政协编译所，译. 上海：上海译文出版社，1996：12.

等。三十多年来的实践成效证明，以上具体措施作为新公共管理将私营部门经验推广至公共部门的典型表现，是公共部门借以旧貌换新颜的可操作性现实路径。

（3）营造"顾客导向"的行政价值取向

与政府面临的来自社会公众的抨击有关，新公共管理反思了政府的社会职责，指出根据公众需求向社会高效提供服务，是重塑政府形象至关重要的使命和责任。只有仿照私营部门以顾客需求为导向的逻辑，政府服务也必须以自己的"顾客"或市场需求为导向，只有"顾客"需求驱动的政府才能真正满足多样化的社会需求，才能有效促进政府服务质量和效能的提高。从这个意义上而言，公共部门也有自己对应的"市场"和"顾客"。"顾客导向"的行政价值取向的蓝本正是私营部门的"市场导向"思想。具体而言，"顾客导向"是指立足于"顾客"即社会公众的需求和偏好，建立针对性的服务标准、向公众做出承诺并赋予其选择权，最终实现公共服务水平的提升。由此，新公共管理一改传统官僚体制下政府凌驾于社会之上的旧形象，而变身为富有社会责任的企业家政府新形象，社会公众作为其"顾客"被赋予了更多的主动权，这种新型关系不仅有利于推动政府提高工作效率，而且有利于加强政府公信力。

（4）倡导并践行分权思路，放松行政规制

从逻辑上来说，相对于集权机构，分权机构更加灵活，因而得以迅速应变，从而更有效率，并且在一系列的应变过程中为创新精神和责任感的培育提供了更加肥沃的土壤。传统官僚体制下的组织集权结构的僵化使其难以适应多变的外部环境，针对这一体制弊端，立足于日新月异的技术进步和社会变迁，新公共管理在改革中仿照私营部门的应对思路而倡导分权理念。分权思路通过减少层级、授权管理和分散决策权等具体措施实现，与此紧密相连的是，放松行政规制必须同时提上日程。不仅分权要求放松规制，新公共管理还认为过于刻板的规章制度不利于组织的长足发展，他们期望在"顾客"导向的行政文化下营造具有社会使命感的企业家政府，为公共管理创造更加灵活、更具有创新性、效率更高的环境。因此，放松行政规制作为分权思想的具体路径之一，和分权思想被新公共管理所倡导。

(5) 树立经济、效益、效能的"3E"目标

针对传统官僚行政体制导致的效率低下之沉疴，新公共管理旗帜鲜明的树立了行政管理的"3E"目标，强调行政过程及结果的经济（Economy）、效率（Efficiency）与效益（Effectiveness）。在这一基本目标的具体落实中，各个国家具体情况具体分析，立足于国情针对不同行政部门与不同业务内容设立了一系列的具体指标，并重视对相关指标的量化分析。在具体实践中，这一过程的实施要求采用科学的方法、遵循合理的程序、制定恰当的标准，以对相关主体进行工作评价和比较，其实质是在公共部门内部引入了更加鲜明的竞争机制。竞争机制的引入，不但有利于激活公共管理部门内由官僚体制带来的沉闷氛围，而且可以最大限度地激发从公务人员个人到公共部门系统的积极性、创造性与活力。另外，"3E"标准体系的设立也为公众监督公共部门提供了参照系，在一定程度上有利于增强公众与政府的互动性。可以说，"3E"是新公共管理针对公共部门行政管理提出的最高纲领，所有具体改革措施和方案都以此为方向。

需要指出的是，新公共管理的价值观念与逻辑体系并非完美，随着实践的开展，其理论基础和具体措施也受到了不同程度的批评（鉴于研究视角的需要，这里对此不着笔墨）①。但是

---

① 由于政府与企业目标的本质不同，新公共管理运动的理念和实践受到了有些学者的严厉批评，他们认为新公共管理的问题主要包括以下几点：过分崇拜市场教义；不恰当的顾客隐喻；经济价值不能取代政治价值；对人性认识的偏颇。

即便如此，新公共管理仍旧从理念到实践上迅速席卷了整个世界，因此从影响的角度对其展开研究具有不可置疑的事实基础。

2.1.2.3 新公共管理运动的世界性

作为一种新的管理视角和管理模式，新公共管理一经产生便蓬勃发展，其效率的示范作用带来了全世界范围内政府行政模式的变革，展示出了无与伦比的生命力。可以说，"代表这一股潮流、全面推进行政改革的既有君主立宪制国家，也有民主共和制国家；既有单一制国家，也有联邦制国家；在政府制度上，既有内阁制政府，也有总统制政府；在市场体制上，既有自由型市场经济，也有政府导向型经济；高举改革旗帜的，既有右翼政党，也有左翼政党"[①]。在新公共管理运动的浪潮中，西方各相关国家立足于本国国情，分别制订了针对性的政府再造方案，如美国的"企业化政府改革运动"，奥地利的"行政管理计划"，法国的"革新公共行政计划"，希腊的"行政现代化计划"，葡萄牙的"公共选择计划"，澳大利亚的"财政管理改进计划"等。事实说明，20世纪80年代以来整个世界已经形成了一股新公共管理导向的改革浪潮。

新公共管理率先在英国、美国、澳大利亚、新西兰发源，随后席卷到西方乃至整个世界，相比于这些新公共管理发源地国家，欧洲大陆各国（德国、法国、意大利、瑞典等）的行政改革有所不同，它不具有英、美、新、澳等国的全面、系统、连续和激进的特点，但是同样带有管理主义色彩，都或多或少以新公共管理为导向，而成为世界新公共管理运动的有机组成部分。经济合作与发展组织（OECD）代表工业化国家，在1993年的一份调查中，OECD发现其24个成员国都处于行政改革的进程中；而1995年度OECD的公共管理发展报告《转变中

---

① 国家行政学院国际合作交流部. 西方行政改革述评[M]. 北京：国家行政学院出版社，1998：9.

的治理：国家的公共管理改革》认为：经济合作与发展组织成员国的公共管理改革具有同一个已经日渐成熟的议事日程，即新公共管理或管理主义模式。显而易见，北美和欧洲大陆都已被纳入新公共管理运的范畴。

受发达国家的示范性影响，一些新兴工业化国家也纷纷效仿，从而加入到这股行政改革的浪潮当中。发达国家由于具备较完善的市场经济体制，因而以市场机制为基石的新公共管理对其能显现出较强的普适性。然而，在那些正处于完善市场机制过程中的发展中国家，新公共管理也找到了落脚点。由于历史原因，发展中国家深受传统官僚制的影响。在实践中，为了谋求发展，亚、非、拉的一些发展中国家也尝试推行公共企业民营化，引入市场竞争机制，重新厘定政府职能，借鉴企业管理方法。所有的这些实践都表明，发展中国家也或多或少践行了新公共管理的改革理念。哈佛大学的卡马克对世界上123个国家在20世纪80年代和90年代的公共管理改革研究发现，80%的国家进行了公共管理改革。新公共管理对世界各国行政改革的影响表现在世界上形成了三种类型的行政改革：①地处北大西洋和南太平洋的英国、美国、加拿大、澳大利亚和新西兰在不同程度上推行的新公共管理改革：英、澳、新属于系统化改革，美国属于渐进主义改革，加拿大居于两者之间；②地处欧洲大陆的法国、德国、荷兰、瑞典等国家实行的连续或间断的渐进主义改革：瑞典的改革比较系统，德国的改革具有渐进特征，它们都受到了新公共管理的影响；③地处南欧半岛的意大利、希腊和西班牙的改革：意大利、希腊强调制度化，具有系统特征，西班牙具有渐进特征。总体来看，以上不管具体是哪种类型的改革，"都无例外地贯穿着韦伯式的传统公共行政与标志行政现代化的新公共管理两种基本取向的争论"（国家行政学院国际合作交流部，1998）。

毋庸置疑，当代西方行政改革具有普遍性、广泛性和持久性的特点，这场改革几乎涉及所有西方国家，改革的内容涉及公共管理尤其是行政管理的体制、过程、程序及技术等各个方面。关于这场改革的结果，从已经进行改革的国家特别是采取较为激进措施的国家的情况来看，改革引起的行政变化是巨大的甚至是根本性的，所取得的成效也是显著的，因此从影响的角度对其展开研究具有普遍意义。

2.2 新公共管理运动对瓦格纳定律冲击的规范视角分析

新公共管理的实质，是为了达到整体优化行政系统、有效改善政府管理的目的，而通过引入私营部门管理理念、方法和技术对公共部门进行的全方位改革和再造。从各国改革的实践可以看出，在推行新公共管理为导向的改革中，政府职能的定位、机构的重组、市场化方案、中央与地方的分权、行政运行机制的重建等，无不涉及行政体制的方方面面。

公共行政与公共经济相辅相成，一方面，政府财政收支是整个行政体制得以运行的经济基础，没有财政支持政府就无法实现政府的各项职能；另一方面，政府公共行政各项职能的到位履行，尤其是资源配置职能的合理实现，不仅关系到政府财政收支的总量，而且对于整个国民经济的发展具有重要导向作用。因此，新公共管理运动实施的行政体制各个层面的改革，也自然给公共经济带来了不可避免的影响，主要体现在由政府经济职能优化及运行机制调整直接导致的对政府规模的限制，致使瓦格纳定律在世界范围内受到了极具挑战性的冲击。

2.2.1 政府职能优化对政府规模的限制

新公共管理对传统的政府管理模式提出了否定，重新厘定了政府与市场以及政府与社会的职能关系，主张政府的职能是"掌舵而非划桨"，认为政府职能主要是进行宏观方面的"掌舵"，而具体的"划桨"职能则可交由市场和社会完成。换言之，新公共管理倡导在特定领域政府职能的退缩和市场价值的回归，主张通过减少政府干预和充分发挥市场与社会力量的作用，达到政府职能卸载和优化的目的。

政府经济职能的优化主及其对政府规模的限制主要体现在以下几个方面：

2.2.1.1 放松规制

放松规制包括放松社会规制、市场规制、保护产业规制等。其主要表现为放松对市场的管制和缓和社会产业规制，将对某一行业的价格、进入、退出以及商业空间等控制的全部规制统统取消，使其完全受自由市场和竞争法则的支配。这里所说的规制是指政府为谋求社会整体利益，设立并依据一定规则对社会特定主体限制权利或课以责任的强制性行为。伴随各国政府职能的扩张，规制功能逐渐走向初衷的反面，成为限制企业发展和公民自由的工具。为了恢复民间的自主与活力，放松规制成为行政改革中的主要内容之一。

对一国来说，适度的规制是必要的。然而，严格规制的存在对市场经济主体的行为构成了限制，而放松规制的目的在于减少政府对市场、社会和企业的干预，从而激发市场主体积极和能动地承担政府职能的作用。放松规制一般有如下形式：①取消对某一行业的全部规制（包括对价格、进入、退出以及商业空间等诸方面的控制），使该行业完全受自由市场和竞争法则的支配；②规制的总体放松，使规制体系更加富有弹性（如在价格规制方面，以区间浮动的价格规制代替完全固定的价格规制）；③对某一产业的特定部分放松规制（如在发电部门，发电的某几个阶段以及电力输送等环节，由于具有不同程度的自然垄断性质，必须受到适当的限制；而其他一些环节，则可视为完全竞争，不需要进行规制）。

西方国家的放松规制酝酿于20世纪70年代初期，70年代后期付诸实施，80年代形成高峰。随着时间的推移，放松规制扩大到越来越多的领域，从最初放松对市场的管制，逐步渗透到放松社会管制、对保护产业的管制等。"市场和竞争就是最好的管制"成了当时流行的口号。20世纪90年代以后，西方国家开始形成追求"好政府"的价值取向，在放松管制上不再是政府从各个领域撤退，而是一方面放松对经济和社会事务的干预，减少管制范围，充分发挥市场机制的作用；另一方面注重提高适当作用领域的管制质量，改革管制方式，向管理本位回归，做到只"掌舵"，不"划桨"。

放松规制通过政府职能的调整（主要是退出），直接导致了政府规制成本的大幅度缩减。

2.2.1.2 民营化及市场化

在新公共管理运动中，许多国家通过不同手段对国有企业和事业单位进行不同程度的民营化改革，十分有效地缩减了政府规模（张小聪、张学军，2003）。

从实施效果看，实行民营化及市场化对于政府经济职能的优化及缩减主要表现在以下几个方面：①压缩了政府管理职能。民营化改革以后，企业向自由市场主体的角色回归，政府不再具有干预其行为的行政权力，这直接减少了政府对国有企业的管理职能。②减少了政府职员数量。政府职能的缩减自然而然导致了相应职能工作人员数量的减少，进而减除了由此产生的财政支出，在一定程度上缓解了财政压力。③减少了政府投资责任。民营化后的企业作为市场主体,能够通过市场机制自由进出资本市场,在资金方面不再单纯依赖政府投资,为财政支出压力提供了巨大的缓解空间。④ 增加了政府财政收入。出售国有企业是民营化的重要手段之一,出售企业吸纳市场资金直接增加了政府财政收入,加强了财政力量。同时,市场化改革在各行各业中引入了竞争机制,不仅有利于提高资源配置效率,还能由于经济良性发展通过正常的税收机制增加财政收入。

一系列民营化举措的实施,直接导致了政府原来在该领域投资的缩减。

2.2.1.3 合同出租

合同出租又称竞争招标制,是指把原有由政府提供的公共服务以合同形式转给私营企业、第三部门经营,而政府则负责制定标准和进行监管。如政府在教育、医疗卫生、社会保障、公共设施、环境维护、就业等引入市场竞争机制,打破垄断,让公共部门、私营企业和非政府组织都能参加到公共服务提供的行列中来,充分发挥市场和社会力量在提供服务上的作用。

在实践中,合同出租在许多国家得以广泛运用,合同行为超出了提供有限的商品和服务的范围,而覆盖了公共服务的所有设计和方式。签订合同的形式可以取代传统官僚制的等级制,并可对松散地聚集在政府基金部门周围的供应商进行指挥,以提供那些过去由国家独家提供的服务。政府在这些领域表现得越来越像个合同转包商,其注意力不是放在那些模糊的公共产品上,而是放在如何才能满足在机构协议中规定的绩效指标上。因此,合同出租有力削弱了政府财政支出规模。

2.2.1.4 压缩式管理

压缩式管理作为一种新的管理策略,目的是为了应付财政困难,所作为的对象主要是政府的社会服务职能。其具体措施包括:①公共项目系统排序,分清主次,拨款时区别对待;

②中止效率和效益不佳的社会项目，解散相应机构，遣散有关人员；③逐步实行公共服务使用者付费制度，节约公共开支。这种管理主要是对政府的社会管理职能加以分析，把可以市场化的部分职能交由市场力量完成，压缩式管理减轻了政府的社会管理职能，政府不再背上沉重的社会"包袱"，也减轻了政府的财政负担。

2.2.2 分权化改革对政府规模的限制

新公共管理对传统以官僚制为基础的行政体制提出了批判，认为官僚制专注于各种规章制度和繁文缛节，压抑了民主和创造性的发挥，不仅效率低下，而且缺乏弹性与灵活性，难以适应现代公共管理的需求。因此，为提高行政体制的效率，增强行政系统的活力，新公共管理主要采取了分权制改革路径。

分权制改革主要包括中央与地方之间的分权和政府部门内部上下级的分权。中央与地方之间的分权是指中央政府将若干权利如法规制定权、财权、项目管理权、人事权等下放给地方政府；政府内部分权主要是通过减少内部规制与繁文缛节，扁平层级，授权一线，增强灵活性、自主性。由地方政府以及各利害关系团体直接参与并执行公共事务的分权模式，不仅有利于公共需求真实的表达，而且有利于公共政策的高效落实。分权从根本上说是行政系统内部层级间权力平衡的需要，同时通过该理念指导下的政府机构改革等一系列具体改革措施，从客观上实现了对政府财政支出的缩减。

分权制改革缩小了官僚机构的规模和集中化程度，改变了以往的机构庞大、职权交义、部门林立、责任不清的状况，使之由传统的金字塔型向现代扁平型方向发展。分权主要是通过成立决策与执行分开的执行局实现，其基本的做法是把原有的大部中的负责执行的部门独立出来，成立执行局，实行经理

（首席执行官）负责制，执行局是拥有人事自主权与财政自主权，对执行采用合同式管理，承担具体政策执行与提供服务职能，集技术性、专业性、监管性和服务性于一体，业务相对独立，不属于政府职能部门序列但归口政府部门管理的机构。执行局的设立通过合同管理、灵活组织设计等商业管理主义手段，达到了机构精简，减少层级，提高灵活性和放松内部管制及改革公务员制度的目的。

同时，在现代社会技术高度发达的背景下，分权化的政府机构改革也获得了现实的动力和条件。尤其是信息技术的发展与成熟，在提高了政府管理的技术含量的同时，不仅向西方国家政府提出了改革其政府管理模式的要求，又为其改革政府管理模式提供了物质条件。信息技术对行政权力配置的影响越来越大，适宜于工业社会的传统的、统一的公共管理模式已不再适宜于信息社会的技术环境，也不能满足信息社会公民多样化的需求。在新公共管理运动中，各国普遍推行以信息技术为依托的电子政务，广泛利用现代网络信息技术对组织机构进行重组与流程再造。信息技术的推广缩小了政府部门沟通的时限，扩大了各部门之间横向和纵向的联系，使得"网上办公室"和"虚拟机构"得以设立，传统的政府内部的中间管理层次部门不再成为必要，为分权化的政府机构改革提供了技术动力和现实条件。另外，信息技术的使用还有利于拉近政府与公民的距离，加强政府与公民的沟通与互动，从而实现政府对公民的"无缝隙服务"。

在新公共管理运动的实践中，辅以技术等条件的支撑，各国以事实证明了分权化改革的高效性。其中，最为突出的是英国和美国（程祥国、韩艺，2005）。英国在"下一步行动方案"中设立执行局，推行"部—政策核心司—执行局的新的政治—决策—执行"的管理体制，促进决策与执行分开，扩大执行机构的执行权力，从20世纪80年代到90年代，通过政府机构改革，英国政府精简了 20% 的工作人员。美国 1978 年的《文官制度改革法》允许在以规则为基础的模式内加强分权，由新成立的人事局向其他的机构和管理者下放更多的权力；美国的住房和城市发展部计划将区域办公室这个中间层次取消，从而使管理层次由 3 个变为 2 个；美国国防后勤局国防分配地区中心的自我管理小组把该组织的整个管理层次取消，一年节约 205 万美元。受以上影响，世界范围内掀起了一股执行局改革浪潮，如丹麦的"契约局"、加拿大的"特别运作局"、法国的"独立行政机构"、日本的"独立行政法人"等。事实证明，基于分权化理念的政府机构改革对财政规模限制做出了举足轻重的贡献。

2.2.3 公共人事制度改革对政府规模的限制

与传统行政模式下采用僵硬的人事制度不同，新公共管理推崇弹性人力资源管理，重视提高在人员管理及其他人事环节上的灵活性。为此，新公共管理提出打破传统公务员终身制和按资历、年限逐级晋升的僵化的激励制度，主张采用私营部门弹性管理制度并按功绩制晋升（程祥国、韩艺，2005）。

归纳起来，新公共管理中人事制度改革的措施主要包括以下几个方面：

（1）推行以绩效为中心的功绩制，主要是绩效工资制。绩效工资制是依据公务员的工作表现和工作业绩来支付薪金的薪酬形式，根据严格的绩效标准对公务员进行绩效考核，并把考核结果与工资、职务晋升、奖惩等利益直接挂钩，从而建立起有效的激励机制、竞争机制以提高工作效率。由于工资与绩效相挂钩，公务员为了获得更多的报酬，必须不断提高自己的工作业绩，在工作中有更加出色的表现。为了增强持续竞争能力，公务员还必须充分发挥自己的主观能动性，积极参加各类培训，不断提高自身技能、增加自身知识。公务员绩效提高的结果必然促进公共组织生产效率，提高公共组织工作效益，从而有利于降低公共组织的人力成本。

（2）推行弹性人事制度。随着市场机制的引入，改变传统的僵化用人制度，借鉴私营部门弹性的合同制已具有可行性，各国公共部门开始尝试合同制的改革。一方面加大临时雇员比例，解雇不合格的公务员；另一方面还从总体上大幅度裁减公务员队伍。例如：英国中央机关公务员1979年为75.2万人，到1994年减到53.3万人，现今仅为48万人，精减率高达35%；美国从1993年至2000年联邦政府裁员27万余人；法国近十年来中央机关公务员精减近20万人；德国从统一到现在，裁减公务员100余万名；日本近二十多年来进行了8次行政改革，削减公务员近30万人，每年员额精简率为5%；澳大利亚从1990年至1997年，公务员减少25.7万人；新西兰的公务员人数由1984年的8.8万人减少到1998年的3.3万人；荷兰1982年至1989年把总数为16万人的公务员队伍减掉2.6万人（杨波，2001）。以合同制为基础的人事聘用制度打破了公务员的永业原则，有效弱化了公务员制度的刚性并减轻了政府的财政负担。

（3）转变公务员观念。公务员在所属机构的重组中面临了更多流动性、更大的不确定性以及竞争性；根据新公共管理理念，原来私人部门所强调的一些价值观念尤其是效率观念，也在公共部门中备受重视；不仅如此，学习并向私人部门管理思维方式转变对于促进公共部门的服务效率来说也是绝对必要的。鉴于以上条件，政府雇员必须摒弃保守怕事、随遇而安的老观念，树立不断创新、积极进取的新观念。在绩效工资制的激励下，政府雇员已经不得不努力挖掘自己的潜力并不断提高工作质量。

（4）强调公务员的自主权。韦伯模式下严格的规章制度强调绝对的、垂直的命令服从机制，扼杀了公务员的创造性和积极性，造成公务员墨守成规、逃避风险的行为习惯，致使组织因缺乏有效的内部激励机制而效率低下。秉承新公共管理理念，适度弱化人员规制已成为客观必然。①

新公共管理实施的以上一系列人事制度改革措施，不仅有利于促使公务员更大限度地发挥主观能动性，提高工作效率；而且其本身就具有降低行政成本的直接效应。加之同时政府预算制度也在变革，零基预算正在取代传统的预算方式，政府预算不再以惯例和权力为标准，而是以需求为导向，官僚的预算最大化行为必将被逐渐遏制。

2.2.4 公共产品供应机制改革对政府规模的限制

新公共管理运动主张公共产品（服务）市场化。公共服务市场化的本质是将原来由政府承担的一些公共服务职能大量地转移给私营机构和其他各类非政府组织，通过市场机制的作用部分取代政府机制的作用，强调资源的优化配置和效率，从而实现公共财政资源的最有效、最节省使用。新公共管理运动提倡公共服务供给者多元并存，即从公共服务和公共产品完全由政府部门或国有企业提供转变为政府和社会力量共同提供，一些私营部门、独立机构、社会自治、半自治组织等非政府组织都将成为公共物品及服务的提供者，为提供相同的公共物品和服务展开竞争。公共服务市场化把公众当做公共机构的"顾客"，以"顾客"的满意度为衡量公共服务质量的指标。通过政府与企业、非政府组织或非营利组织之间的合作，利用竞争机

---

① 例如，美国人对过多的繁文缛节强烈不满，为此，美国取消了成千上万的对公务员限制的规则，给公务员以更大的自主性和决策权。1993 年的《戈尔报告》对人事制度的改革建议为：取消 1 万页的联邦人事手册；给予各部及行政部门用人自主权及取消统一的申请表格；简化分类体制和公务员辞退体制。详见：桂祥国，韩艺. 国际新公共管理浪潮与行政改革 [M]. 北京：人民出版社，2005：3.

制、价格机制、供求机制与约束机制，调动社会资源参与公共服务的供给过程，从而实现政府以较少的资源与较低的成本来实现提供数量更多、质量更高的公共服务的目的，实现服务的最佳供给和公共资源的有效配置。

政府通过对社会力量的组织、利用和管理，将自身从不必要的具体事务中解放出来，实现公共管理和服务的市场化，这些措施毫无疑问将有效控制和降低政府财政支出的规模。

2.2.5 社会保障制度改革对政府规模的限制

第二次世界大战后，世界各国政府极力打造全面而完备的社会保障制度，把社会保障作为长期的政策稳定下来，社会保障水平在20世纪60年代达到了鼎盛。自20世纪70年代以来，包括以首创了社会保障制度而自豪的德国在内，很多国家都在饱受因其带来的财务危机和经济活力下降的严峻挑战，纷纷做出理性调整，甚至改弦更张。

自20世纪80年代以来，瑞典政府积极寻求社会福利制度的改革之路，以求既最大限度体现公平，又能最大限度提高效率。早在1948年就宣布建成世界上第一个"福利国家"的英国，1979年撒切尔上台执政后着手进行了一系列的调整，推行社会保障私营化等；布莱尔上台后，更是从变化着的世界机会和安全角度提出了新的社会福利观，主张个人的责任与权利对等。美国政府也被不断攀升的社会保障支出所困扰，政府债台高筑的重要原因之一就是规模非常庞大且具有巨大增长潜力的社会保障支出。为此，克林顿政府进行了大刀阔斧的改革，尽可能地缩小受益基准制，扩大缴款基准制，不再轻易承诺提高社会保障程度。面对社会保障支付危机，德国政府不得不于1992年进行了社会保障制度改革，强调个人责任，实现权利与义务对等、实行复合式失业保障制度、失业保险制度偏重于促进就业谋求"自救"等。智利、新加坡等国家更是率先实行个人储蓄型社会保障制度，建立了自我积累自我保障机制，实现个人的权利与义务彻底对等，社会保障基金经营化管理等。

在新公共管理运动的浪潮推动下，传统的社会保障制度的改革的步伐正在加快，社会保障水平呈倒 U 形曲线发展轨迹，从而导致政府相应的财政支出大规模缩减（叶子荣，2007）。

综上所述，新公共管理运动在并未改变其前提假定的情况下，不仅在理念上而且在实践上都对瓦格纳定律提出了前所未有的挑战。

2.3 基于规范分析的实证思路设计

2.3.1 具体假设

在瓦格纳定律框架下，本研究的具体假设立足于财政支出的分类。按照不同的标准，财政支出可以分为不同的种类，由于研究重点所限，这里不再一一阐述。

本研究对于财政支出的分类主要参考国际货币基金组织（International Monetary Fund，IMF）从政府功能角度的分类。按照该体系，财政支出一般被各国政府用于以下 10 个方面：①一般公共服务（General Public Services）；②国防（Defense）；③公共秩序与安全（Public Order and Safety）；④经济事务（Economic Affairs）；⑤环境保护（Environmental Protection）；⑥住房及社区便利设施（Housing and Community amenities）；⑦公共卫生（Health）；⑧娱乐、文化及宗教事务（Recreation，Culture，and Religion）；⑨教育（Education）；⑩社会保障（Social Protection）。财政支出相应的也划分为以上 10 类支出。其中，因第 5

项与第 6 项数据缺省，后文分析中不再涉及。

新公共管理运动本着市场效率优于政府规制效率的内在原则，在一切可能的领域推行"民进官退"的市场化改革。其具体内容反映在财政支出各个指标方面，即形成本研究所关注的有待于实证检验的一系列假设。立足于以上规范分析，结合公共产品的性质来考虑，一个不言而喻的原始参考原则是：应用于市场供给无效率的纯公共产品的财政支出规模一般具有瓦格纳特性，而应用于准公共产品供给的财政支出变化趋势则具有拒绝瓦格纳特性的内在动因。

在瓦格纳定律的逻辑框架内，结合数据的可获得性，具体假设分别描述如下。

假设一：财政总支出不具有瓦格纳特性

据前文的规范分析，新公共管理运动的滥觞及其在全世界范围内的衍化，使得瓦格纳定律不仅从理念上而且从实践上都遭遇了严峻的挑战。一方面，新公共管理运动通过实施政府职能优化、分权化改革、公共人事制度改革以及社会保障制度改革等一系列措施，直接削减了财政支出规模；另一方面，由工业化（或所谓后工业化）所衍生的经济、政治、社会需求的持续扩张，在新公共管理理念之下催生了多元化的供给主体和多种形式的供给方式（体现为公共产品供应机制改革），客观上间接缓解了政府财政的压力。以上两方面力量共同作用，为限制财政支出规模或者弱化财政支出冲动提供了相当巨大的空间，瓦格纳定律的神话将被打破。因此，财政总支出不具备瓦格纳特性。

假设二：经济事务支出不具有瓦格纳特性

新公共管理理念的核心逻辑直指政府在资源配置方面的低效率，对于政府经济职能的优化主要表现为大规模的退出。根据国际货币基金组织的相应分类标准，经济事务支出包括用于以下七大类经济事项的支出：① 一般经济、商业和劳工事务；

② 农、林、牧、渔业和狩猎业；③ 燃料和能源；④ 采矿业、制造业和建筑业；⑤ 运输、通信及其他行业；⑥ 经济事务研究和发展；⑦ 未另分类的经济事务。在新公共管理运动中，对这些支出削减的基础来自于政府规制的放松以及国有企业大规模的民营化及市场化。因此，经济事务支出最不应该具备瓦格纳特性。

假设三：一般公共服务支出不具有瓦格纳特性

按照国际货币基金组织编制的《政府统计手册》（2001），一般公共服务支出由以下八项内容的行政管理支出组成：① 行政和立法机关、金融和财政事务、对外事务；② 对外经济援助支出；③ 一般服务；④ 基础研究；⑤ 一般公共服务"研究和发展"；⑥ 未另分类的一般公共服务；⑦ 公共债务操作管理；⑧ 各级政府间的一般公共服务。从各项的具体组成内容来看，该项管理职能倾向于广义的政府机关的行政管理。在新公共管理有限政府与高效政府的要求下，在信息技术普遍应用的支持下，此类支出不应具有瓦格纳特性。

假设四：社会保障支出不具有瓦格纳特性

在行政管理实践中，可以说财政在社会保障支出方面遭受的压力成为西方各保障水平较高国家进行改革的动因之一。如前所述，在新公共管理运动的浪潮推动下，社会保障理念由"政府主导型"向"政府+社会+个人"模式转变（丁建定，2007），社会保障水平呈倒 U 形曲线发展轨迹，必然导致政府相应的财政支出大规模缩减。因此，社会保障支出不应具备瓦格纳特性。

假设五：公共卫生支出不具有瓦格纳特性

公共卫生支出在国际货币基金组织以政府职能分类的财政支出体系内表现为医疗保健支出，具体内容包括六大类相关支出：① 医疗产品、器械和设备；② 门诊服务；③ 医院服务；④ 公共医疗保健服务；⑤ 医疗保健研究和发展；⑥ 未另分类的医疗保健。很显然，除其中第五项作为基础研究，其纯公共产品特性比较明显之外，其他各项供给均可以由市场提供代用品或竞争品。因此，总体上公共卫生支出应该拒绝瓦格纳特性。

假设六：教育支出不具有瓦格纳特性

高等教育社会化是一种趋势，这部分教育成本逐渐在由国家负担模式向"个人+社会+国家"模式过渡；基础教育由于人口增长率的限制规模也在缩小；其他社会教育形式（如培训等）的供给，也形成了多元化的供给主体。因此，即使教育支出在教育发展的前期会出现增长的趋势，但是随着教育质量的提高，该方面的支出会在总量上会趋于稳定。基于这一逻辑，教育支出在新公共管理背景下不具备瓦格纳特性。

假设七：娱乐、文化及宗教事务不具有瓦格纳特性

娱乐、文化和宗教事务属于精神产品，国际货币基金组织统计框架将这方面的支出分为：① 娱乐和体育服务；② 文化服务；③ 广播和出版服务；④ 宗教和其他社区服务；⑤ 娱乐、文化和宗教研究及发展；⑥ 其他未另分类的娱乐、文化和宗教。以上精神产品从供给机制来看，均可实现市场化供给，只是广播、宗教等政治特性鲜明的相关内容需要政府总体把握，而这部分的支出可以实现规模控制。因此，假设该项支出总体不具备瓦格纳特性。

假设八：国防支出、公共秩序与安全支出具有瓦格纳特性

根据公共产品理论，由于具有非常明显的非排他性和非竞争性，国防支出、公共秩序与安全应属于典型的纯公共产品。鉴于国家是纯公共产品天然的供给主体，随着经济总量的持续增长，国防、公共秩序和安全支出很可能具备瓦格纳特性。

2.3.2 实证路径

针对研究的具体假设，实证分析的目标是要实现对财政支

出各级相应指标的瓦格纳特性的检验。结合国际货币基金组织的分类框架具体而言，即检验一般公共服务支出、国防支出、公共秩序与安全支出、经济事务支出、公共卫生支出、娱乐文化及宗教事务支出、教育支出与社会保障支出以及财政总支出分别占 GDP 的比例是否随着 GDP 的增长而增长。其中，财政总支出为一级指标（First-class Indicator），其他各项为分项指标（Sub-indicator），后者是前者的组成部分。

这一研究目标与研究方法相嫁接，可以理解为加入 GDP 的变化是否能更好地解释以上各个指标的变化趋势，因此对于这一问题在研究方法的选取上 Granger 因果检验具有天然的优越性。同时，协整检验由于可以测查两个变量之间是否具有长期均衡关系，也成为本研究的工具之一。鉴于协整检验仅能揭示两个指标是否具有均衡关系，而 Granger 因果检验却可以指出两个指标的因果方向，这两种工具的有效性都与数据序列的平稳性具有密切联系，因此实证分析在方法上呈现的逻辑顺序如下：首先对相关数据和指标进行 ADF 检验；进而对相关指标进行协整检验；最后进行 Granger 因果检验。

另外，瓦格纳定律的经典计量形式一共有六种（详见表1-1）。鉴于没有客观的证据证明哪一个表达式更加优越，因此这里对六种形式都进行验证。

考虑到新公共管理运动的背景以及限于数据的可得性，研究对象限定于以下新公共管理运动发展比较典型的国家：澳大利亚、加拿大、法国、美国、英国，以其财政支出相应各级指标为据，数据的年限选取范围为 1979—2006 年。研究涉及的具体指标包括 GDP、CPI、人口以及财政支出数据，其中，GDP 与 CPI 数据来源于相应年份的 International Financial Statistics Yearbook（IFS，国际金融统计年鉴），人口数据来源于 Groningen Growth and Development Centre and the Conference Board；Total Economy Database，January 2006，http://www.ggdc.net，财政支出数据来源于相应年份的 Government Financial Statistics Yearbook（GFS，政府财政统计年鉴）。为了保证数据运算的合理性，本研究将所有原始数据换算为以 2005 年为基期的真实值，运算公式为 $N_{2005t} = N_t \times \dfrac{CPI_{2005}}{CPI_t}$，其中 N_{2005t} 是指以 2005 年为基期换算而得的 t 年（此处 t 专指年份）的数值，N_t 是指 t 年的原始数值，CPI_{2005} 是指 2005 年的物价指数，CPI_t 是指 t 年的物价指数。

基于新公共管理视角对瓦格纳定律进行实证检验并不是整个研究的结束，"他山之石，可以攻玉"，考察新公共管理运动典型国家的财政支出变化趋势，最终是为了给中国公共财政建设的进一步深化寻找可资借鉴的有益经验。为了分析中国财政支出的变化，按照以上思路进行实证检验必不可少。之后将新公共管理运动国家的数据与中国的相应数据进行比较，以统一的新公共管理运动作为大背景，分析中国公共财政建设当前存在的问题，并以国外经验为借鉴针对问题提出现实的改进思路。

以上研究的是总体实证设计，相关的指标在之后的研究中就每一个国家进行具体化。需要说明的是，限于数据的来源有限，有些国家的数据有不同程度的缺省。为了保证研究结果的客观性，在之后的分析中对数据缺省的指标进行了回避。

3
基于新公共管理视角的瓦格纳定律之实证检验

根据实证设计框架，对于新公共管理运动以来财政支出规模变化趋势的考察，通过对典型国家的财政支出的 ADF 检验、协整检验和 Granger 因果检验来实现，检验的计算过程均通过专业软件 Eviews6.0 完成。

如前所述，瓦格纳定律一共有六种经典计量形式（详见表 1-1）。由于无法确定哪种形式更恰当，以下实证就每个国家各级政府新公共管理运动以来（1997—2006）的财政支出情况对该六种方程形式都给予检验。变量的设定以前文表 1-1 中公认的形式为依据，涉及的变量一共有六个：LGDP、LE、LC、L（GDP/P）、L（E/P）、L（E/GDP），其含义依次为取对数之后的 GDP、财政总支出、公共消费支出、人均 GDP、人均财政总支出、财政总支出占 GDP 的比重。① 每个指标名称后加不同国家英文名称小写体的缩写以示国别，如 LGDPaus 表示澳大利亚取对数之后的 GDP，LGDPcan 表示加拿大相应指标，依此类推。

关于财政支出数据，根据国际货币基金组织的统计框架，除了总的财政支出以外，还按照政府功能将总支出划分为 10 项支出细目（以下称为分项指标），分别应用于以下 10 类事务：一般公共服务（general public services，E1）、国防（defense，E2）、公共秩序与安全（public order and safety，E3）、经济事务（economic affairs，E4）、环境保护（environmental protection，E5）、住房及社区便利设施（housing and community amenities，E6）、公共卫生（health，E7）、娱乐、文化及宗教事务（recreation，culture，and religion，E8）、教育（education，E9）、社会保障（social protection，E10）。其中，由于统计数据的可得性，所有国家环境保护支出（E5）数据缺省，研究不予分析；个别国

---

① 对数据进行对数处理不会改变原序列的协整关系，并能使其趋势线性化，消除时间序列中存在的异方差性。

家另有其他指标数据缺省，所有缺省数据不予分析。为了表述明确，相对于分项指标，总支出称为一级指标。

　　需要特别指出的是，为了行文方便，在下面的分析过程中未分别呈现各个国家完整的计量结果，相关结果均参见附录。附录中的计量结果表按国别呈现，与研究方法的逻辑相对应，每个国家包括 ADF 检验结果表、协整分析结果表和 Granger 因果检验结果表三大部分。

3.1　澳大利亚财政支出的瓦格纳检验及结果原因分析

3.1.1　澳大利亚财政支出的瓦格纳检验

3.1.1.1　一级指标的瓦格纳检验

（1）ADF 检验

根据协整分析的思想，对于变量之间长期关系的检验，相关数据必须满足序列平稳的前提条件；如果序列不平稳，很可能得出"伪回归"。因此，验证序列的平稳性成为实证过程的第一步。对于数据平稳性的检验，本研究通过 ADF 检验的方法实现。鉴于 ADF 检验是非常成熟的方法，此处不再描述检验原理。

根据瓦格纳定律经典计量模型的 6 个版本，需要对澳大利亚进行平稳性检验的变量包括以下 6 个：LGDPaus、LEaus、LCaus、L（GDP/P）aus、L（E/P）aus、L（E/GDP）aus。对 Eviews6.0 运行的具体结果整理如下：

表 3-1　澳大利亚财政支出一级指标水平序列 ADF 检验结果

变量	检验类型(C,T,K)	ADF 统计量	5% 临界值	结论
LGDPaus	(C,0,1)	-1.4178	-2.981038	不平稳
LEaus	(C,0,3)	-2.7908	-2.991878	不平稳
LCaus	(C,0,0)	-1.7932	-2.976263	不平稳
L(GDP/P)aus	(C,0,1)	-1.2475	-2.981038	不平稳
L(E/P)aus	(C,0,0)	-2.8591	-2.976263	不平稳
L(E/GDP)aus	(C,0,0)	-0.3787	-2.976263	不平稳

注：C 表示常数项，T 表示趋势项，K 表示滞后项的阶数。

水平序列即未进行差分的数据原始序列。表 3-1 呈现的结果即对数据水平序列进行单位根检验的结果，为使残差项为白噪声序列此处加入了滞后项，滞后阶数分别为 0，1，2，3。数据显示，在 5% 显著性水平下，ADF 值均不能拒绝序列包含单位根的原假设，即各个变量的数据水平序列均呈现不平稳的状态。如果对水平序列直接进行回归分析，则会出现"伪回归"的后果。

表 3-2　澳大利亚财政支出一级指标一阶差分序列 ADF 检验结果

变量	检验类型(C,T,K)	ADF 统计量	5% 临界值	结论
DLGDPaus	(C,T,1)	-4.8399	-3.595026	平稳
DLEaus	(C,0,0)	-4.2666	-2.981038	平稳
DLCaus	(C,0,0)	-3.5089	-2.981038	平稳
DL(GDP/P)aus	(C,T,1)	-4.8460	-3.595026	平稳
DL(E/P)aus	(C,0,0)	-4.3735	-2.981038	平稳
DL(E/GDP)aus	(C,0,0)	-5.9013	-2.981038	平稳

注：C 表示常数项，T 表示趋势项，K 表示滞后项的阶数。

对数据进行一阶差分之后再进行相应检验（详见表3-2），发现除包含 GDPaus 的项之外，其他所有变量都在不包含滞后项的情况下均拒绝了序列包含单位根的原假设；对 DLGDPaus 与 DL（GDP/P）aus 而言，其1阶滞后 ADF 统计量绝对值大于5%显著性水平下临界值的绝对值，也拒绝了原假设。换言之，所有变量均为一阶单整序列[I(1)]。

（2）协整检验

对数据进行平稳性检验的结果显示，所有序列均呈现同阶单整的状态[I(1)]，因此，可以应用 Engle-Granger 两步法进行协整检验。结果如表3-3所示。

表3-3　澳大利亚财政支出一级指标协整回归及其残差 ADF 检验结果

表达式	解释变量	常数项	系数	$\bar{R}^2$	ADF	5%临界值	与 GDP 之间是否具有协整关系
W1	LEaus	-2.354615	1.107236	0.955855	-1.214094	-1.953858	否
W2	LCaus	-6.235353	1.262742	0.953008	-1.367668	1.953858	否
W3	LEaus	-1.508349	1.338087	0.957447	-1.212224	-1.953858	否
W4	L(E/P)aus	-2.285200	1.130844	0.939571	-1.208479	-1.953858	否
W5	L(E/GDP)aus	-2.285200	0.130844	0.146476	-1.208479	-1.953858	否
W6	L(E/GDP)aus	-2.354615	0.107236	0.939571	-1.208479	-1.953858	否

协整检验的原假设是协整回归之后的残差序列因存在单位根而呈现非平稳状态。从表3-3中可以看出，对该残差进行的平稳性检验，各模型版本相应指标的 ADF 值的绝对值均小于5%显著性水平下临界值的绝对值，说明不能拒绝残差序列不平稳的原假设。协整分析的残差序列不平稳，证明以上解释变量与 GDPaus 指标之间不存在长期稳定的协整关系。

协整检验结果显示，在澳大利亚，相对于瓦格纳定律的6个不同版本的模型，财政总支出 Eaus 与国内生产总值 GDPaus

之间不存在长期均衡关系。

(3) 因果检验

因果检验技术由 Granger 于 1969 年创建，20 世纪 70 年代中 Hendry and Richard 等对其加以发展，Sims 于 1980 年进行了完善，最终在计量经济学中成为检验变量之间单向因果关系的有力工具（曹永福，2006）。

在上面的 ADF 检验中可知，各个变量均为一阶平稳序列，满足 Granger 因果检验的条件。因此可通过以下模型检验相关变量之间的 Granger 因果关系：

$$\Delta LX_t = a + \sum_{i=1}^{m} b_i \Delta LX_{t-i} + \sum_{i=1}^{n} c_i \Delta LY_{t-i} + u_t \quad (3-1)$$

$$\Delta LY_t = a + \sum_{j=1}^{q} k_j \Delta LY_{t-j} + \sum_{j=1}^{r} d_j \Delta LX_{t-j} + v_t \quad (3-2)$$

在方程 (3-1)、方程 (3-2) 中，Δ 代表一阶差分，u_t、v_t 代表不相关的白噪声序列，m、n 与 q、r 为最大滞后期数。以上方程，可以对两个既定的变量进行双向因果检验。如果方程 (3-1) 中的系数 $c_i = 0$，则接受 ΔLY 不是 ΔLX 的格兰杰的原假设；如果方程 (3-2) 中的系数 $d_j = 0$，则接受 ΔLX 不是 ΔLY 的格兰杰原因的原假设；如果不但 $c_i = 0$，而且同时 $d_j = 0$，则说明 ΔLX 与 ΔLY 两个变量是相互独立的；如果 $c_i \neq 0$ 而同时 $d_j = 0$，说明 ΔLY 是 ΔLX 的单向格兰杰原因；反之，如果 $c_i = 0$ 而同时 $d_j \neq 0$，说明由 ΔLX 到 ΔLY 的单向因果关系成立，ΔLX 是 y 的格兰杰原因，即财政支出变量的增量能够更好的解释 GDP 增量的变化，此时可以认为瓦格纳定律成立。除最后一种情况外，其他情况都从不同角度否定了瓦格纳定律。对澳大利亚财政支出与 GDP 两个变量因果检验的实证结果见表 3-4，其中包括对于瓦格纳定律 6 个版本模型表达式的检验结果。

表 2-4　　　　　澳大利亚财政支出一级指标与 GDP 因果检验结果

表达式	原假设	1 Lag F值	1 Lag P值	2 Lag F值	2 Lag P值	3 Lag F值	3 Lag P值	4 Lag F值	4 Lag P值
W1	△LGDPaus 不是△LEaus 的原因	3.90958	0.94086	7.02643	0.99604	1.38222	0.72672	3.0863	0.96310
	△LEaus 不是△LGDPaus 的原因	2.67305	0.88541	2.01205	0.84435	5.40518	0.99421	1.2878	0.69486
W2	△LGDPaus 不是△LCaus 的原因	0.07196	0.20929	0.38711	0.31682	0.93184	0.55876	1.02435	0.58335
	△LCaus 不是△LGDPaus 的原因	0.08620	0.22851	0.69083	0.48915	0.69221	0.43386	0.55310	0.30117
W3	△LGDP/Paus 不是△LEaus 的原因	2.30547	0.85853	3.09077	0.93608	1.73018	0.81125	0.68125	0.38765
	△LEaus 不是△LGDP/Paus 的原因	7.09456	0.93667	3.72808	0.96109	2.28834	0.89468	4.30963	0.98996
W4	△LGDP/Paus 不是△LE/Paus 的原因	2.14567	0.84456	3.06585	0.93480	1.76117	0.81734	0.68865	0.39246
	△LE/Paus 不是△LGDP/Paus 的原因	7.32981	0.98795	3.80249	0.96323	2.36066	0.90223	4.31320	0.99000
W5	△LGDP/Paus 不是△LE/GDPaus 的原因	0.10971	0.25677	2.54928	0.90090	2.37805	0.90395	1.02360	0.58299
	△LE/GDPaus 不是△LGDP/Paus 的原因	7.32981	0.98795	3.80249	0.96323	2.36066	0.90223	4.31320	0.99000
W6	△LGDPaus 不是△LE/GDPaus 的原因	0.09688	0.24181	0.11440	0.10762	1.99767	0.85757	1.48245	0.75842
	△LE/GDPaus 不是△LGDPaus 的原因	0.00857	0.07302	0.03742	0.03667	0.02823	0.00658	0.25529	0.09670

根据研究需要，此处仅考虑4期之内滞后的情况，并且规定 Granger 因果检验的相伴概率 P 值小于 0.1 即可认为拒绝原假设，即此时相关指标的单向因果关系成立。表 3-4 显示，仅瓦格纳定律的第 6 个版本表达式在 1~4 期滞后的情况下由 E/GDPaus 至 GDPaus 方向的单向因果成立，但这一结果也并不支持瓦格纳定律，而是说明这里可能存在一定程度的凯恩斯效应，凯恩斯效应与瓦格纳定律的内在逻辑正好相反，就财政支出与 GDP 的关系，凯恩斯认为增加财政支出有利于扩大投资和消费，从而有利于 GDP 增大。其他所有 Granger 因果检验的 P 值都大于 0.1，不能拒绝两者不存在单向因果关系的原假设。Granger 因果检验说明，几乎没有证据证明瓦格纳定律在澳大利亚总体财政支出中成立，瓦格纳定律的有效性在此受到了严重冲击。

3.1.1.2 分项指标的瓦格纳检验

（1）ADF 检验

分项指标实质上表现为财政支出的不同用途，所以分项指标检验所涉及的变量均与具体支出项目有关。根据瓦格纳定律经典计量模型的 6 个版本的表达式，由于第 2 个版本的表达式涉及的是含义明确的公共消费支出（公共消费支出 = 一般公共服务支出 + 国防支出 + 公共秩序与安全支出），所以这一层面的检验将该版本排除在外，仅对第 1 个表达式、第 3 个表达式、第 4 个表达式、第 5 个表达式、第 6 个表达式进行检验。分项指标一共包括 10 个，其中澳大利亚第 5 个数据（E5aus，环境保护支出）缺省，所以需要进行的检验包括 9 个指标。

将瓦格纳定律版本的各个表达式与分项指标相结合，需要检验序列稳定性的变量为以下 9 组：①LE1aus、L(E1/P) aus、L(E1/GDP) aus；②LE2aus、L(E2/P) aus、L(E2/GDP) aus；③LE3aus、L(E3/P) aus、L(E3/GDP) aus；④LE4aus、L(E4/P) aus、L(E4/GDP) aus；⑤LE6aus、L(E6/P) aus、L(E6/GDP) aus;⑥LE7aus、L(E7/P)aus、L(E7/GDP)aus;⑦LE8aus、L(E8/P)aus、L(E8/GDP)aus;⑧LE9aus、L(E9/P)aus、L(E9/GDP)aus;⑨LE10aus、L(E10/P)aus、L(E10/GDP)aus。以上变量的具体含义分别为澳大利亚总体政府财政支出按照政府功能分类的各项支出、各项支出的人均值、各项支出占GDP的比例。限于正文篇幅，这里仅展示其中第一组的计量结果，其他结果均见附录。

表3-5 澳大利亚财政支出分项指标水平序列ADF检验结果(E1aus)

变量	检验类型(C,T,K)	ADF统计量	5%临界值	结论
LE1aus	(C,0,1)	-1.5749	-2.981038	不平稳
L(E1/P)aus	(C,T,0)	-1.4023	-3.587527	不平稳
L(E1/GDP)aus	(C,0,0)	-1.4810	-2.976263	不平稳

注：C表示常数项，T表示趋势项，K表示滞后项的阶数。

表3-5显示，澳大利亚财政支出中的E1aus（一般公共服务支出）的水平序列均不稳定，不能直接用来进行协整检验；而以上变量的一阶差分序列则均为平稳序列（见表3-6），可以用来进行协整检验。

表3-6 澳大利亚财政支出分项指标一阶差分序列序列ADF检验结果（E1aus）

变量	检验类型(C,T,K)	ADF统计量	5%临界值	结论
DLE1aus	(C,0,0)	-4.8560	-2.981038	平稳
DL(E1/P)aus	(C,0,0)	-4.8711	-2.981038	平稳
DL(E1/GDP)aus	(C,0,0)	-4.8324	-2.981038	平稳

注：C表示常数项，T表示趋势项，K表示滞后项的阶数。

其他所有分项指标的平稳性检验结果性质均与指标E1aus

的检验相同，所有分项指标均为一阶单整序列[I(1)]。

（2）协整检验

鉴于所有分项指标都是[I(1)]序列，可以应用Engle-Granger两步法进行协整检验。检验结果见表3-7。这些结果涉及瓦格纳定律所有计量模型中5个方程的表达式的支出指标（第2式W2除外），每个表达式的相应指标按照国际货币基金组织划定的政府功能均分为10项（第5项E5aus数据缺省，除外）。篇幅所限，此处仅列出瓦格纳定律第1个表达式（W1）的分项检验结果，其他结果详见附录。

表3-7　澳大利亚财政支出分项指标协整回归及其
残差ADF检验结果（W1）

解释变量	常数项	系数	$\bar{R}^2$	ADF	5%临界值	与GDP之间是否具有协整关系
LE1aus	-2.102836	0.978181	0.291496	-1.52585	-1.953858	否
LE2aus	-2.544835	0.909054	0.636604	-0.880111	-1.95502	否
LE3aus	-8.809096	1.370785	0.552541	-0.936233	-1.959071	否
LE4aus	-2.616804	0.961121	0.991767	-4.057661(1)	-1.962813	是
LE6aus	-10.48641	1.471784	0.352817	-0.768669	-1.958088	否
LE7aus	-2.580566	0.938698	0.373713	-0.639598	-1.955681	否
LE8aus	-7.784136	1.265745	0.552088	-0.604215	-1.95502	否
LE9aus	-4.696546	1.138996	0.83464	-0.991521	-1.95502	否
LE10aus	-6.089127	1.275963	0.990935	-4.486166(4)	-1.977738	是

表3-7表明，除LE4aus与LE10aus外，澳大利亚按功能分类的各项财政支出瓦格纳定律经典计量模型的第1个表达式的残差都是非平稳序列，这说明除经济事务支出（E4aus）与社会保障支出之外的各项支出（E10aus）与GDPaus之间不具有长期均衡关系。关于其他表达式，结论是相同的。Demirbas（1999）指出，协整检验考察的是变量之间的长期关系，而Granger因果

检验则关注变量之间的短期关系。因此，变量之间是否具有协整关系并不是 Granger 的充要条件，对于不具有协整关系的变量，仍可以进行 Granger 检验。

(3) Granger 因果检验

表 3-8 澳大利亚财政支出分项指标与 GDP 因果检验结果 (W1)

原假设	P 值			
	1 Lag	2 Lag	3 Lag	4 Lag
△LGDPaus 不是 △LE1aus 的原因	0.28346	0.33957	0.50896	0.51738
△LE1aus 不是 △LGDPaus 的原因	0.28590	0.58508	0.51311	0.39987
△LGDPaus 不是 △LE2aus 的原因	0.51313	0.78896	0.77443	0.85004
△LE2aus 不是 △LGDPaus 的原因	0.11061	0.04395	0.15970	0.09138
△LGDPaus 不是 △LE3aus 的原因	0.44398	0.73333	0.68320	0.98492
△LE3aus 不是 △LGDPaus 的原因	0.08355	0.00267	0.19044	0.06458
△LGDPaus 不是 △LE4aus 的原因	0.25837	0.95775	0.93939	0.41245
△LE4aus 不是 △LGDPaus 的原因	0.70707	0.26449	0.07928	0.07427
△LGDPaus 不是 △LE6aus 的原因	0.45365	0.77752	0.82467	0.77375
△LE6aus 不是 △LGDPaus 的原因	0.15924	0.07389	0.22847	0.06826
△LGDPaus 不是 △LE7aus 的原因	0.91661	0.98328	0.94674	0.94569
△LE7aus 不是 △LGDPaus 的原因	0.06708	0.15501	0.01564	0.01214
△LGDPaus 不是 △LE8aus 的原因	0.69995	0.87950	0.80493	0.85707
△LE8aus 不是 △LGDPaus 的原因	0.33885	0.09933	0.12855	0.08765
△LGDPaus 不是 △LE9aus 的原因	0.83605	0.76028	0.62721	0.75194
△LE9aus 不是 △LGDPaus 的原因	0.54341	0.24340	0.23906	0.16945
△LGDPaus 不是 △LE10aus 的原因	0.36257	0.89811	0.72821	0.99987
△LE10aus 不是 △LGDPaus 的原因	0.72186	0.53791	0.27760	0.75079

澳大利亚财政支出分项指标因果检验结果见表 3-8。节省篇幅起见，仅列出瓦格纳定律第 1 个表达式的检验结果。数据表明，所有小于研究设定的 0.1 的置信水平的 P 值（方框内数

值）都是由 Eaus 至 GDPaus 方向的，而相反方向的因果关系检验 P 值都不能拒绝原假设，这仅能说明一定程度的凯恩斯效应而不能证明瓦格纳关系。因此，澳大利亚财政支出各个分项指标与 GDP 之间均不具有瓦格纳关系。

综上所述，新公共管理运动以来的澳大利亚财政支出不具备瓦格纳特点。

3.1.2 澳大利亚财政支出非瓦格纳倾向的新公共管理视角分析

澳大利亚作为新公共管理运动的起源国之一，其基于新公共管理理念的行政改革在实践中取得了长足发展。在这一特定背景下考察澳大利亚财政支出的变迁，必须将着眼点回溯至澳大利亚的新公共管理实践。

从总体来看，澳大利亚的新公共管理改革举措主要有财政管理改革、公营企业市场化、公务员制度改革，这些改革举措行进稳健，较早实现了改革与稳定的协调发展。而这三个方面的改革，从不同角度抑制了财政支出的瓦格纳倾向。

（1）财政管理改革首当其冲地扭转了财政支出的扩大势头。

财政压力是澳大利亚进行新公共管理改革的动因之一，出于社会舆论的强烈攻击和公共部门的自我反省，澳大利亚根据公共服务改革的要求，推行了包括建立费用管理体系、权限下放、有偿服务和增大公共部门的责任四项改革举措。费用管理体系作为日常财政管理的弹性控制体系，加强了预算控制力度及灵活性，为资金的高效使用与成本的最大节约提供了制度保障；权限下放简化了管理流程并突出了各级预算部门的责任，为公共部门管理者提供了资金使用上的较大自主权，使其能直接把工作重点放在实现政府的政策目标上；半商业化的有偿服务政策将私人部门的激励机制引入公共部门，并开始将一部分公共部门从政府中分离出来；降低公共经费和提高管理水平的新计量措施与评价办法先后出台（新会计核算程序与步骤、资金占用计息与现金管理、资金使用效率－成本及其结果跟踪与评价等），公共责任以文件形式做出规定增大了财政部门的责任（刘永利，2001）。以上所有改革成果，都构成了财政支出减少的逻辑前提，扭转了财政支出的扩大势头。

（2）公营企业市场化极大限度地减轻了财政在经济上的负担。

本着新公共管理有限政府的理念，澳大利亚政府在改革的过程中遵循"政府只做市场不能做或政府应该做的事情"这一基本原则，通过对公营企业（即国有企业）进行不同程度的商业模式化、公司化或私有化等具体措施进行民营化改革（王佃利，2004），① 还权于市场和社会。澳大利亚国有企业民营化主要是通过出售转让方式进行的，主要办法有以下四种：一是只转让经营权，不转让所有权；二是转让部分所有权及全部经营权；三是所有权和经营权全部转让；四是出售除土地以外的资产和经营权。在这一过程中，出现了私营部门以各种方式参与公营部门经营的情况，② 实现了公共服务供给主体多元化与供给机制多样化的创新。公共服务成本不再由财政独自承担，对于

---

① 商业模式化、公司化、私有化在民营化程度上是由浅入深的渐进阶段：商业模式化要求机构具备商业化导向，即更加注重顾客需求，以及更高的服务质量；公司化要求组织的运营方式、结构和绩效应转变得与类似的私营部门一样具有竞争性；私有化要求机构按照私营部门模式重构，整个机构也最终出售给私营部门所有，甚至联邦和州政府的银行业亦卖给了私人。详见：王佃利 羊英澳三国新公共管理改革的新进展 [J]. 中国行政管理，2004（2）：49.

② 在澳大利亚比较典型的就是新南威尔士州的"携手政府"计划。携手政府，是指通过特许期内私营部门的投资和私营所有权性质的管理控制，对基础设施的建设和服务筹集资金和开发。"携手政府"是公私合作伙伴关系的一种形式，核心服务仍然要由政府来提供，而只把非核心的服务转移给私营部门。这样可以发挥公营部门和私营部门各自的优势，结合公营部门与私营部门两者的经验、智慧、资金和技能，创造出革新性的工作解决方案以满足社会的需求与期待。

财政支出的扩大化起到了釜底抽薪的抑制效果。

（3）公务员制度与行政机构改革一定程度上巩固了财政支出弱化趋势。

为了缩减政府开支并平息广大选民对政府官僚机构庞大的不满，澳大利亚政府在新公共管理运动中于1981年和1984年分别进行了两次针对性的公务员制度改革，并在行政机构设置方面进行了相应调整。一方面，这两次公务员制度改革在缩减机构方面表现出了强大的力度：第一次改革减少了工作人员1.6万~1.7万人，第二次改革将原来的28个政府机构一下子减少到17个，实行超级大部制（程祥国、韩艺，2005）；另一方面，公务员制度与行政机构改革形成了以提升行政效率为着力点的运行机制：内阁务必将实际管理权限下放给一线管理部门，自身仅负责提供战略指导和确定战略目标，部长和公务员具有实现目标所需要的管理灵活性，公务员向部长负责并获得了努力达成目标的动力。如此公务员制度改革，不仅在人员机构缩减上直接削减了财政支出的压力，并且在行政效益提高上间接为财政弱化提供了空间。

综合以上三个方面的原因，澳大利亚财政支出在新公共管理运动以来否定了瓦格纳倾向，这是历史的必然趋势。

3.2 加拿大财政支出的瓦格纳检验及结果原因分析

3.2.1 加拿大财政支出的瓦格纳检验

3.2.1.1 一级指标的瓦格纳检验

（1）ADF检验

为了验证数据序列的平稳性，需要对其进行ADF检验。根据瓦格纳定律经典计量模型的 6 个版本，加拿大财政支出序列需进行平稳性检验的变量包括以下 6 个：LGDPcan、LEcan、LCcan、L（GDP/P）can、L（E/P）can、L（E/GDP）can。计算结果见表 3-9。

表 3-9　加拿大财政支出一级指标水平序列 ADF 检验结果

变量	检验类型(C,T,K)	ADF 统计量	5% 临界值	结论
LGDPcan	(C,0,1)	-1.7054	-2.981038	不平稳
LEcan	(C,0,1)	-2.2145	-2.981038	不平稳
LCcan	(C,0,0)	-0.7132	-2.976263	不平稳
L(GDP/P)can	(C,0,1)	-1.5873	-2.981038	不平稳
L(E/P)can	(C,0,1)	-2.4395	-2.981038	不平稳
L(E/GDP)can	(C,0,0)	-1.5197	-2.976263	不平稳

注：C 表示常数项，T 表示趋势项，K 表示滞后项的阶数。

水平序列即未进行差分的数据原始序列。表 3-9 呈现的结果即对数据水平序列进行单位根检验的结果，数据显示，在 5% 显著性水平下，ADF 值均不能拒绝序列包含单位根的原假设，即各个变量的数据水平序列均呈现不平稳的状态。为了避免"伪回归"结果，不能对水平序列直接进行回归分析。

表 3-10　加拿大财政支出一级指标一阶差分序列 ADF 检验结果

变量	检验类型(C,T,K)	ADF 统计量	5% 临界值	结论
DLGDPcan	(C,0,0)	-3.4874	-2.981038	平稳
DLEcan	(C,0,0)	-3.0888	-2.981038	平稳
DLCcan	(C,0,0)	-3.5653	-2.981038	平稳
DL(GDP/P)can	(C,0,0)	-3.3871	-2.981038	平稳
DL(E/P)can	(C,0,0)	-3.1419	-2.981038	平稳
DL(E/GDP)can	(C,0,0)	-5.4266	-2.981038	平稳

注：C 表示常数项，T 表示趋势项，K 表示滞后项的阶数。

对数据进行一阶差分之后再进行 ADF 检验（详见表 3-10），发现所有变量在不包含滞后项的情况下均拒绝了序列包含单位根的原假设，即所有变量均为一阶单整序列[I(1)]。

（2）协整检验

由于所有序列均呈现同阶单整的状态[I(1)]，可以应用 Engle-Granger 两步法进行协整检验，检验结果见表 3-11。

表 3-11　加拿大财政支出一级指标协整回归及其残差 ADF 检验结果

表达式	解释变量	常数项	系数	$\bar{R}^2$	ADF	5%临界值	与GDP之间是否具有协整关系
W1	LEcan	0.141339	0.929256	0.959166	-2.158339(1)	-1.954414	是
W2	LCcan	-16.0807	1.969127	0.805722	-2.095763	-1.96843	是
W3	LEcan	0.775456	1.174589	0.96255	-2.176542(1)	-1.954414	是
W4	L(E/P)can	0.061946	0.913658	0.933848	-2.139504(1)	-1.954414	是
W5	L(E/GDP)can	0.061946	-0.086342	0.082033	-2.139504(1)	-1.954414	是
W6	L(E/GDP)can	0.141339	-0.070744	0.090343	-2.158339(1)	-1.954414	是

协整检验的原假设是协整回归之后的残差序列因存在单位根而呈现非平稳状态。从表 3-11 中可以看出，对该残差进行的平稳性检验，各模型版本相应指标的 ADF 值的绝对值均大于 5% 显著性水平下临界值的绝对值，均拒绝了残差序列不平稳的原假设。协整分析的残差序列平稳，证明以上指标与 GDPcan 指标之间存在长期稳定的协整关系。换言之，相对于瓦格纳定律的 6 个不同版本模型的表达式，加拿大财政支出 Ecan 与国内生产总值 GDPcan 之间具有长期均衡关系。但是两个变量之间存在协整关系，并不是瓦格纳定律成立的充要条件，而仅仅是其必要条件。换言之，瓦格纳定律成立，相关变量之间必然协整；但变量之间存在协整，瓦格纳定律不一定成立。瓦格纳定律成立的充分条件，是存在由国内生产总值 GDP 到财政支出 E 方向的单向因果关系，这一点可以通过 Granger 因果检验来实现。

(3) 因果检验

Granger 因果检验强调序列的平稳性，从以上 ADF 检验中可知，各指标是一阶平稳的，满足 Granger 因果检验的条件。对加拿大财政支出 Ecan 与 GDPcan 两个变量因果检验的实证结果见表 3-12，其中包括对于瓦格纳定律 6 个版本的模型的检验结果。

根据研究需要，规定 Granger 因果检验的相伴概率 P 值小于 0.1 即可认为拒绝原假设，即此时相关指标的单向因果关系成立。表 3-12 显示，对于加拿大财政支出一级指标，在所有小于 0.1 的 P 值中，除了瓦格纳定律第 2 个表达式 1 期滞后的情况下由 GDPcan 至 Ecan 方向的单向因果成立，其他都是相反方向的，总体结果几乎完全不支持瓦格纳定律。Granger 因果检验说明，对于加拿大总的财政支出的情况瓦格纳定律几乎没有作用的空间。

3.1.1.2 分项指标的瓦格纳检验

(1) ADF 检验

由于瓦格纳定律第 2 个表达式中的被解释变量 C 的外延涵盖了分项指标，因此分项指标的检验不予考虑，而仅对第 1 个表达式、第 3 个表达式、第 4 个表达式、第 5 个表达式、第 6 个表达式进行检验。除去缺省数据（E5can，环境保护支出），需要对 9 个指标进行检验。

将瓦格纳定律版本与分项指标相结合，需要检验序列稳定性的变量为以下 9 组. ①LE1can、L(E1/P)can、L(E1/GDP)can；②LE2can、L(E2/P)can、L(E2/GDP)can；③LE3can、L(E3/P)can、L(E3/GDP)can；④LE4can、L(E4/P)can、L(E4/GDP)can；⑤LE6can、L(E6/P)can、L(E6/GDP)can；⑥LE7can、L(E7/P)can、L(E7/GDP)can；⑦LE8can、L(E8/P)can、L(E8/GDP)can；⑧LE9can、L(E9/P)can、L(E9/GDP)

表 3-12　　加拿大财政支出一级指标与 GDP 因果检验结果

表达式	原假设	1 Lag F值	1 Lag P值	2 Lag F值	2 Lag P值	3 Lag F值	3 Lag P值	4 Lag F值	4 Lag P值
W1	△LGDP 不是△LE 的原因	2.40386	0.86640	1.35826	0.72383	1.11420	0.63629	1.96357	0.86449
	△LE 不是△LGDP 的原因	0.04530	0.16682	0.83511	0.55395	0.68956	0.43233	0.79103	0.45650
W2	△LGDP 不是△LC 的原因	0.01356	0.09177	0.44175	0.35197	0.56041	0.35348	0.68515	0.39019
	△LC 不是△LGDP 的原因	3.39958	0.92290	1.46532	0.74906	1.54987	0.77144	1.78700	0.83256
W3	△LGDP/P 不是△LE 的原因	2.37316	0.86400	1.23371	0.69097	1.30534	0.70335	1.81440	0.83798
	△LE 不是△LGDP/P 的原因	0.32675	0.42732	0.24277	0.21364	0.17882	0.09034	0.22700	0.07966
W4	△LGDP/P 不是△LE/P 的原因	2.06714	0.83710	1.31764	0.71355	1.33702	0.71321	1.98664	2.06714
	△LE/P 不是△LGDP/P 的原因	0.52628	0.52509	0.14992	0.13842	0.13716	0.06319	0.12173	0.52628
W5	△LGDP/P 不是△LE/GDP 的原因	1.49547	0.76723	1.39315	0.73234	0.80800	0.49763	1.50950	0.76616
	△LE/GDP 不是△LGDP/P 的原因	0.52628	0.52509	0.14992	0.13842	0.13716	0.06319	0.12173	0.02679
W6	△LGDP 不是△LE/GDP 的原因	0.09688	0.24181	0.11440	0.10762	1.99767	0.85757	1.48245	0.75842
	△LE/GDP 不是△LGDP 的原因	0.00857	0.07302	0.03742	0.03667	0.02823	0.00658	0.25529	0.09670

can；⑨LE10can、L(E10/P) can、L(E10/GDP)can。以上变量的具体含义分别为取对数之后的加拿大总体财政支出按照政府功能分类的各项支出、各项支出的人均值、各项支出占GDP的比例。限于正文篇幅，这里仅展示其中第一组的计量结果，其他结果均见附录。

表3-13　加拿大财政支出分项指标水平序列 ADF 检验结果（E1can）

变量	检验类型(C,T,K)	ADF 统计量	5%临界值	结论
LE1can	(C,0,1)	-0.8447	-2.981038	不平稳
L(E1/P)can	(C,T,0)	-1.6153	-3.587527	不平稳
L(E1/GDP)can	(C,0,0)	-2.0752	-2.976263	不平稳

注：C 表示常数项，T 表示趋势项，K 表示滞后项的阶数。

从表3-13中可以看出，加拿大一般政府财政支出中的一般公共服务支出的水平序列均不稳定，而以上变量的一阶差序列则均为平稳序列（见表3-14）。

表3-14　加拿大财政支出分项指标一阶差分序列序列
ADF 检验结果（E1can）

变量	检验类型(C,T,K)	ADF 统计量	5%临界值	结论
DLE1can	(C,0,0)	-4.8660	-2.981038	平稳
DL(E1/P)can	(C,0,0)	-4.8711	-2.981038	平稳
DL(E1/GDP)can	(C,0,0)	-4.8324	2.981038	平稳

注：C 表示常数项，T 表示趋势项，K 表示滞后项的阶数。

其他所有一般政府各分项指标的平稳性检验结果性质均与指标 E1 的检验相同，所有分项指标均为一阶单整序列 I(1)。

（2）协整检验

鉴于所有分项指标都是 [I(1)] 序列，可以应用 Engle-

Granger 两步法进行协整检验。检验结果见表 3-15。这些结果涉及瓦格纳定律所有计量模型中五个表达式的支出指标（第 2 个表达式除外），每个表达式的相应指标按照国际货币基金组织划定的政府功能均分为 10 项（第 5 项 Ecan 数据缺省，除外）。篇幅所限，此处仅列出瓦格纳定律第 1 个表达式（W1）的分项检验结果，其他结果详见附录。

表 3-15　加拿大财政支出分项指标协整回归及其残差 ADF 检验结果（W1）

解释变量	常数项	系数	$\bar{R}^2$	ADF	5%临界值	与 GDP 之间是否具有协整关系
LE1can	2.960729	0.563158	0.384401	-1.714952	-1.953858	否
LE2can	1.031914	0.609839	0.831798	-2.539105	-1.953858	是
LE3can	-0.992763	0.788846	0.957791	-2.262067	-1.96843	是
LE4can	4.746528	0.426034	0.856751	-3.381398	-1.955681	是
LE6can	4.669032	0.323905	0.711255	-2.312926	-1.953858	是
LE7can	2.262721	0.637439	0.08952	-3.098747	-1.953858	是
LE8can	-5.463689	1.065008	0.454076	-2.307855	-1.953858	是
LE9can	-3.749868	1.067793	0.952817	-3.107129	-1.953858	是
LE10can	-3.458268	1.105213	0.935587	-1.960162(1)	-1.954414	否

从表 3-15 中可以看出，除 LE1can 与 LE10can 外，加拿大按功能分类的各项财政支出瓦格纳定律经典计量模型的第一个表达式的残差都是平稳序列，这说明加拿大除一般公共服务支出（E1can）与社会保障支出（E10can）之外的各项支出与 GDPcan 之间都具有长期均衡关系。关于其他表达式，结论大同小异。

（3）Granger 因果检验

加拿大财政支出分项指标因果检验结果见表 3-16。为节省篇幅起见，这里仅列出瓦格纳定律第 1 个表达式的检验结果。

数据表明，除 LE3can 与 LE4can 由 LEcan 到 LGDPcan 方向的 1 期滞后的相伴概率 P 小于研究设定的 0.1 的置信水平（仅能说明凯恩斯效应而不能证明瓦格纳关系），其他所有 P 值均大于 0.1。这说明，加拿大财政支出各个分项指标与 GDPcan 之间均不具有瓦格纳关系。

表 3-16 加拿大财政支出分项指标与 GDP 因果检验结果（W1）

原假设	P 值			
	1 Lag	2 Lag	3 Lag	4 Lag
△LGDPcan 不是 △LE1can 的原因	0.35158	0.44145	0.49663	0.38530
△LE1can 不是 △LGDPcan 的原因	3.39388	0.92267	1.24977	0.69544
△LGDPcan 不是 △LE2can 的原因	1.32311	0.73908	1.20838	0.68379
△LE2can 不是 △LGDPcan 的原因	6.01659	0.97851	2.74376	0.91550
△LGDPcan 不是 △LE3can 的原因	1.73219	0.79993	1.07750	0.64365
△LE3can 不是 △LGDPcan 的原因	0.01662	0.10155	1.55894	0.76908
△LGDPcan 不是 △LE4can 的原因	6.04556	0.97879	2.31106	0.87919
△LE4can 不是 △LGDPcan 的原因	0.05335	0.18079	1.36218	0.72480
△LGDPcan 不是 △LE6can 的原因	2.83121	0.89510	1.58802	0.77494
△LE6can 不是 △LGDPcan 的原因	1.47195	0.76362	1.38069	0.72933
△LGDPcan 不是 △LE7can 的原因	0.24785	0.37706	6.89608	0.99570
△LE7can 不是 △LGDPcan 的原因	1.17152	0.71058	1.42494	0.73985
△LGDPcan 不是 △LE8can 的原因	0.69675	0.58822	0.24266	0.21356
△LE8can 不是 △LGDPcan 的原因	0.18701	0.33088	0.17977	0.16342
△LGDPcan 不是 △LE9can 的原因	0.63346	0.56642	1.24540	0.69423
△LE9can 不是 △LGDPcan 的原因	0.42619	0.48018	0.81232	0.54434
△LGDPcan 不是 △LE10can 的原因	3.23795	0.91597	1.89875	0.82842
△LE10can 不是 △LGDPcan 的原因	0.49310	0.51097	0.68045	0.48411

实证结果证明，新公共管理运动以来的加拿大财政支出不具备瓦格纳特点。

3.2.2 加拿大财政支出非瓦格纳倾向的新公共管理视角分析

与其他西方国家相比,加拿大在新公共管理改革中的表现稍嫌平庸。尽管如此,其成效仍旧对财政规模的变化方向产生了实质性的影响。与其他新公共管理运动典型国家相一致,加拿大财政支出的总体发展趋势主要表现为抑制或弱化,实践中的具体举措均与瓦格纳定律的内在逻辑相抵牾。

3.2.2.1 通过降低行政成本对财政支出直接进行强有力的掌控

计划预算制度与方案复审制度是加拿大在制度方面对新公共管理理念的直接体现。计划预算制度于1968年实施,该制度将政府开支与政府产出挂钩,通过对公共服务的提供实施招投标制度加强计划性,将资源自上而下地分配到各个部门,有效防止了由信息不足导致的重复建设问题,从而有利于在节约资源的同时提高资源利用效率,在形式上直接表现为财政支出规模的弱化。方案复审制度于1994年提出,涉及的内容包括方案的预算、各项需要政府拨款的公共开支等,涉及的部门包括联邦政府所有的部、政府拨款的各个委员会以及国有企业,其实质是对财政支出的直接把控。实施方案复审有三项原则:一是审查改革方案的服务对象;二是复审主体囊括本部门职员;三是复审内容由服从应然逻辑的一系列问题构成,包括方案应该由什么性质的部门或机构负责、应进行哪些改革、相应机构应采取什么对策等。总之,计划预算制度与方案复审制度直接对财政支出进行了强有力的掌控。

3.2.2.2 通过机构精简和公务人员精简对财政支出进行有效弱化

与新公共管理改革理念相吻合,机构精简和公务人员精简与分流是加拿大行政改革的重要内容。从 1995 年开始,加拿大"调整政府机构,削减人员"的改革正式实施,机构调整通过精简、合并以及民营化等方式,在公共服务供给中引入竞争机制,实现政府规模的缩小和机构数量的减少;公务人员精简通过提前退休、随工作转移到民营部门等各种措施进行裁员和分流实现,获得了显著的改革成效。到 1998 年,加拿大联邦机构由 32 个缩减为 23 个,公务员由 24 万人减少到 8.3 万人(陈振明,2003)。在直接裁员和转移人员的同时,大力进行公务员系统更新,培养高级领导职务的接班人。以上措施不仅有效地减轻了财政压力,而且明显提高了工作效率。

3.2.2.3 通过工作机制优化追求公共行政效率的提高

加拿大在行政改革中的机制优化,主要体现为任务小组、特别运作局的设立以及"单窗口服务"机制的建立。任务小组的设置是加拿大行政机构改革的第一步,任务小组把所有相关部门的首脑囊括在内,解决了改革运作的组织架构和发起问题;特别运作局则是公共服务供给民营化改革的主体,15 个特别运作局涵盖了通信、交通、电力等许多与民生相关的具有服务功能的部门,采用市场化的方式提供相应的公共服务,其实质是通过将政策制定与服务操作分开对政府职能进行集中优化。"单窗口服务",顾名思义,即在一个窗口集中提供公民需要的多种服务,与"一站式服务"理念大同小异。为了实现"单窗口服务",加拿大政府建立了现代化的信息服务网络,将管理主义的精髓纳入改革视野。以上工作机制的优化对行政效率的提高,不仅提高了公共服务水平,而且自然而然降低了财政支出。

通过以上对加拿大新公共管理改革举措的粗略回顾不难看出,加拿大财政支出在新公共管理实践中对瓦格纳定律的抵触具有客观必然性。

3.3 法国财政支出的瓦格纳检验及结果原因分析

3.3.1 法国财政支出的瓦格纳检验

3.3.1.1 一级指标的瓦格纳检验

(1) ADF 检验

首先进行 ADF 检验以验证数据序列的平稳性。根据瓦格纳定律经典计量模型的 6 个版本,法国财政支出序列需进行平稳性检验的变量包括以下 6 个:LGDPfra、LEfra、LCfra、L(GDP/P)fra、L(E/P)fra、L(E/GDP)fra。计算结果见表 3 - 17。

表 3 - 17　法国财政支出一级指标水平序列 ADF 检验结果

变量	检验类型(C,T,K)	ADF 统计量	5%临界值	结论
LGDPfra	(C,0,1)	-1.6066	-2.981038	不平稳
LEfra	(C,0,1)	-1.5036	-2.981038	不平稳
LCfra	(C,0,0)	-0.569	-2.976263	不平稳
L(GDP/P)fra	(C,0,1)	-1.6299	-2.981038	不平稳
L(E/P)fra	(C,0,1)	-1.5647	-2.981038	不平稳
L(E/GDP)fra	(C,0,0)	-0.4676	-2.976263	不平稳

注:C 表示常数项,T 表示趋势项,K 表示滞后项的阶数。

水平序列即未进行差分的数据原始序列。表 3 - 17 呈现的结果即对数据水平序列进行单位根检验的结果,数据显示,在 5%显著性水平下,ADF 值均不能拒绝序列包含单位根的原假设,即各个变量的数据水平序列均呈现不平稳的状态。为了避免"伪回归"不能直接对水平序列进行回归分析。

表 3-18　法国财政支出一级指标一阶差分序列 ADF 检验结果

变量	检验类型(C,T,K)	ADF 统计量	5% 临界值	结论
DLGDPfra	(C,0,3)	-3.0854	-2.998064	平稳
DLEfra	(C,0,2)	-3.0557	-2.986225	平稳
DLCfra	(C,0,0)	-14.069	-2.981038	平稳
DL(GDP/P)fra	(C,0,2)	-3.8926	-2.991878	平稳
DL(E/P)fra	(C,0,1)	-3.0513	-2.986225	平稳
DL(E/GDP)fra	(C,0,0)	-4.86	-2.981038	平稳

注：C 表示常数项，T 表示趋势项，K 表示滞后项的阶数。

对数据进行一阶差分之后再进行 ADF 检验（详见表3-18），发现所有变量在不包含滞后项的情况下均拒绝了序列包含单位根的原假设，即所有变量均为一阶单整序列［I(1)］。

（2）协整检验

对数据进行平稳性检验的结果显示，所有序列均呈现同阶单整的状态［I(1)］，因此，可以应用 Engle-Granger 两步法进行协整检验。其结果见表3-19。

表 3-19　法国财政支出一级指标协整回归及其残差 ADF 检验结果

表达式	解释变量	常数项	系数	$\bar{R}^2$	ADF	5% 临界值	与 GDP 之间是否具有协整关系
W1	LEfra	-2.078358	1.154563	0.995824	-3.248387	-1.957204	是
W2	LCfra	-9.347116	1.752285	0.924265	-3.462721	-1.977738	是
W3	LEfra	-6.710791	1.26876	0.994379	-2.639897	-1.957204	是
W4	L(E/P)fra	-2.693897	1.169455	0.994954	-3.164159	-1.957204	是
W5	L(E/GDP)fra	-2.693897	0.169455	0.803958	-3.164159	-1.957204	是
W6	L(E/GDP)fra	-2.078358	0.154563	0.808542	-3.248387	-1.957204	是

协整检验的原假设是协整回归之后的残差序列因存在单位根而呈现非平稳状态。从表3-19中可以看出，对该残差进行的平稳性检验，各模型版本相应指标的 ADF 值的绝对值均大于5%显著性水平下临界值的绝对值，均拒绝了残差序列不平稳的原假设。协整分析的残差序列平稳，证明以上解释变量与 GDP 指标之间存在长期稳定的协整关系。换言之，相对于瓦格纳定律的6个不同版本的模型，法国财政支出 Efra 与国内生产总值 GDPfra 之间具有长期均衡关系。但是，两个变量之间存在协整关系并不是瓦格纳定律成立的充要条件，而仅仅是其必要条件。还需要对序列进行 Granger 因果检验，以考察瓦格纳定律相对于法国财政支出是否成立。

（3）因果检验

Granger 因果检验强调序列的平稳性，从以上 ADF 检验中可知，各指标是一阶平稳的，满足 Granger 因果检验的条件。对法国财政支出 Efra 与 GDPfra 两个变量因果检验的实证结果见表3-20，其中包括对于瓦格纳定律6个版本模型表达式的检验结果。

在4期滞后之内考察90%置信区间内的情况，因此规定 Granger 因果检验的相伴概率 P 值小于0.1 即可认为拒绝原假设，即此时相关指标的单向因果关系成立。从表3-20中可以看出，所有小于临界值0.1 的情况，只有瓦格纳定律第5个版本的2期滞后存在符合瓦格纳定律要求的由 GDPfra 至 Efra 方向的因果关系，其他都是相反方向的凯恩斯效应。Granger 因果检验说明，对于法国总的财政支出的情况，瓦格纳定律几乎没有作用的空间。

表 3-20　　法国财政支出一级指标与 GDP 因果检验结果

表达式	原假设	1 Lag F值	1 Lag P值	2 Lag F值	2 Lag P值	3 Lag F值	3 Lag P值	4 Lag F值	4 Lag P值
W1	△LGDPfra 不是 △LEfra 的原因	4.64849	0.95910	2.19926	0.86726	2.70732	0.93123	12.5414	0.99998
	△LEfra 不是 △LGDPfra 的原因	1.23270	0.72255	0.85299	0.56134	1.84003	0.83193	1.34954	0.71660
W2	△LGDPfra 不是 △LCfra 的原因	0.87632	0.64183	1.34553	0.72066	1.17682	0.65976	6.67727	1.00000
	△LCfra 不是 △LGDPfra 的原因	0.00338	0.04590	0.53105	0.40527	2.90509	0.94355	4.27087	0.98956
W3	△LGDP/Pfra 不是 △LEfra 的原因	0.56748	0.54170	1.73858	0.80282	1.81660	0.82772	2.14493	0.89080
	△LEfra 不是 △LGDP2Pfra 的原因	0.79398	0.61860	0.33697	0.28275	1.65216	0.79498	1.16535	0.64698
W4	△LGDP/Pfra 不是 △LE/Pfra 的原因	0.52399	0.52414	1.66924	0.79047	1.92170	0.84576	2.23894	0.90229
	△LE/Pfra 不是 △LGDP/Pfra 的原因	0.90636	0.64980	0.37454	0.30845	1.39202	0.72956	0.92698	0.53373
W5	△LGDP/Pfra 不是 △LE/GDPfra 的原因	1.23564	0.72311	0.05573	0.05784	0.65601	0.41260	0.29256	0.12036
	△LE/GDPfra 不是 △LGDP/Pfra 的原因	0.90636	0.64980	0.37454	0.30845	1.39202	0.72956	0.92698	0.53373
W6	△LGDPfra 不是 △LE/GDPfra 的原因	3.19934	0.91421	1.58340	0.77501	0.42956	0.26624	0.72587	0.41629
	△LE/GDPfra 不是 △LGDPfra 的原因	1.5E-05	0.00306	0.06030	0.05838	0.14889	0.07066	0.08901	0.01505

3.3.1.2 分项指标的瓦格纳检验

1. ADF 检验

分项指标仅对应瓦格纳定律第 1 个表达式、第 3 个表达式、第 4 个表达式、第 5 个表达式、第 6 个表达式进行考察。对于 10 个分项指标，法国第 5 个数据（E5fra，环境保护支出）缺省，所以需要对 9 个指标进行检验。

将瓦格纳定律版本与分项指标相结合，需要检验序列稳定性的变量包括以下 9 组：①LE1fra、L(E1/P)fra、L(E1/GDP)fra；②LE2fra、L(E2/P)fra、L(E2/GDP)fra；③LE3fra、L(E3/P)fra、L(E3/GDP)fra；④LE4fra、L(E4/P)fra、L(E4/GDP)fra；⑤LE6fra、L(E6/P)fra、L(E6/GDP)fra；⑥LE7fra、L(E7/P)fra、L(E7/GDP)fra；⑦LE8fra、L(E8/P)fra、L(E8/GDP)fra；⑧LE9fra、L(E9/P)fra、L(E9/GDP)fra；⑨LE10fra、L(E10/P)fra、L(E10/GDP)fra。以上变量的具体含义分别为总体政府财政支出按照政府功能分类的各项支出、各项支出的人均值、各项支出占 GDPfra 的比例。限于正文篇幅，这里仅展示其中第一组的计量结果，其他结果均见附录。

表3-21 法国财政支出分项指标水平序列 ADF 检验结果（E1fra）

变量	检验类型(C,T,K)	ADF 统计量	5%临界值	结论
LE1fra	(C,0,1)	2.1195	-2.981038	不平稳
L(E1/P)fra	(C,T,0)	-0.5635	-3.587527	不平稳
L(E1/GDP)fra	(C,0,0)	0.0753	-2.976263	不平稳

注：C 表示常数项，T 表示趋势项，K 表示滞后项的阶数。

从表 3-21 中可以看出，法国一般政府财政支出中的一般公共服务支出的水平序列均不稳定，不能直接用来进行协整检验。而以上变量的一阶差分序列则均为平稳序列（见表3-22）。

表 3-22　法国财政支出分项指标一阶差分序列序列
ADF 检验结果（E1fra）

变量	检验类型(C,T,K)	ADF 统计量	5% 临界值	结论
DLE1fra	(C,0,0)	-4.866	-2.981038	平稳
DL(E1/P)fra	(C,0,0)	-4.8711	-2.981038	平稳
DL(E1/GDP)fra	(C,0,0)	-4.8324	-2.981038	平稳

注：C 表示常数项，T 表示趋势项，K 表示滞后项的阶数。

其他所有一般政府各分项指标的平稳性检验结果性质均与指标 E1 的检验相同，所有分项指标均为一阶单整序列 I(1)。

（2）协整检验

鉴于所有分项指标都是 [I(1)] 序列，可以应用 Engle-Granger 两步法进行协整检验。检验结果见表 3-23。这些结果涉及瓦格纳定律所有计量模型中 5 个表达式的支出指标（第 2 个表达式 W2 除外），每个表达式的相应指标按照国际货币基金组织划定的政府功能均分为 10 项（第 5 项 E5fra 数据缺省，除外）。

因篇幅所限，此处仅列出瓦格纳定律第 1 个表达式（W1）的分项检验结果，其他结果详见附录。

从表 3-23 中可以看出，除 LE8fra 与 LE10fra 外，法国按功能分类的各项财政支出瓦格纳定律经典计量模型的第 1 个表达式的残差都是非平稳序列。这说明除娱乐、文化与宗教事务支出（E8fra）与社会保障支出（E10fra）之外的各项支出与 GDPfra 之间都具有长期均衡关系。关于其他表达式，结论大同小异。

鉴于财政支出与 GDP 两个变量之间具有协整关系，并不是瓦格纳定律成立的充分条件，变量之间相互作用的方向在此起着非常关键的作用，需要进一步通过 Granger 因果检验来揭示。

表 3-23　　法国财政支出分项指标协整回归及其
　　　　　　残差 ADF 检验结果（W1）

解释变量	常数项	系数	$\bar{R}^2$	ADF	5%临界值	与 GDP 之间是否具有协整关系
LE1fra	-27.46605	4.033542	0.558967	-1.165309(2)	-1.974028	否
LE2fra	-33.04994	4.536679	0.634212	-1.246008(2)	-1.995865	否
LE3fra	-79.36016	9.583119	0.839004	-1.758541(2)	-2.02119	否
LE4fra	-31.59859	4.433744	0.585183	-1.698686(1)	-1.977738	否
LE6fra	-34.61202	4.677485	0.719468	-1.227352(1)	-1.977738	否
LE7fra	-33.42289	4.683768	0.644704	-1.897935(3)	-2.021193	否
LE8fra	-39.2148	5.123788	0.689418	-4.580296	-2.021193	是
LE9fra	-37.02803	5.066863	0.656238	-0.1165	-2.021193	否
LE10fra	-31.3726	4.528133	0.569353	-2.643639	-1.964418	是

（3）Granger 因果检验

法国财政支出分项指标因果检验结果见表 3-24。为节省篇幅起见，这里仅列出瓦格纳定律第 1 个表达式的检验结果。数据表明，从 GDPfra 到 Efra 方向来看，仅瓦格纳定律第 6 个表达式 3 期和 4 期滞后的相伴概率 P 小于研究设定的 0.1 的置信水平，其他所有 P 值不是大于 0.1，就是方向相反。这说明法国财政支出各个分项指标（E6fra 除外）与 GDPfra 之间均不具有瓦格纳关系。

表 3-24　法国财政支出分项指标与 GDP 因果检验结果（W1）

原假设	P 值			
	1 Lag	2 Lag	3 Lag	4 Lag
△LGDPfra 不是△LE1fra 的原因	1.67649	0.79278	1.61364	0.77997
△LE1fra 不是△LGDPfra 的原因	1.01725	0.67716	0.64186	0.46489
△LGDPfra 不是△LE2fra 的原因	5.10796	0.96722	0.89014	0.57628
△LE2fra 不是△LGDPfra 的原因	0.91178	0.65121	0.55195	0.41704

表2-24(续)

原假设	P 值			
	1 Lag	2 Lag	3 Lag	4 Lag
△LGDPfra 不是△LE3fra 的原因	0.28609	0.40254	0.16436	0.15062
△LE3fra 不是△LGDPfra 的原因	0.27483	0.39527	1.17645	0.67447
△LGDPfra 不是△LE4fra 的原因	0.46661	0.49917	0.74272	0.51356
△LE4fra 不是△LGDPfra 的原因	1.27710	0.73083	0.04539	0.04429
△LGDPfra 不是△LE6fra 的原因	0.37294	0.45308	0.05643	0.05474
△LE6fra 不是△LGDPfra 的原因	0.00196	0.03496	0.73396	0.50953
△LGDPfra 不是△LE7fra 的原因	0.17179	0.31794	0.97291	0.60760
△LE7fra 不是△LGDPfra 的原因	0.39627	0.46527	0.73532	0.51016
△LGDPfra 不是△LE8fra 的原因	15.5747	0.99943	9.61970	0.99914
△LE8fra 不是△LGDPfra 的原因	1.86191	0.81544	5.51054	0.98927
△LGDPfra 不是△LE9fra 的原因	3.48744	0.92640	2.22458	0.87007
△LE9fra 不是△LGDPfra 的原因	0.82611	0.62792	1.70374	0.79671
△LGDPfra 不是△LE10fra 的原因	0.20298	0.34379	1.52247	0.76149
△LE10fra 不是△LGDPfra 的原因	0.83839	0.63139	0.42956	0.34430

实证结果证明,新公共管理运动以来的法国财政支出几乎不具备瓦格纳特点。

3.3.2 法国财政支出非瓦格纳倾向的新公共管理视角分析

在新公共管理运动中,法国政府立足于自身实际,针对高度集权的行政体制进行了全面稳步的渐进性行政改革。法国的高度集权行政体制可以追溯到拿破仑时期,拿破仑统治在法国形成了一整套等级森严的官僚体制,并一直沿袭了总督管理制度。这种官僚主义的行政模式,不仅导致了政府规模的不断扩大,公共管理效率的低下,形成了沉重的财政负担,而且限制了地方行政和企业的灵活性和积极性，引起公众的强烈不满。加之法国和英、美等国有着密切的政治、经济、文化联系，不可避免地受英、美等国家新公共管理改革潮流的影响（程祥国、韩艺，2005）。内因和外因共同作用，促使法国也投身于新公共管理运动的洪流，以市场为导向，进行了较为全面稳步的公共行政改革。改革的措施与结果或直接或间接作用于财政实践，促使法国的财政规模发生了一定程度的变化。

3.3.2.1 分权改革弱化了财政支出扩大倾向

基于反对中央高度集权呼声日益高涨的现实压力，法国政府于1982年3月颁布了法国议会通过的《关于市镇、省和大区的权利和自由法案》即《权力下放法案》，拉开了地方分权改革的序幕。

《权力下放法案》重新调整了地方行政区域的划分，把法国地方行政区由原来的省和市镇两级划分为大区、省和市镇三个层次，并规定三级地方政府之间没有直接的从属关系；地方行政权力结构随之发生了变化，中央取消了对各级地方政府的监管，真正实现地方了管理权力由中央向地方的转移，地方自治权得以扩大；各级地方政府在事权与财权的匹配上得到了空前优化，在预算制度及转移支付制度等财政制度方面进行了相应的调整。这些改革举措落实到位，使中央和地方的关系得到了实质性的调整，不仅有利于调动选民和地方的积极性和主动性，而且简化了审批手续，减少了文牍数量，在很大程度上使长期盛行于各级地方政府的官僚主义作风得到遏制，减轻了中央沉重的行政负担，大大降低了行政成本。

3.3.2.2 公务员制度改革削减了财政支出规模

法国现行的公务员制度是在第二次世界大战后逐步建立起来的，由于历史原因具有以下与财政压力紧密相关的体制弊端（李和中，2001）：①典型的科层官僚制，系统刚性有余灵活不足。法国公务员在任职期间受国家保护，官职等级按年晋升，职务可以调任，官职分立，同类同职级人员可在不同地区、不同机关间调任，从而形成终身雇用的封闭官僚系统。②秘密"红包"规则，激励机制不规范。即行政首长可直接以"红包"形式奖励下属，此类"红包"系非法定给予，故以个别、秘密方式交付，双方秘而不宣，但基于惯例，预算上承认该项开支。③公务员体制覆盖面过广，体系臃肿庞大。法国公务员在法律概念上分为国家公务员、地方公务员和医护公务员，包括中央政府、地方政府及其各自所属的公共事业机构（如学校、医院等）编制内正式担任专职的工作人员。由于以上弊端，加之财政紧张和行政观念的进步，法国传统的公职制度在20世纪80年代初遭受了前所未有的压力。

借新公共管理运动的契机，法国政府以绩效为导向，实施了渐进性的公务员制度改革。法国推行的公务员制度改革主要围绕以下三个方面主题展开：①在政府内部职能现代化名义下推行公务员分权化改革，在政府合同类的中央管理机构与分权服务机构或公共机构之间建立新的契约关系，重点对预算分类进行修改，合并与重要政策领域相对应的预算项目，并进一步下放预算拨款，同时制定关于经营资源和人员配置的多年预算合同；②在现代人力资源管理模式下，推行由传统的"人员管理"模式向动态的"人才资源开发性管理"模式过渡的改革，通过建立健全预测管理、分散管理、任职分配透明度、人才交流、服务培训等一系列相互配套的人力资源管理制度，并引进现代化的信息技术作为具体支撑，将人才资源（公务员）的使用与开发合理地结合在一起，提高了公务员制度的内在效率；③以确保公务员素质为目的，将竞争机制引入公务员队伍，通过进一步改善考试录用办法、晋升制度和激励机制，在公务员选拔和提升中推行以"三E"（经济、效率、效益）为衡量标准的竞争机制改革,促进了公务员素质的提高。

从财政视角来看,法国持续推行的这些公务员制度现代化改革举措已初见成效:分权与非集中化实现了上下级关系由直接隶属向合同关系的转变,相应公共服务由分权服务机构中推行的以绩效管理为目标的"服务交付"制度来提供,将市场化经营引入公共服务供给体制,有利于减轻政府在公共服务供给方面的财政压力;对管理方法的改进,人力资源管理新技术的植入,降低了管理上的经济成本;同时新公共管理的服务理念已开始转变公务员文化,加之激励机制的相应改进,使得公务员更加倡导结果导向与服务的针对性,更加强调明确的服务标准,提供高质量的服务,同时完善投诉受理机制,这一切都在一定程度上提高了财政在这方面的支出效率。

3.3.2.3 公共企业私有化改革缩小了财政体系的涵盖范围

法国于 1936 年、1945 年和 1982 年先后经历了三次企业国有化运动,这三次国有化运动最终使法国公共企业遍布所有产业。国有化引起了垄断资本结构的变化,增强了国家对国民经济的干预能力。但长期的国有化也使公共企业和其他公共机构积累了深厚的矛盾和问题:一是公共企业初期表现出来的规模投资、急剧扩张等优势逐步丧失;二是公共企业不适应科技和社会的快速发展,产业结构调整迟缓;三是左翼执政党长期奉行"社会市场经济"原则,对公共企业干预过度,造成公共企业经营管理缺乏灵活性,缺乏激励机制和扩张动力,导致企业亏损,加重了国家的财政负担。事实使法国政府清醒地意识到,依靠传统的行政管理的方式来提高公共部门的效率是行不通的,只有靠市场手段才能解决公共企业的效率问题。因此,1986 年右翼政府上台后,以改变公共部门经营不善的状况,减轻国家财政负担,提高公共部门的灵活性和适应市场变化的能力为由,将私有化作为经济改革的重点,决定推行大规模的私有化政策,拉开了法国公共部门私有化的帷幕。

法国公共企业私有化的过程贯穿了新公共管理运动的精髓，主要通过转让股份、招标、出让资产和股份等方式进行。公共企业的私有化，大大减少了国家财政体系的涵盖范围，仅在1986年11月开始至1987年年底结束的第一阶段13家国有企业私有化改革中，就将33.3万名雇员转入了私营部门，它们分别占整个公共企业数和雇员数的35%和31%（潘小娟，2000）①。由此，整个公共经济体系进行私有化改革将大幅度消融原有财政体系的外在体积，从而也会使财政作为在总体经济中的比重有所降低。

总而言之，由于法国在分权化改革、公务员制度改革以及公共企业私有化改革方面取得的成效，使得新公共管理运动以来法国财政支出获得了收敛的动力，瓦格纳定律在处于新背景下的法国陷入了失效的境地。

3.4 英国财政支出的瓦格纳检验及结果原因分析

3.4.1 英国财政支出的瓦格纳检验

3.4.1.1 一级指标的瓦格纳检验

（1）ADF检验

首先进行ADF检验以验证数据序列的平稳性。

根据瓦格纳定律经典计量模型的6个版本，英国财政支出

---

① 这一阶段实行私有化的企业主要包括：圣戈班公司、通用电气公司、马特拉公司、商业信贷银行、巴黎巴银行、兴业银行、汇理银行、农业信贷银行、哈瓦斯公司、法国电视一台等。如果将这些企业的子公司和孙公司包括在内，在这次私有化过程涉及的企业共有1082家。

序列需进行平稳性检验的变量包括 6 个：LGDPgbr、LEgbr、LCgbr、L（GDP/P）gbr、L（E/P）gbr、L（E/GDP）gbr。计算结果见表3-25。

表3-25 英国财政支出一级指标水平序列 ADF 检验结果

变量	检验类型(C,T,K)	ADF 统计量	5%临界值	结论
LGDPgbr	(C,0,1)	-2.3304	-2.981038	不平稳
LEgbr	(C,0,1)	-1.4971	-2.981038	不平稳
LCgbr	(C,0,1)	1.3733	-2.981038	不平稳
L(GDP/P)gbr	(C,0,1)	-2.3905	-2.981038	不平稳
L(E/P)gbr	(C,0,1)	-1.5712	-2.981038	不平稳
L(E/GDP)gbr	(C,0,1)	0.2803	-2.981038	不平稳

注：C 表示常数项，T 表示趋势项，K 表示滞后项的阶数。

表3-26 英国财政支出一级指标一阶差分序列 ADF 检验结果

变量	检验类型(C,T,K)	ADF 统计量	5%临界值	结论
DLGDPgbr	(C,0,0)	-4.266	-2.981038	平稳
DLEgbr	(C,0,0)	-7.8774	-2.981038	平稳
DLCgbr	(C,0,0)	-19.659	-2.981038	平稳
DL(GDP/P)gbr	(C,0,0)	-4.2032	-2.981038	平稳
DL(E/P)gbr	(C,0,0)	-7.8771	-2.981038	平稳
DL(E/GDP)gbr	(C,0,0)	-3.8022	-2.981038	平稳

注：C 表示常数项，T 表示趋势项，K 表示滞后项的阶数。

水平序列即未进行差分的数据原始序列。从表3-25中可以看出，在5%显著性水平下，ADF 值均不能拒绝序列包含单位根的原假设，即各个变量的数据水平序列均呈现不平稳的状态。对数据进行一阶差分之后再进行 ADF 检验（详见表3-26），发现所有变量在不包含滞后项的情况下均拒绝了序列包含单位根的原假设，即所有变量均为一阶单整序列 [I(1)]。

（2）协整检验

对数据进行平稳性检验的结果显示，所有序列均呈现同阶单整的状态 [I(1)]，因此，可以应用 Engle-Granger 两步法进行协整检验。结果如表 3-27 所示。

表 3-27　英国财政支出一级指标协整回归及其残差 ADF 检验结果

表达式	解释变量	常数项	系数	$\bar{R}^2$	ADF	5%临界值	与GDP之间是否具有协整关系
W1	LEgbr	0.178289	0.925032	0.723807	-5.782318	-1.95502	是
W2	LCgbr	-3.386384	1.070227	0.668617	-8.835438	-1.95502	是
W3	LEgbr	3.545908	0.967326	0.724262	-5.788422	-1.95502	是
W4	L(E/P)gbr	-0.098103	0.921981	0.703988	-5.781503	-1.95502	是
W5	L(E/GDP)gbr	0.098103	-0.078019	-0.021613	-5.781503	-1.95502	是
W6	L(E/GDP)gbr	0.178289	-0.074968	-0.021446	-5.782318	-1.95502	是

协整检验的原假设是协整回归之后的残差序列因存在单位根而呈现非平稳状态。从表 3-27 中可以看出，对该残差进行的平稳性检验，各模型版本相应指标的 ADF 值的绝对值均大于 5% 显著性水平下临界值的绝对值，均拒绝了残差序列不平稳的原假设。协整分析的残差序列平稳，证明以上解释变量与 GDP 指标之间存在长期稳定的协整关系。换言之，相对于瓦格纳定律的 6 个不同版本模型的表达式，英国财政支出 Egbr 与国内生产总值 GDPgbr 之间具有长期均衡关系。但是，两个变量之间存在协整关系并不是瓦格纳定律成立的充要条件，而仅仅是其必要条件。还需要对序列进行 Granger 因果检验，以考察瓦格纳定律相对于英国财政支出是否成立。

(3) 因果检验

Granger 因果检验强调序列的平稳性,从以上 ADF 检验中可知,各指标是一阶平稳的,满足 Granger 因果检验的条件。对英国财政支出 Egbr 与 GDPgbr 两个变量因果检验的实证结果见表 3-28,其中包括对于瓦格纳定律 6 个版本的模型的检验结果。

根据研究需要,规定 Granger 因果检验的相伴概率 P 值小于 0.1 即可认为拒绝原假设,即此时相关指标的单向因果关系成立。从表 3-28 中可以看出,除了瓦格纳定律第 3 个版本与第 4 个版本的 3 期滞后、第 6 个版本的 2 期滞后的情况下由 LEgbr 至 LGDPgbr 方向的单向因果成立(凯恩斯效应)外,其他所有 Granger 单向因果检验的 P 值都大于 0.1。Granger 因果检验说明,对于英国总的财政支出的情况,瓦格纳定律没有作用的空间。

3.4.1.2 分项指标的瓦格纳检验

(1) ADF 检验

分项指标检验排除瓦格纳定律第 2 个版本,仅对第 1 个表达式、第 3 个表达式、第 4 个表达式、第 5 个表达式、第 6 个表达式进行检验。分项指标一共包括 10 项,其中英国第 5 项数据(E5gbr,环境保护支出)缺省,第 1 项、第 3 项、第 6 项、第 10 项数据有缺失,所以需要进行的检验共包括 5 项指标。

将瓦格纳定律版本与分项指标相结合,需要检验序列稳定性的变量包括以下 5 组:①LE2usa、L(E2/P)usa、L(E2/GDP)usa;②LE4usa、L(E4/P)usa、L(E4/GDP)usa;③LE7usa、L(E7/P)usa、L(E7/GDP)usa;④LE8usa、L(E8/P)usa、L(E8/GDP)usa;⑤LE9usa、L(E9/P)usa、L(E9/GDP)usa。以上变量的具体含义分别为总体政府财政支出按照政府功能分类的各项支出、各项支出的人均值、各项支出占 GDP 的比例。限于正文篇幅,这里仅展示其中第一组(E2gbr)的计量结果,其他结果均见附录。

表 3-28　　英国财政支出一级指标与 GDP 因果检验结果

表达式	原假设	1 Lag F值	1 Lag P值	2 Lag F值	2 Lag P值	3 Lag F值	3 Lag P值	4 Lag F值	4 Lag P值
W1	△LGDPgbr 不是△LEgbr 的原因	1.23058	0.72215	2.39111	0.88701	4.45839	0.98690	3.62308	0.97947
	△LEgbr 不是△LGDPgbr 的原因	3.69395	0.93392	3.38453	0.94928	3.67400	0.97314	1.82451	0.83993
W2	△LGDPgbr 不是△LCgbr 的原因	2.71528	0.88810	4.56730	0.97914	3.21620	0.95840	3.67826	0.98065
	△LCgbr 不是△LGDPgbr 的原因	0.48134	0.50579	0.73082	0.50808	0.28807	0.16648	1.63078	0.79794
W3	△LGDP/Pgbr 不是△LEgbr 的原因	0.25765	0.38381	0.31954	0.27047	0.32277	0.19117	2.00409	0.87089
	△LEgbr 不是△LGDP/Pgbr 的原因	0.08346	0.22496	0.11053	0.10419	0.11180	0.04768	0.50513	0.26762
W4	△LGDP/Pgbr 不是△LE/Pgbr 的原因	0.26590	0.38937	0.32285	0.27776	0.32819	0.19502	2.00594	0.87118
	△LE/Pgbr 不是△LGDPgbr 的原因	0.08416	0.22587	0.11093	0.10454	0.11194	0.04776	0.52318	0.28029
W5	△LGDP/Pgbr 不是△LE/GDPgbr 的原因	0.06152	0.19386	0.14741	0.13628	0.19453	0.10096	1.40447	0.73468
	△LE/GDPgbr 不是△LGDPgbr 的原因	0.08416	0.22587	0.11393	0.10454	0.11194	0.04776	0.52318	0.28029
W6	△LGDPgbr 不是△LE/GDPgbr 的原因	0.06349	0.19688	1.12490	0.65879	6.75080	0.99802	3.69061	0.98090
	△LE/GDPgbr 不是△LEPgbr 的原因	0.00567	0.05942	0.04991	0.04859	0.50926	0.32017	0.48696	0.25482

表3-29 英国财政支出分项指标水平序列 ADF 检验结果（E2gbr）

变量	检验类型(C,T,K)	ADF 统计量	5%临界值	结论
LE1gbr	(C,0,1)	-1.8193	-2.981038	不平稳
L(E1/P)gbr	(C,T,1)	-1.862	-3.595026	不平稳
L(E1/GDP)gbr	(C,0,0)	0.7395	-2.976263	不平稳

注：C 表示常数项，T 表示趋势项，K 表示滞后项的阶数。

从表3-29 中可以看出，英国一般政府财政支出中的国防支出的水平序列均不稳定，不能直接用来进行协整检验。而以上变量的一阶差分序列则均为平稳序列（见表3-30）。

表3-30 英国财政支出分项指标一阶差分序列序列
ADF 检验结果（E2gbr）

变量	检验类型(C,T,K)	ADF 统计量	5%临界值	结论
DLE1gbr	(C,0,0)	-4.2365	-2.981038	平稳
DL(E1/P)gbr	(C,0,0)	-4.1928	-2.981038	平稳
DL(E1/GDP)gbr	(C,0,0)	-4.3804	-2.981038	平稳

注：C 表示常数项，T 表示趋势项，K 表示滞后项的阶数。

其他各个分项指标的平稳性检验结果性质均与指标 E2 的检验相同，所有分项指标均为一阶单整序列 I(1)。

(2) 协整检验

鉴于所有分项指标都是 [I(1)] 序列，可以应用 Engle-Granger 两步法进行协整检验。检验结果见表3-31。这些结果涉及瓦格纳定律所有计量模型中 5 个模型的表达式的支出指标（第 2 个表达式除外），每个表达式的相应指标按照国际货币基金组织划定的政府功能均分为 10 项（E1、E3、E5、E6、E10 数据有缺失，均除外）。因篇幅所限，此处仅列出瓦格纳定律第 1 个表达式（W1）的分项检验结果，其他结果详见附录。

表 3-31　　英国财政支出分项指标协整回归及其残差 ADF 检验结果（W1）

解释变量	常数项	系数	$\bar{R}^2$	ADF	5%临界值	与GDP之间是否具有协整关系
LE2gbr	3.200909	0.510843	0.870035	-2.119087	-1.960171	否
LE4gbr	0.769055	0.69098	0.897831	-2.685562	-1.956406	否
LE7gbr	-5.162456	1.172349	0.98685	-0.917281(1)	-1.957204	否
LE8gbr	-5.896657	1.070356	0.72535	-2.810066(4)	-1.964418	是
LE9gbr	-1.688079	0.898018	0.918957	1.371802	-1.956406	否

从表 3-31 中可以看出，除 LE8gbr 外，英国按功能分类的各项财政支出瓦格纳定律经典计量模型的第 1 个表达式的残差都是非平稳序列，这说明除文化、娱乐与宗教支出（E8gbr）之外的各项支出与 GDP 之间都不具有长期均衡关系。关于其他表达式，结论大同小异。

（3）Granger 因果检验

英国财政支出分项指标因果检验结果见表 3-32。为节省篇幅，这里仅列出瓦格纳定律第 1 个表达式的检验结果。数据表明，除 E8gbr 由 Egbr 至 GDPgbr 方向 4 期滞后的 P 值小于 0.1 之外，其他指标 F 检验的相伴概率 P 值均大于 0.1（E1、E3、E5、E6、E10 数据存在缺失，不予分析）。这说明英国财政支出相关分项指标（E2、E4、E7、E8、E9）与 GDP 之间均不具有瓦格纳关系。

总之，根据实证结果的数据，新公共管理运动以来的英国财政支出几乎不具备瓦格纳特点。

表 3-32 英国财政支出分项指标与 GDP 因果检验结果（W1）

原假设	P 值			
	1 Lag	2 Lag	3 Lag	4 Lag
△LGDPgbr 不是 △LE2gbr 的原因	0.99791	0.99379	0.95010	0.98065
△LE2gbr 不是 △LGDPgbr 的原因	0.46717	0.13074	0.63374	0.79794
△LGDPgbr 不是 △LE4gbr 的原因	0.98261	0.92869	0.83561	0.61316
△LE4gbr 不是 △LGDPgbr 的原因	0.56651	0.80385	0.46197	0.61108
△LGDPgbr 不是 △LE7gbr 的原因	0.95570	0.63969	0.79993	0.38842
△LE7gbr 不是 △LGDPgbr 的原因	0.62290	0.21582	0.67046	0.94526
△LGDPgbr 不是 △LE8gbr 的原因	0.66445	0.70472	0.99554	0.99640
△LE8gbr 不是 △LGDPgbr 的原因	0.97357	0.78697	0.28754	0.05703
△LGDPgbr 不是 △LE9gbr 的原因	0.99013	0.91222	0.95584	0.97112
△LE9gbr 不是 △LGDPgbr 的原因	0.44673	0.15688	0.46662	0.81225

3.4.2 英国财政支出非瓦格纳倾向的新公共管理视角分析

英国作为新公共管理运动的发源国之一，其新公共管理改革具有代表性和典型性。在撒切尔夫人改革前，英国行政体制的特征主要表现为：公共行政文化带有韦伯主义色彩，行政体制较为封闭和固化；中央行政规模较小，地方行政规模庞大，中央对地方渗透力较弱；中央在决策上处于垄断地位，而在执行方面却很弱，导致行政效率低下。1979 年号称"铁娘子"的撒切尔夫人执政后，对传统行政体制的意识形态、政治及管理进行了尖锐批评，并进行了以市场取向为核心的一系列调适性改革。

撒切尔夫人推行的新公共管理改革，可以说是西欧最激进的政府改革。这场改革在雷纳评审的基础上，对公共部门的管理和服务进行了方方面面的调整。结合财政成效来看，主要表现在以下几个方面：

（1）引入商业管理理念及手段改革行政机制，在提高效率的同时减轻了财政支出压力。新公共管理改革的基本内容之一即在公共部门管理中引入商业管理主义，"下一步行动方案"是英国政府在具体改革中对这一点的落实。该方案建议基于效率追求改革原有机构，按照一定程序和标准在部门内部设立"执行机构"，履行政府的政策执行和提供服务的职能；对应于部门职责和组织结构变化，进行相应的人力资源开发和利用；贯彻"保持外部压力以推动持续性改进"的原则，对执行机构的绩效状况进行定期评审并将结果公布于众以加强监督。下一步行动方案将决策与执行分离，不仅引起了政府内部责任机制的变化，将部门内权力分散化；而且从根本上动摇了传统的文官制度，使公务员体制的机构、运作和精神特质深受影响。下一步行动方案的分权化与公务员制度的弹性化，有效提高了行政效率，大幅度节省了公共开支。同时，为了避免节省开支带来公共服务质量下降的后果，英国政府还特地开展了"公民宪章"运动，用宪章的形式把政府公共部门服务的内容、标准、责任、时限等公之于众，接受公众监督，并向公众提供选择服务机构的机会，充分发挥内部竞争的作用。"公民宪章"运动在提高公共服务质量和公民满意度方面起到了积极的作用，这是对财政支出使用效率的提高，也是从间接角度对财政支出压力的缓解。

（2）深化竞争机制丰富公共服务供给主体，直接弱化了财政扩大倾向。为了进一步提高公共服务质量和"顾客"满意度，英国政府全面开展了"竞争求质量"运动，并针对改革负面结果进行了针对性调整，强调合作政府和整合政府的建设。竞争求质量运动通过竞争招标制（合同出租制）、战略性合同出租制（即不允许内部竞争者参与竞争而直接把任务交给私营承包商）等具体方式，将某些公共服务分类交给私营部门提供，实现公私竞争。调查显示，从1991年到1993年年底，私营部门获得了价值8.85亿英镑的合同，而内部机构继续承担的工作任务价值仅为7.68亿英镑。英国政府宣称，通过公私竞争，相关工作的平均成本减低了25%，每年获得的奖金节省达1.16亿英镑（周志忍，1999）。事实证明，在公共服务领域实行公私竞争确实收到了提高效率、降低成本的实际效果；信息技术的引入和科学理念的建设，有利于降低合作政府与整合政府探索的改革成本。

概而言之，英国政府在新公共管理改革中，不仅实现了缩减公共支出、缓解财政压力的直接目标，而且在本质上优化了行政机制，在控制成本的前提下提高了公共服务质量，最终致使瓦格纳定律在英国失去了其原有的生命力。

3.5 美国财政支出的瓦格纳检验及结果原因分析

3.5.1 美国财政支出的瓦格纳检验

3.5.1.1 一级指标的瓦格纳检验

（1）ADF检验

首先进行ADF检验以验证数据序列的平稳性。根据瓦格纳定律经典计量模型的6个版本，美国财政支出序列需进行平稳性检验的变量包括以下6个：LGDPusa、LEusa、LCusa、L（GDP/P）usa、L（E/P）usa、L（E/GDP）usa。Eviews6.0计算结果见表3-33。水平序列即未进行差分的数据原始序列。从表3-33中可以看出，在5%显著性水平下，ADF值均不能拒绝序列包含单位根的原假设，即各个变量的数据水平序列均呈现不平稳的状态。

表 3-33 美国财政支出一级指标水平序列 ADF 检验结果

变量	检验类型(C,T,K)	ADF 统计量	5%临界值	结论
LGDPusa	(C,0,1)	-2.547	-2.981038	不平稳
LEusa	(C,0,1)	-2.8866	-2.981038	不平稳
LCusa	(C,0,1)	1.0322	-2.981038	不平稳
L(GDP/P)usa	(C,0,1)	-2.5181	-2.981038	不平稳
L(E/P)usa	(C,0,1)	-2.9686	-2.981038	不平稳
L(E/GDP)usa	(C,0,1)	-1.8568	-2.981038	不平稳

注：C 表示常数项，T 表示趋势项，K 表示滞后项的阶数。

对数据进行一阶差分之后再进行 ADF 检验（详见表 3-34），发现所有变量在不包含滞后项的情况下均拒绝了序列包含单位根的原假设，即所有变量均为一阶单整序列 [I(1)]。

表 3-34 美国财政支出一级指标一阶差分序列 ADF 检验结果

变量	检验类型(C,T,K)	ADF 统计量	5%临界值	结论
DLGDPusa	(C,0,0)	-3.838	-2.981038	平稳
DLEusa	(C,0,0)	-3.1156	-2.981038	平稳
DLCusa	(C,0,0)	-3.2282	-2.981038	平稳
DL(GDP/P)usa	(C,0,0)	-3.7144	-2.981038	平稳
DL(E/P)usa	(C,0,0)	-3.0332	-2.981038	平稳
DL(E/GDP)usa	(C,0,0)	-3.6076	-2.981038	平稳

注：C 表示常数项，T 表示趋势项，K 表示滞后项的阶数。

（2）协整检验

对数据进行平稳性检验的结果显示，所有序列均呈现同阶单整的状态 [I(1)]，因此，可以应用 Engle-Granger 两步法进行协整检验。结果如表 3-35 所示。

表 3-35　　美国财政支出一级指标协整回归及其残差 ADF 检验结果

表达式	解释变量	常数项	系数	$\bar{R}^2$	ADF	5%临界值	与 GDP 之间是否具有协整关系
W1	LEusa	-2.639974	1.106096	0.973395	-3.080836	-1.957204	是
W2	LCusa	-4.609791	1.138129	0.865538	-1.295975	-1.962813	否
W3	LEusa	0.996886	1.354527	0.980078	-3.240633	-1.957204	是
W4	L(E/P)usa	-2.33726	1.134517	0.963718	-3.086834	-1.957204	是
W5	L(E/GDP)usa	-2.33726	0.134517	0.249441	-3.086834	-1.957204	是
W6	L(E/GDP)usa	-2.639974	0.106096	0.227998	-3.080836	-1.957204	是

协整检验的原假设是协整回归之后的残差序列因存在单位根而呈现非平稳状态。从表 3-35 中可以看出，对该残差进行的平稳性检验，除瓦格纳定律第 2 个版本的模型之外，各模型版本相应指标的 ADF 值的绝对值均大于 5% 显著性水平下临界值的绝对值，均拒绝了残差序列不平稳的原假设。协整分析的残差序列平稳，证明解释变量与 GDP 指标之间存在长期稳定的协整关系。换言之，相对于瓦格纳定律 6 个不同版本模型的表达式，除公共消费支出（Cusa）外，美国财政支出 Eusa 与国内生产总值 GDPusa 之间具有长期均衡关系。但是两个变量之间存在协整关系，并不是瓦格纳定律成立的充要条件，而仅仅是其必要条件。还需要对序列进行 Granger 因果检验，以考察瓦格纳定律相对于美国财政支出是否成立。

（3）因果检验

Granger 因果检验强调序列的平稳性，从以上 ADF 检验中可知，各指标是一阶平稳的，满足 Granger 因果检验的条件。对美国财政支出 Eusa 与 GDPusa 两个变量因果检验的实证结果见表 3-36，其中包括对于瓦格纳定律 6 个版本的模型的检验结果。

根据研究需要，此处仅考虑 4 期之内滞后的情况，并且规定 Granger 因果检验的相伴概率 P 值小于 0.1 即可认为拒绝原假

表 3-36　　美国财政支出一级指标与 GDP 因果检验结果

表达式	原假设	1 Lag F值	1 Lag P值	2 Lag F值	2 Lag P值	3 Lag F值	3 Lag P值	4 Lag F值	4 Lag P值
W1	△LGDP 不是△LE 的原因	9.65930	0.99535	9.31271	0.99898	4.75665	0.98993	4.55246	0.99213
	△LE 不是△LGDP 的原因	1.70525	0.79651	0.51351	0.39518	2.05019	0.86517	3.28613	0.97042
W2	△LGDP 不是△LC 的原因	0.09832	0.24354	0.01542	0.01529	0.07733	0.02838	0.04652	0.00439
	△LC 不是△LGIP 的原因	0.42844	0.48127	3.38450	0.94928	1.86747	0.83671	0.98326	0.56299
W3	△LGDP/P 不是△LE 的原因	3.64131	0.93209	11.9788	0.99975	7.69265	0.99902	6.33510	0.99850
	△LE 不是△LGDP/P 的原因	1.02290	0.67848	0.70513	0.49601	1.85312	0.83423	0.57592	0.31695
W4	△LGDP/P 不是△LE/P 的原因	3.79991	0.93744	12.2287	0.99978	8.06943	0.99925	6.68851	0.99889
	△LE/P 不是△LGDP/P 的原因	1.05538	0.68589	0.75382	0.51862	1.72443	0.81010	0.51939	0.27763
W5	△LGDP/P 不是△LE/GDP 的原因	2.88988	0.89845	7.65933	0.99732	3.40559	0.96534	3.63991	0.97984
	△LE/GDP 不是△LGDP/P 的原因	1.05538	0.68589	0.75382	0.51862	1.72443	0.81010	0.51939	0.27763
W6	△LGDP 不是△LE/GDP 的原因	0.10045	0.24608	2.09605	0.85512	4.93094	0.99134	3.54082	0.97758
	△LE/GDP 不是△LGDP 的原因	2.12702	0.84283	0.81189	0.54416	0.65101	0.40961	1.19537	0.65933

设，即此时相关指标的单向因果关系成立。表3-37显示，除了瓦格纳定律第2个版本的2期、3期、4期滞后的情况下由LGDPusa至LEusa方向的单向因果成立（瓦格纳关系），其他所有Granger单向因果检验的P值都大于0.1。Granger因果检验说明，就美国总的财政支出而言，瓦格纳定律仅对于其公共消费支出（C）情况成立。

3.5.1.2 分项指标的瓦格纳检验

（1）ADF检验

分项指标不考察第2个版本的模型，仅对应第1个表达式、第3个表达式、第4个表达式、第5个表达式、第6个表达式。分项指标一共包括10项，其中美国第5项数据（E5usa，环境保护支出）缺省，第1项、第3项、第6项和第10项数据有缺失，所以需要进行的检验包括5项指标。

将瓦格纳定律版本与分项指标相结合，需要检验序列稳定性的变量为以下5组：①LE2usa、L(E2/P)usa、L(E2/GDP)usa；②LE4usa、L(E4/P)usa、L(E4/GDP)usa；③LE7usa、L(E7/P)usa、L(E7/GDP)usa；④LE8usa、L(E8/P)usa、L(E8/GDP)usa；⑤LE9usa、L(E9/P)usa、L(E9/GDP)usa。以上变量的具体含义分别为总体政府财政支出按照政府功能分类的各项支出、各项支出的人均值、各项支出占GDP的比例。限于正文篇幅，这里仅展示其中第一组（E2）的计量结果（见表3-37），其他结果均见附录。

表3-37 美国财政支出分项指标水平序列ADF检验结果（E2usa）

变量	检验类型(C,T,K)	ADF统计量	5%临界值	结论
LE2usa	(C,0,1)	-0.8405	-2.981038	不平稳
L(E2/P)usa	(C,T,0)	-1.9517	-3.587527	不平稳
L(E2/GDP)usa	(C,0,0)	-0.7853	-2.976263	不平稳

注：C表示常数项，T表示趋势项，K表示滞后项的阶数。

从表 3-37 中可以看出，美国一般政府财政支出中的一般公共服务支出的水平序列均不稳定，不能直接用来进行协整检验。而以上变量的一阶差分序列则均为平稳序列（见表 3-38）。

表 3-38　美国财政支出分项指标一阶差分序列序列 ADF 检验结果（E2usa）

变量	检验类型(C,T,K)	ADF 统计量	5% 临界值	结论
DLE2usa	(0,0,0)	-2.0209	-1.954414	平稳
DL(E2/P)usa	(0,0,0)	-2.1150	-1.954414	平稳
DL(E2/GDP)usa	(0,0,0)	-2.7721	-1.954414	平稳

注：C 表示常数项，T 表示趋势项，K 表示滞后项的阶数。

其他所有一般政府各分项指标的平稳性检验结果性质均与指标 E1 的检验相同，所有分项指标均为一阶单整序列 I(1)。

（2）协整检验

鉴于所有分项指标都是 [I(1)] 序列，可以应用 Engle-Granger 两步法进行协整检验。检验结果见表 3-39。这些结果涉及瓦格纳定律所有计量模型中 5 个表达式的支出指标（第 2 个表达式除外），每个表达式的相应指标按照国际货币基金组

表 3-39　美国财政支出分项指标协整回归及其残差 ADF 检验结果（W1）

解释变量	常数项	系数	$\bar{R}^2$	ADF	5% 临界值	与 GDP 之间是否具有协整关系
LE2usa	2.403575	0.64667	0.732255	-2.23031	-1.958088	是
LE4usa	-4.484791	1.06432	0.916217	-1.034657(2)	-1.977738	否
LE7usa	-12.02064	1.580806	0.985534	-2.52453(1)	-1.958088	是
LE8usa	-5.120551	0.960509	0.989537	-3.62368	-1.958088	是
LE9usa	-5.239647	1.143314	0.546209	-4.980205	-1.956406	是

织划定的政府功能均分为 10 项（E1、E3、E5、E6、E10 除外）。因篇幅所限，此处仅列出瓦格纳定律第 1 个表达式（W1）的分项检验结果，其他结果详见附录。

从表 3-39 中可以看出，除 LE4usa 外，美国按功能分类的各项财政支出瓦格纳定律经典计量模型的第 1 个表达式的残差都是平稳序列，这说明除经济事务支出（E4usa）之外的各项支出与 GDPusa 之间都具有长期均衡关系。关于其他表达式，结论大同小异。

（3）Granger 因果检验

美国财政支出分项指标因果检验结果见表 3-40。为节省篇幅起见，这里仅列出瓦格纳定律第 1 个表达式的检验结果。数据表明，除 LE4usa 由 LEusa 到 LGDPusa 方向的 2 期、3 期滞后与 E9usa 由 GDPusa 到 Eusa 方向的 2 期滞后的相伴概率 P 小于研究设定的 0.1 的置信水平，前者构成凯恩斯效应，后者符合瓦格纳关系；其他所有 P 值均大于 0.1。结果说明，美国财政支出各个分项指标仅教育支出（E9usa）与 GDPusa 之间存在瓦格纳关系。

表 3-40　美国财政支出分项指标与 GDP 因果检验结果（W1）

原假设	P 值			
	1 Lag	2 Lag	3 Lag	4 Lag
△LGDPusa 不是 △LE2usa 的原因	0.74736	0.35568	0.34212	0.19303
△LE2usa 不是 △LGDPusa 的原因	0.10719	0.91706	0.84134	0.60411
△LGDPusa 不是 △LE4usa 的原因	0.90430	0.59221	0.50299	—
△LE4usa 不是 △LGDPusa 的原因	0.40511	0.03862	0.02713	—
△LGDPusa 不是 △LE7usa 的原因	0.53129	0.26906	0.17978	0.26439
△LE7usa 不是 △LGDPusa 的原因	0.72128	0.98512	0.92163	0.86296
△LGDPusa 不是 △LE8usa 的原因	0.47654	0.88437	0.70579	0.88362
△LE8usa 不是 △LGDPusa 的原因	0.58670	0.35952	0.81877	0.43322
△LGDPusa 不是 △LE9usa 的原因	0.33851	0.04268	0.23169	0.35609
△LE9usa 不是 △LGDPusa 的原因	0.58523	0.50109	0.57473	0.29420

实证结果证明，自新公共管理运动以来，美国财政支出中的公共消费支出与教育支出具备瓦格纳特点，而其他所有支出均不具备这一特点，瓦格纳定律的作用空间极其有限。

3.5.2 美国财政支出非瓦格纳倾向的新公共管理视角分析

美国在新公共管理运动中进行的行政改革内容十分广泛，但主要表现在美国以放松规制改革为重点的政府收缩计划和克林顿时期的政府再造运动，其改革成效迎面直击瓦格纳定律的有效性。

3.5.2.1 政府收缩计划对财政支出的削减

受20世纪30年代凯恩斯思想的影响，美国政府承担了过多的社会经济管理职能，这不但造成了外在形式上的政府规模庞大，机构臃肿，而且导致了内部运行机制上过度规制的问题，并且在结果上使政府不可避免地陷入了不堪负担的财政压力，引发了一系列的经济和社会问题。针对这种情况，政府收缩计划围绕两方面的主题展开：一是收缩政府社会职能；二是放松规制。在收缩政府社会职能方面，政府主要实施了社会福利制度改革，其主要思路是通过对福利项目进行市场化改革和提高准入标准，来实现供给者多元化以及福利范围的缩减，将各级政府与社会及市场力量纳入福利责任框架，并仿效私营部门的高绩效管理机制对福利项目进行绩效控制，扬汤止沸与釜底抽薪并重；在放松规制方面，美国政府从联邦到地方各级政府各个部门都投入了改革，首先将其上升到法制高度，通过实施"日落法"[①] 定期检查各种规章制度，剔除过时内容，同时改革预算制度和人事制度，不仅在有效控制预算规模的同时提高了

---

① "日落法"对一项计划或一个规章规定一个日期，到了这个日期，除非得到再次批准，否则规章制度就从此失效，因而迫使人们对各种规制进行定期审查。

资金利用效率，而且增强了工作机制的灵活性，改革成效显著。

3.5.2.2 政府再造运动对财政支出的抑制

1993年克林顿执政后，以《戈尔报告》①的发表为标志，推行了政府再造运动，其目标是创造一个少花钱多办事的政府，坚持顾客导向、结果控制、简化程序和一削到底原则，其基本内容包括放松规制缩减政府职能、精简政府机构和工作人员数量、在行政管理过程方面构建竞争机制、以追求目标导向而倡导绩效管理。政府再造运动进一步深化了政府收缩计划中进行的职能优化、放松规制、预算体制及公务员制度等各项改革，并拓展了政府采购制度改革，改革在缩减开支并提高效率方面成效显著。

概括而言，美国政府在政府收缩计划和政府再造运动中对改革的要求是设计一种结果导向的新体制，充分体现了对新公共管理"有限政府"、"高效政府"理念的追求，改革对财政支出的削减和抑制效应显而易见，瓦格纳定律的适用性在新公共管理运动以来的美国受到了严峻挑战。

3.6 基于新公共管理运动的瓦格纳检验假设验证情况

总体看来，对于新公共管理运动典型国家，每个国家的财政总体支出及分项支出对瓦格纳定律的检验结果呈现一定差别（见表3-41），但大部分支出否定了瓦格纳定律，只有极个别指标（加拿大的娱乐、文化及宗教事务支出，法国的公共秩序与

---

① 《戈尔报告》于1993年9月正式发表，其正式标题为《从繁文缛节到结果为本：创造一个工作更好而花费更少的政府》。该报告是20世纪90年代美国重塑政府运动的纲领性文献。

安全支出、住房及社区便利设施支出与教育支出,美国的公共消费支出与教育支出)的情况支持瓦格纳定律。

表 3-41　新公共管理运动典型国家瓦格纳检验结果一览表

指标＼国家	澳大利亚(AUS)	加拿大(CAN)	法国(FRA)	英国(GBR)	美国(USA)
总体财政支出(E)	×	×	×	×	×
公共消费支出(C)	×	×	×	×	√
一般公共服务支出(E1)	×	×	×	—	—
国防支出(E2)	×	×	×	×	×
公共秩序与安全支出(E3)	×	×	√	—	—
经济事务支出(E4)	×	×	×	×	×
住房及社区便利设施支出(E6)	×	×	√	—	—
公共卫生支出(E7)	×	×	×	×	×
娱乐、文化及宗教事务支出(E8)	×	√	×	×	×
教育支出(E9)	×	×	√	×	√
社会保障支出(E10)	×	×	×	—	—

注:"×"代表否定瓦格纳定律,"√"代表支持瓦格纳定律,"—"代表数据缺失。

表 3-42　　　研究假设实证结果一览表

序号	内容	实证结果
假设一	财政总支出不具有瓦格纳特性	得到证实
假设二	经济事务支出不具有瓦格纳特性	得到证实
假设三	一般公共服务支出不具有瓦格	得到证实
假设四	社会保障支出不具有瓦格纳特性	得到证实
假设五	公共卫生支出不具有瓦格纳特性	得到证实
假设六	教育支出不具有瓦格纳特性	部分否定
假设七	娱乐、文化及宗教事务支出不具有瓦格纳特性	部分证实
假设八	国防支出、公共秩序和安全支出具有瓦格纳特性	得到否定

注:部分证实倾向于证实,部分否定倾向于否定。

对应于前文设计的研究假设,在瓦格纳定律框架下,本研究的具体假设立足于财政支出按政府功能的分类,一共包括8条假设,实证结果对假设检验的结论与新公共管理理念高度吻合(见表3-42)。其中,假设一至假设五得到证实,假设六与假设七得到部分否定,假设八得到完全否定。假设二针对财政越位的情况,假设三、假设四、假设五、假设六针对公共服务市场化的情况,假设八针对财政职能应当承担的责任。教育支出由于关系国民素质,所以尽管可以通过市场化手段来提供,但是各个国家仍旧在财政上给予了高度关注,因此假设六得到了部分否定。关于假设八得到否定,可从以下思路理解:虽然国防等较为经典的纯公共产品在逻辑上不能够由市场来提供,因此如果不考虑其他条件,则应该具备瓦格纳特性。但是新公共管理运动以来的世界秩序大体上一直处于稳定、发展并且逐步走向融合的状态,这种状态的开始甚至可以追溯到更早以前(杰里·本特利、赫伯特·齐格勒,2007)。在这种具体背景下,军事安全和秩序的成本可以被相对维持在比较稳定的水平上。因此,随着经济水平的持续提高,国防、公共安全和秩序支出并没有呈现瓦格纳特性,或者这种特性不是很鲜明。

事实证明,在新公共管理运动的冲击下,瓦格纳定律的生命力已经趋近衰竭。

在此基础上再进一步,结合新公共管理运动典型国家财政支出先扩大后缩小的总体实践演变趋势,可以推知财政支出扩大具有阶段性而非无限性的特征,这一阶段性可以称为瓦格纳适应期,瓦格纳定律仅在瓦格纳适应期内成立。

这一推论的内在逻辑如图3-1所示,其中横轴代表GDP,并且具有时间特征,从原点至箭头方向代表时间的延展,纵轴代表财政支出E。随着社会需求在社会发展最初阶段的极端贫乏到社会发展到较高级阶段的急速增多,基于社会管理者管理角色的基本义务和社会发育程度的限制，社会公共需求更多的依赖财政供给，财政支出 E 在一定时期内必然随着 GDP 的增长而增长，OM 时期即为财政支出的瓦格纳适应期；但是由于财政支出来自于 GDP，其占 GDP 的比例在逻辑上不可能达到 100%，因此其增长必须有一个天花板值 N，一旦财政支出增长达到天花板值 N 点之后，就绝不会再有上升空间，此时的社会发育程度渐趋成熟，社会管理者的管理功能渐趋弱化。这意味着在 GDP 发展到 M 点之时，主要由财政负担的社会需求的供给基本达到饱和，此后衍生的新的社会需求，可以由财政之外的社会多元化主体供给，表现为财政支出 E 的渐趋减少。当然，作为社会管理者和服务者，政府应相对于 GDP 保持恰当的规模（可称为理性规模），但这一恰当比例由于社会系统的复杂性，需要在 M 点之后仍需经历一个过程才能实现，MP 阶段即其过渡阶段。P 点之后，财政支出占 GDP 的比例将渐趋稳定。总体来看，随着经济的发展和社会发育成熟度的提高，社会需求的满足会由依赖财政逐渐转变为社会自我满足，财政支出占 GDP 的比例在达到一个制高点之后会回落，并逐渐过渡到一个相对稳定的水平，由此财政支出占 GDP 的比例从总体上呈现为近似于"之"字形的曲线。

需要进一步说明的是，不同的国家在社会成熟度发育到 M 点之前需要的时间历程都有所差别，由 M 点到 P 点也是如此，其影响因素千差万别，不一而足，因主题所限，此处不做具体讨论。可以明确的是，发育越快的社会，其在 OM 期间财政支出 E 的增长坡度越陡峭，瓦格纳适应期就越短，期内财政支出增长速率就越大；反之，坡度越平缓，则瓦格纳适应期越长，期内财政支出增长速率就越小。从逻辑上说，鉴于现实的复杂性，在 OM 期间财政支出的增长可能会出现不同幅度的跳跃跌宕，但总体趋势必然是上升趋势；在 M 点右侧瓦格纳适应期结束之后，财政支出同样也会出现复杂扑朔的势态，但总体趋势必然是下降趋势；但不会无限下降，P 点之后，财政支出占 GDP 的比例将呈现比较稳定的趋势。见图 3-1。

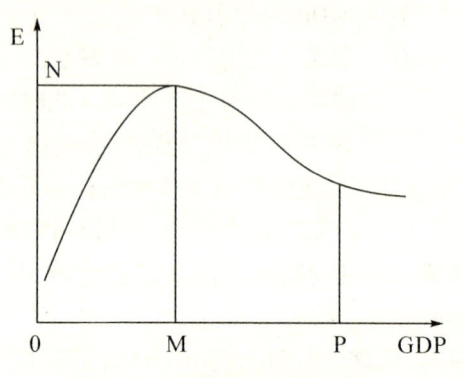

图 3-1 瓦格纳适应期示意图

关于新公共管理运动与瓦格纳适应期的内在联系，从逻辑上可以推知，新公共管理运动总体上对瓦格纳适应期具有反方向的消解作用。具体而言，如果新公共管理运动发生在 M 点之前，那么会缩短 OM 的长度，即缩短瓦格纳适应期，并同时降低 N 点的高度，缓和 OM 的坡度；如果新公共管理运动作用期间跨越了 M 点（在 M 点两侧的区域），那么将直接促使瓦格纳适应期结束，并同时降低 N 点高度；如果新公共管理运动发生于 M 点之后，则会缩短 MP 期间，并使 M 点之后的财政支出曲线以更低的姿态接近横轴。

4 中国财政支出的瓦格纳反思

鉴于新公共管理运动的示范效应以及本国的实际情况，中国政府近年来力主服务型政府的建设，并大力鼓励市场力量及民营经济以 BOT 等多种方式介入基础设施等公共性建设领域，种种改革政策及实践都指向弱化财政支出的逻辑方向。但事实上，中国近年来的财政收支持续上涨，尤其 2010 年中国政府财政规模达到 8.9 万亿元人民币，引发了社会的广泛关注。在这种宏观背景下，借助对新公共管理运动以来典型国家财政规模瓦格纳检验结果的思考，有利于中国政府和理论界根据中国现实和中国社会经济转型的发展趋势，重新审视瓦格纳定律，修正即将过时的财政理论，调整财政政策，循着既定的改革方针，大踏步地向着"和谐社会"目标迈进。

为了更好地吸收新公共管理运动实践就财政支出方面提炼的经验，有必要首先对中国财政支出进行瓦格纳检验。进而将中国实证结果与新公共管理运动国家的实证结果进行对比分析，并立足于中国行政管理改革背景及实践，反思中国财政支出存在的问题及未来调整的方向。

4.1 中国财政支出的瓦格纳检验

遵循既定的实证框架，将新公共管理运动与中国实践相结合，以中国 1994—2006 年的数据为依据，并将之划分为一级指标与分项指标两个层次，分别针对瓦格纳定律的六种经典计量模型，依次进行 ADF 检验、协整检验和 Granger 因果检验，检验的计算过程均通过专业软件 Eviews6.0 完成。

就数据的起止时间而言，之所以选择以 1994 年为起点，是因为中国财政体制在该年正式施行了分税制，经济上的民主和分权从而在制度层面得以实现，而瓦格纳定律的内在假定条件之一即民主体制（Bird，1971）；加之此阶段正是中国开始关注并效仿西方新公共管理改革的时期，以 1994 年为起点亦与新公共管理背景相吻合。而之所以选择以 2006 年为终点，是因为 2007 年国家施行了政府收支分类改革，政府收支分类科目在统计框架上出现了较大变化，2007 年前后的条目与数据统计口径不一致，不再具有可比性。从框架上来看，《中国财政年鉴》（2007）的内容结构与国际货币基金组织按照政府功能分类的框架相类，这样的改革可以看做中国在财政统计方面向国际体系靠拢的行动，为以后的国际间比较财政分析从实证的角度提供了优秀的奠基。但这使目前的分析出现了数据的截断，有鉴于此，中国数据的时间跨度定为 1994—2006 年①。所有数据均来自相应年份的《中国财政年鉴》，并均为对名义值以 1994 年为基期利用 CPI 指数进行平减之后的真实值。

就变量的设定而言，比照新公共管理运动典型国家的瓦格纳检验变量设定的思路，涉及的变量一共有 6 个：LGDPprc、LEprc、LCprc、L（GDP/P）prc、L（E/P）prc、L（E/GDP）prc，其含义依次为取对数之后的中国 GDP、财政总支出、公共消费支出、人均 GDP、人均财政总支出、财政总支出占 GDP 的比重。这里对数据进行对数处理不会改变原序列的协整性质，并能使其趋势线性化，消除时间序列中存在的异方差性。

就指标层次而言，根据研究时限内《中国财政年鉴》的统计框架，并结合研究需要对相关项目进行归类合并，将中国财政支出按功能大体划分为以下九项分项支出：行政管理费（E1prc）、国防费（E2prc）、社会秩序支出（E3prc）、基本建设

---

① 虽然样本容量只有 13 个，但是在经济理论认为变量之间具有协整关系的前提下，可以进行 Granger 因果检验。本研究根据瓦格纳定律，认为 GDP 与财政支出 E 之间存在长期均衡关系，随后的协整检验也证明在中国的确如此。

支出（E4prc）、经济事务支出（E5prc）、事业发展支出（E6prc）、文教科卫支出（E7prc）、社会保障支出（E8prc）以及城市维护建设支出（E9prc）。为了表述明确，总的财政支出称为一级指标，分项财政支出称为分项指标。

4.1.1 中国财政支出一级指标的瓦格纳检验

为避免"伪回归"的出现，首先对数据进行 ADF 检验，涉及的变量包括 LGDPprc、LEprc、LCprc、L（GDP/P）prc、L（E/P）prc、L（E/GDP）prc。

计算过程由专业软件 Eviews6.0 完成（相关结果详见表4-1、表4-2和表4-3）。

表4-1 中国财政支出一级指标水平序列 ADF 检验结果

变量	检验类型(C,T,K)	ADF 统计量	5%临界值	结论
LGDPprc	(C,0,1)	2.6632	-3.175352	不平稳
LEprc	(C,0,0)	-0.0555	-3.14492	不平稳
LCprc	(C,0,0)	0.8153	-3.14492	不平稳
L(GDP/P)prc	(C,0,1)	2.6021	-3.175352	不平稳
L(E/P)prc	(C,0,0)	0.0376	-3.175352	不平稳
L(E/GDP)prc	(C,0,1)	2.1630	-3.175352	不平稳

注：水平序列是指未经过差分的原始数据。C 表示常数项，T 表示趋势项，K 表示滞后项的阶数。

表4-2 中国财政支出一级指标一阶差分序列 ADF 检验结果

变量	检验类型(C,T,K)	ADF 统计量	5%临界值	结论
DLGDPprc	(C,0,0)	-1.9459	-3.175352	不平稳
DLEprc	(C,0,0)	-2.7017	-3.175352	不平稳

表4-2(续)

变量	检验类型(C,T,K)	ADF 统计量	5%临界值	结论
DLCprc	(C,0,0)	-3.1488	-3.175352	不平稳
DL(GDP/P)prc	(C,0,0)	-1.8634	-3.175352	不平稳
DL(E/P)prc	(C,0,0)	-2.825	-3.175352	不平稳
DL(E/GDP)prc	(C,0,0)	-0.907	-3.175352	不平稳

注：D 表示一阶差分，C 表示常数项，T 表示趋势项，K 表示滞后项的阶数。

表4-3 中国财政支出一级指标二阶差分序列 ADF 检验结果

变量	检验类型(C,T,K)	ADF 统计量	5%临界值	结论
SDLGDPprc	(C,0,0)	-4.642536	-3.320969	平稳
SDLEprc	(0,0,0)	-2.789561	-1.982344	平稳
SDLCprc	(0,0,0)	-4.276018	-1.982344	平稳
SDL(GDP/P)prc	(C,0,0)	-8.428567	-3.259808	平稳
SDL(E/P)prc	(0,0,0)	-2.792939	-1.982344	平稳
SDL(E/GDP)prc	(C,0,0)	-4.290958	-3.320969	平稳

注：SD 表示二阶差分，C 表示常数项，T 表示趋势项，K 表示滞后项的阶数。

检验结果证明，中国财政支出一级指标水平序列与一阶差分序列的 ADF 统计量绝对值都小于5%显著性水平下的临界值绝对值，而其二阶差分序列结果则相反，这说明相关序列都是二阶单整序列 [I(2)]。

同阶单整是满足协整分析和因果检验的前提条件，中国财政支出与 GDP 数据都是 I(2) 序列，可以继续进行下一步分析。运用 E·G 两步法进行协整检验，发现除了瓦格纳定律第6个表达式之外，其他5个表达式中的被解释变量与解释变量 GDP 之间均存在长期稳定的均衡关系（结果见表4-4）。

表4-4　　中国财政支出一级指标协整回归及其残差 ADF 检验结果

表达式	解释变量	常数项	系数	$\bar{R}^2$	ADF	临界值	与GDP之间是否具有协整关系
W1	LEprc	-6.908363	1.455137	0.975692	-1.78402(1)	-1.602074*	是
W2	LCprc	-9.456806	1.535941	0.97586	2.250994(1)	-2.792154**	是
W3	LEprc	-4.297997	1.577788	0.970348	1.811445(1)	-1.977738**	是
W4	L(E/P)prc	-6.07	1.490998	0.971001	-1.812687(1)	-1.602074*	是
W5	L(E/GDP)prc	-6.07	0.490998	0.78055	-1.812687(1)	-1.602074*	是
W6	L(E/GDP)prc	-6.908363	0.455137	0.793887	-1.78402(1)	-1.602074*	否

注：* 为10%水平下显著，** 为5%水平下显著。

具有长期均衡关系的变量之间，至少有一个方向的 Granger 因果关系存在。Granger 因果检验要求数据的平稳性，根据之前的 ADF 检验，已知相关数据都是二阶平稳的序列，因此使用二阶差分之后的数据进行 Granger 运算。计量结果显示（见表4-5）：①在2期滞后的情况下，由 GDPprc 至 Eprc 方向的 F 检验的相伴概率都低于0.1，这说明在90%的置信区间内，GDPprc 是 Eprc 的单向原因，即 GDPprc 这一变量有利于解释 Eprc 的变化趋势，这在一定程度上证明了瓦格纳定律的有效性。②对于复合指标 Cprc（公共消费支出）而言，在1期和3期滞后的情况下，在90%的置信区间内由 GDPprc 至 Cprc 方向的单向因果关系存在，也符合瓦格纳定律的内在规律。其中，由 GDPprc 至 Cprc 方向的3期滞后因果关系甚至覆盖了99.2%的置信区间，说明公共消费支出受到 GDPprc 的影响尤其大。③从整体上看，所有由 GDPprc 至 Eprc 方向的 P 值都比较小，如果把置信度提高至0.25，也就是说在75%的置信区间内，只有3个 P 值接受原假设（第1个表达式与第5个表达式的1期滞后，第1个表达式的3期滞后），这时所有表达式都可看做具有支持瓦格纳定律的单向因果关系。

表4-5　中国财政支出一级指标与 GDP 因果检验结果

表达式	原假设	1 Lag F值	1 Lag P值	2 Lag F值	2 Lag P值	3 Lag F值
W1	△LGDPprc 不是 △LEprc 的原因	1.26398	0.28999	4.43534	0.06568	2.26679
	△LEpr 不是 △LGDPprc 的原因	0.35293	0.56709	2.44646	0.16712	2.60156
W2	△LGDPprc 不是 △LCprc 的原因	0.01469	0.09428	0.19180	0.17124	0.03081
	△LCprc 不是 △LGDPprc 的原因	0.32579	0.42038	0.55027	0.40497	1.44023
W3	△LGDP/Pprc 不是 △LEprc 的原因	2.33740	0.16065	4.77875	0.05736	2.48367
	△LEprc 不是 △LGDP/Pprc 的原因	0.86909	0.37554	2.84750	0.13504	4.26396
W4	△LGDP/Pprc 不是 △LE/Pprc 的原因	1.67594	0.22769	4.63027	0.06078	2.37484
	△LE/Ppr 不是 △LGDP/Pprc 的原因	0.71110	0.42092	2.74368	0.14249	3.99802
W5	△LGDP/Pprc 不是 △LE/GDPprc 的原因	0.71110	0.42092	5.25892	0.04793	4.12462
	△LE/GDPprc 不是 △LGDP/Pprc 的原因	2.72566	0.13314	2.74368	0.14249	3.99802
W6	△LGDPprc 不是 △LE/GDPprc 的原因	2.20712	0.17154	5.20212	0.04893	4.00588
	△LE/GDPpr 不是 △LGDPprc 的原因	0.35293	0.56709	2.44646	0.16712	2.60156

由此可见，中国财政总体支出从 1994 年以来具有瓦格纳特点。

4.1.2　中国财政支出分项指标的瓦格纳检验

根据中国财政支出按性质归纳的分项支出共涉及 9 类，与瓦格纳定律各个经典计量模型的表达式相结合，需要进行 ADF 检验的指标包括以下 9 组：① LE1prc、L（E1/P）prc、L（E1/GDP）prc，② LE2prc、L（E2/P）prc、L（E2/GDP）prc；③LE3prc、L（E3/P）prc、L（E3/GDP）prc；④ LE4prc、L（E4/P）prc、L（E4/GDP）prc；⑤ LE6prc、L（E6/P）prc、L（E6/GDP）prc；⑥ LE7prc、L（E7/P）prc、L（E7/GDP）prc；⑦LE8prc、L（E8/P）prc、L（E8/GDP）prc；⑧ LE9prc、L（E9/P）prc、L（E9/GDP）prc；⑨ LE10prc、L（E10/P）prc、L（E10/GDP）prc。其具体含义为取对数之后的中国总体财政支出按照性质分类的各项支出、各项支出的人均值、各项支出占 GDPprc 的比例。

限于正文篇幅,这里仅展示其中第一组(E1prc)的计量结果(见表4-6、表4-7和表4-8),其他结果均见附录。

表4-6 中国财政支出分项指标水平序列 ADF 检验结果 (E1prc)

变量	检验类型(C,T,K)	ADF 统计量	5%临界值	结论
LE1prc	(C,0,0)	1.1369	-3.14492	不平稳
L(E1/P)prc	(C,T,0)	-3.0833	-3.8753	不平稳
L(E1/GDP)prc	(C,0,0)	-0.0434	-3.14492	不平稳

表4-7 中国财政支出分项指标一阶差分序列序列 ADF 检验结果 (E1prc)

变量	检验类型(C,T,K)	ADF 统计量	5%临界值	结论
DLE1prc	(C,0,0)	-2.8245	-3.175352	不平稳
DL(E1/P)prc	(C,0,0)	-2.8101	-3.175352	不平稳
DL(E1/GDP)prc	(C,0,0)	-2.7344	-3.175352	不平稳

表4-8 中国财政支出分项指标二阶差分序列序列 ADF 检验结果 (E1prc)

变量	检验类型(C,T,K)	ADF 统计量	5%临界值	结论
SDLE1prc	(0,0,0)	-4.375547	-1.982344	平稳
SDL(E1/P)prc	(0,0,0)	-4.368551	-1.982344	平稳
SDL(E1/GDP)prc	(0,0,0)	-4.215842	-1.982344	平稳

由表4-6、表4-7与表4-8可知,中国财政支出分项指标均为二阶单整序列,与GDPprc指标为同阶单整,都是I(2)。这符合协整检验和 Granger 因果检验的前提要求。

运用 E-G 两步法对各分项指标进行协整检验,发现除个别指标(E4prc 基本建设支出)外,其他分项指标均与GDPprc指标具有长期均衡关系。基本建设支出（E4prc）与 GDPprc 不具有长期均衡关系，可以从实践中找到依据。

近年来中国在基本建设方面大力鼓励社会资本的投入，鼓励创造灵活有效的融资机制，从而使财政在这方面的支出变得更为自由，这一点实际上也从实践上印证了新公共管理运动的理念；而每逢经济低迷的时候，国家又往往倾向于加大基本建设投资来拉动经济，这可以看做世界各国通用的手段之一。由于以上原因，使得基本建设支出与 GDP 之间很难存在长期均衡关系。这里仅列出对瓦格纳定律第 1 个表达式（W1）的计算结果（见表 4-9），其他均见附录。

表 4-9　中国财政支出分项指标协整回归及其残差 ADF 检验结果（W1）

解释变量	常数项	系数	$\bar{R}^2$	ADF	临界值	与 GDP 之间是否具有协整关系
LE1prc	-11.63517	1.633893	0.961143	-2.09822(1)	-1.977738**	是
LE2prc	-7.802239	1.301287	0.983236	-3.031477(1)	-1.977738**	是
LE3prc	-12.83277	1.72323	0.943204	-2.343483	-1.974028**	是
LE4prc	-10.23593	1.554615	0.90025	-1.231522	-1.602074*	否
LE5prc	-1.667527	0.793928	0.782071	-3.278862(2)	-1.982344**	是
LE6prc	-22.21426	2.587038	0.892277	-1.93884(1)	-1.602074*	是
LE7prc	-7.500945	1.354188	0.989359	-2.660282(1)	-1.977738**	是
LE8prc	-33.76899	3.559749	0.876496	-2.200208(1)	-1.977738**	是
LE9prc	-10.41725	1.465745	0.993801	-2.642501(1)	-1.977738**	是

注：* 为 10% 水平下显著，** 为 5% 水平下显著。

为了进一步探析变量之间的因果方向，继续进行 Granger 因果检验。Granger 因果检验结果显示，对于不同的瓦格纳定律表达式，各个分项指标与 GDPprc 之间的因果关系表现呈现了不同结果，有的支持瓦格纳定律，有的不支持瓦格纳定律。为突出重点，此处仅列出支持瓦格纳定律的结果（见表 4-10）。整体结果见附录。

表 4-10　中国财政支出分项指标支持瓦格纳定律的 Granger 因果检验结果

表达式	原假设	1 Lag P值	2 Lag P值	3 Lag P值
W1	△LGDPprc 不是 △LE1prc 的原因	0.01890	0.36812	0.43821
	△LGDPprc 不是 △LE2prc 的原因	0.08672	0.24552	0.52903
	△LGDPprc 不是 △LE5prc 的原因	0.08414	0.37398	0.20955
	△LGDPprc 不是 △LE7prc 的原因	0.01670	0.32429	0.15560
	△LGDPprc 不是 △LE9prc 的原因	0.00097	0.04617	0.05956
W3	△LGDP/P prc 不是 △LE1prc 的原因	0.02889	0.40457	0.45176
	△LGDP/P prc 不是 △LE6prc 的原因	0.09171	0.38930	0.21908
	△LGDP/P prc 不是 △LE7prc 的原因	0.05900	0.36428	0.22341
	△LGDP/P prc 不是 △LE9prc 的原因	0.00021	0.02680	0.18316
W4	△LGDP/Pprc 不是 △LE1/Pprc 的原因	0.02165	0.38452	0.43707
	△LGDP/Pprc 不是 △LE5/Pprc 的原因	0.08527	0.37940	0.20492
	△LGDP/Pprc 不是 △LE9/Pprc 的原因	0.00034	0.03626	0.01599
W5	△LGDP/Pprc 不是 △LE1/GDPprc 的原因	0.02483	0.38811	0.37380
	△LGDP/Pprc 不是 △LE7/GDPprc 的原因	0.01900	0.18184	0.07417
	△LGDP/Pprc 不是 △LE9/GDPprc 的原因	0.00200	0.05382	0.02662
W6	△LGDPprc 不是 △LE1/GDPprc 的原因	0.02110	0.37643	0.38128
	△LGDPprc 不是 △LE2/GDPprc 的原因	0.09848	0.18342	0.29361
	△LGDPprc 不是 △LE7/GDPprc 的原因	0.01337	0.18027	0.07385
	△LGDPprc 不是 △L9E/GDPprc 的原因	0.00345	0.06374	0.15472

从表 4-10 中可以看出，对于分项指标涉及的瓦格纳定律

的五个表达式,① E1prc（行政管理费）与 E9prc（城市维护建设支出）都符合瓦格纳定律。鉴于城市维护建设支出（E9prc）来源于城市维护建设税，后者以纳税人实际缴纳的增值税、消费税、营业税税额为计税依据，按照比例税率征收，因此其随着 GDP 的增长而增长具有内在必然性。但是行政管理费（E1prc）并没有这方面的内在逻辑，在新公共管理运动背景下，对于行政管理费的增长趋势和规模必须进行反思。另外，符合瓦格纳定律的分项指标还涉及 E2prc（国防费）、E5prc（经济事务支出）和 E7prc（文教科卫支出）。鉴于国防费（E2prc）关系到国家安全，此处不做讨论；文教科卫支出（E7prc）增长在某种程度上符合新公共管理关注的领域，再加上中国对这方面的支出尚存在不足之憾，不仅不需要控制，甚至需要进一步加强；需要反思的是经济事务支出（E5prc）的增长，这一趋势与新公共管理运动的价值取向直接抵牾，有待通过设计切实有效的方略进行引导。

4.2　基于新公共管理视角反思中国财政支出存在的问题

根据实证结果，中国财政支出在很大程度上仍旧遵循了瓦格纳定律的内在逻辑。结合中国作为世界新公共管理运动有机组成部分的背景思考，并将中国财政支出状况与西方新公共管理运动典型国家财政支出状况进行比较，发现中国财政支出总

---

① 根据瓦格纳定律经典计量模型的六个版本的模型，由于第 2 个版本的表达式涉及的是含义明确的公共消费支出（公共消费支出＝一般公共服务支出＋国防支出＋公共秩序与安全支出），所以这一层面的检验将该版本排除在外，仅对第 1 个表达式、第 3 个表达式、第 4 个表达式、第 5 个表达式、第 6 个表达式进行检验。

体情况中有合理的成分，也有不合理之处。为了更好地实现财政支出效益，有必要对其不合理之处进行系统反思。

4.2.1 财政支出规模存在刚性增长趋势

实证结果显示，1994—2006 年间中国总体财政支出具有明显的瓦格纳特性（见图 4-1），在研究期限内，中国财政支出占 GDP 的比重呈现较为典型的上升趋势，这与瓦格纳定律的内在逻辑相吻合。只是在 2006 年这一比重出现了下降的情况，表现在图 4-1 中为趋势曲线的末端出现向下的拐点。

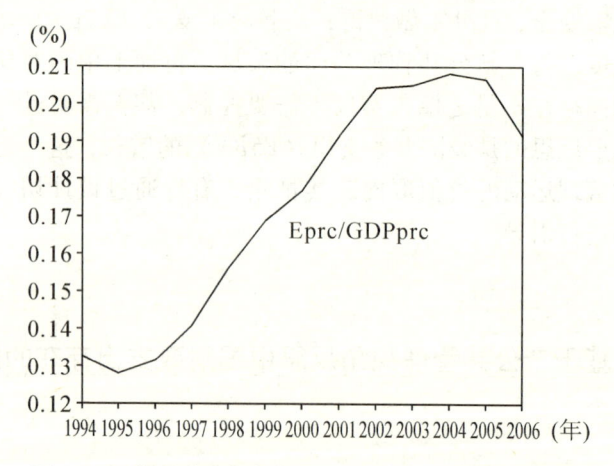

图 4-1 中国财政支出占 GDP 的比重（Eprc/GDPprc）

从图 4-1 中可以看出，1994—2006 年中国总体财政支出占 GDP 的比例最高不超过 20%，这一比例远远低于本研究中发达国家的平均值 43%（根据本研究相关数据计算而得）。但是这仅仅是预算内支出的情况，从实践来看，中国财政支出实际上还包括预算外支出与国债两部分。如果将这两部分加入到实际支出中去，则这一比例最高上升到了 2003 年的 28.3%（见表 4-11），并且之后连续五年没有出现明显的降低，西方国家占

GDP 的比例平均水平超过 40% 的财政支出导致的不堪重负的财政压力正是其进行新公共管理改革的动因之一，既有如此鲜明的前车之鉴，中国就此应未雨绸缪，对其财政实际支出占 GDP 比例接近三成的情况也需谨慎对待，以免陷入积重难返的境地；由于从 2006 年起中国财政收支体制对国债实行债务余额管理，国家财政预决算不再反映债务发行收入，因此 2006 年的支出数据是冲减了偿还债务之后的数据，其数值与前者相比自然有下降的空间，这可能是图 4－1 中财政支出占 GDP 比例的曲线出现下降拐点的统计原因，按照之前的统一口径计算其实际值未必下降，至少下降幅度不会如此明显。

表 4－11　中国实际财政支出（预算内支出 + 预算外支出 + 国债）占 GDP 的比例

年份	预算内支出（万元）	预算外支出（万元）	国债（万元）	实际支出（万元）	GDP（万元）	比重（%）
1994	6393.35000	1710.40	1028.57	9132.32000	48,197.9000	18.947548
1995	6471.72757	1936.30	1510.86	9662.89469	50 493.1063	19.137057
1996	7217.29792	2954.83	1847.77	11 594.5837	54 793.3795	21.160556
1997	8417.51891	2031.42	2412.03	12 273.4699	59 737.5189	20.545664
1998	9900.06006	2190.92	3228.77	14 514.9816	63 365.0901	22.906906
1999	11 571.8397	2396.29	3702.13	16 794.1831	68 455.8015	24.532885
2000	13 519.4846	2714.62	4153.59	19 429.1739	76 318.9231	25.457872
2001	16 121.3825	2956.99	4483.53	22 521.9439	84 220.5837	26.741615
2002	19 012.0959	2962.88	5660.00	26 352.3928	93 064.7332	28.316197
2003	21 322.7085	3180.08	6029.24	29 115.826	103 919.51	28.017670
2004	24 515.7111	3206.88	6726.28	32 679.3192	117 817.463	27.737245
2005	27 410.3186	3796.15	6922.87	36 219.4085	132 574.077	27.320129
2006	28 791.1182	4178.74	—	—	150 193.02	—

注：从 2006 年起实行债务余额管理，国家财政预决算不再反映债务发行收入。所有数据均为真实值，由历年《中国财政年鉴》相应数据通过以 1994 年为基期的 CPI 平减之后计算而得。

从时间趋势角度与新公共管理典型国家相比较，中国财政支出占 GDP 的比例呈现出刚性上升趋势，近年来达到将近 30%；而西方国家则在新公共管理运动中积极寻求降低财政压力的有效途径，其财政支出占 GDP 的比例呈现明显的倒 U 形趋势（法国除外），2000 年以后普遍下降到 35% 左右（见图 4-2）。

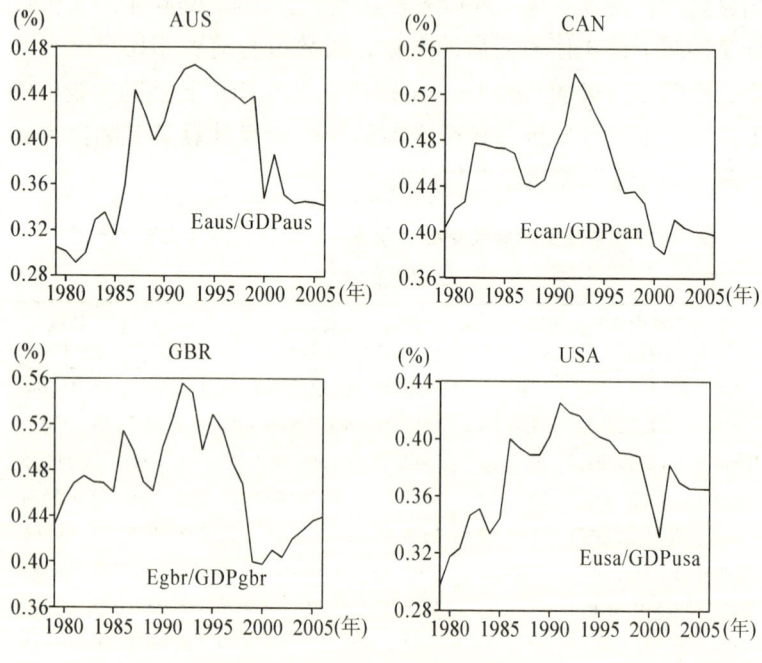

图 4-2 新公共管理运动典型国家财政支出占 GDP 的比重

在新公共管理运动背景下，中国财政支出在规模上的变化趋势与西方国家相比出现巨大差异。究其原因，有其合理之处，更有亟待反思之点。就其合理之处而言，一是中国社会经济转轨的过渡时期尚未结束，为了实现整体利益损失最小的目标，改革的成本很大一部分需要财政积极出面消化（秦春华，2009）；二是中国的公共财政建设强调以民生为目标，从 20 世纪末开始有意识地进行理论论证并在实践中逐渐加大了在民生方面的财政投入（高培勇，2008）。以上两点对于中国财政支出呈现扩大趋势具有一定的解释力，但是这仅仅是问题的一个方面，是从需求扩大角度引申出来的单方面的结论。从全域视角来看，财政支出规模的变化方向实际上取决于公共服务需求与供给两方面的共同作用，需求扩大自然需要增加投入，但是新增投入的供给主体不一定必须是财政——新公共管理运动为公共服务供给体制的多元化提供了理论并实践上的支撑，财政之外的公共服务投入机制为财政支出单方面的刚性扩大趋势提出了现实的质疑。这一点反映了在新公共管理运动背景下中国公共财政建设对财政变化趋势的把握不够准确，缺乏应有的前瞻性。

从实践角度来看，作为世界新公共管理运动的有机组成部分，中国的行政改革不可避免地打上了新公共管理价值烙印。

其一，新公共管理强调"有限政府"的理念，其实质是注重政府政策职能与管理职能的分离，而中国从1978年至今进行的六次以精简机构和转变职能为主要内容的行政机构改革，从限制政府规模与厘清政府职能的全域视野践行了这一理念。与经济体制改革相互促动，我国在1982年、1988年、1993年、1998年和2003年持续进行了五次行政机构改革（吴江，2005），而2007年党的十七大又明确了"加大机构整合力度，探索实行职能有机统一的大部门体制"的思路，可以看做是吹响了新一轮行政体制改革的号角（十七大报告，2007）。历数历次改革，尽管每次改革都是针对当时行政管理体制所面临的主要矛盾而进行的，但都体现了转变职能、精简机构的基本思路，从实践上印证了新公共管理强调的"有限政府"理念。当然，从时间阶段来看，我国有意识地学习和借鉴新公共管理运动的改革经验主要开始于20世纪90年代，此前的改革主要是立足于具体问题，但是其价值追求却与新公共管理运动不谋而合，从另一个角度印证了后者的普适性和规律性。而"大部制"改革思路的确立，甚至是对西方新公共管理改革举措的深度效仿，英国、澳大利亚、美国、法国等新公共管理运动典型国家早在20世纪后半期就先后进行了这样的机构改革，并取得了显著成效。

其二，新公共管理倡导借鉴私人部门的经验，将竞争引入到公共部门，其实质是以充分发挥市场作用为切入点重塑政府与市场的关系。在这方面，受到国际新公共管理运动的影响，中国自20世纪90年代末在业务上开始允许民间力量进入公共服务供给领域，同时国有成分主动在不同程度上退出，秉承"民进国退"的民营化基本思想来指导投资主体、运营机制和管理体制多元化的实现，最终提升某些领域公共服务的供给效率和供给水平。①竞争机制开始广泛在电信、电力、交通等原来由政府越位垄断的领域发挥作用，国有成分通过出售、并购等各种方式大幅度淡出这些领域，来自市场的力量已经逐步体现出了效率优势；②公共服务领域内公私合作的形式渐趋多元化，融资体制也灵活多样，传统的BOT（建设—运营—装让）形式已经演化出了BTO（建设—转让—运营）、BLT（建设—租赁—转让）、ROT（修复—运营—转让）等一系列新形式，这为公共服务质量的提高和基础建设的发展提供了机制方面的活力（刘厚金，2007）；③竞争机制开始延伸到教育、卫生、环境等逻辑上强调财政支持的民生领域，民间资本对以上领域的注入是对多元化融资机制工具性的客观体现，也是对公共服务服务市场化深度拓展的实践诠释，更是对中国政府与市场关系得以重塑的事实论证。于是，中国在改革实践中深度践行了新公共管理强调的管理主义理念，义无反顾地踏上了将私营部门管理理念纳入公共管理视域的征途。

其三，新公共管理营造"顾客导向"的行政文化，其实质是强调公共管理中的服务意识。近年来中国政府进行的"服务型政府"建设，是对这一文化的行动渗透与实践析出。"服务型政府"这一提法由温家宝于2004年年初首次明确提出，之后在党的官方文件中多次强调，[①] 成为中国行政管理体制改革的价值目标之一。刘熙瑞（2002）指出，服务型政府"是在公民本位、社会本位理念指导下，在整个社会民主秩序的框架下，通过法定程序，按照公民意志组建起来的以为公民服务为宗旨并承担着服务责任的政府"。服务型政府所有决策和行为的出发点完全是为了人民服务，并在实践进程中秉承民主精神，尊重服务对象的主动权和选择权。统观服务型政府建设实践，在机构革新方面，设置了行政审批服务中心、综合行政服务中心等灵活多样的的综合职能机构，最大限度地实现了为公众提供"一站式"服务（高小平，2008）；在阳光行政构建方面，以电子政府建设为支撑，利用信息技术构建起一个跨时空、跨职能、跨部门的全方位政府服务体系，使公众能够迅速获取政府信息与服务，将公民知情权落到实处（连志慧，2009）；在人力资源建设方面，将服务理念渗透到公务员职业道德的高度，不断提升政府工作人员的行政能力和服务质量（谢庆奎，2005）；在行政文化孕育方面，强调"以人为本，执政为民"的原则，以邓小平理论和"三个代表"重要思想为指导，并在服务型行政文化建设

---

① 2004年2月和3月，温家宝总理先后在中央党校省部级主要领导干部"树立和落实科学发展观"专题研究班结业式上和《政府工作报告》中提出："努力建设服务型政府"，并阐述了服务型政府的内涵。2006年10月党的十六届六中全会通过的《关于构建社会主义和谐社会若干重大问题的决定》指出："建设服务型政府，强化社会管理和公共服务职能。"2007年10月胡锦涛总书记在党的十七大报告中明确提出"，加快行政管理体制改革，建设服务型政府"。2008年2月23日胡锦涛总书记在主持中共中央政治局集体学习时指出，"创新行政管理体制，建设服务型政府"。详见：高小平. 从服务型政府建设的历程看行政管理体制改革的深化 [J]. 中国城市经济，2008（8）：22-23.

中深入贯彻落实科学发展观。从实践成果来看，中国地方政府在服务型政府建设中形成了三种典型模式：香港的"顾客导向"模式，南京的"公民参与"模式，成都的"规范化"模式（何水，2004）。详察这些模式的具体措施，乃至整个中国的"服务型政府"建设进程与举措，无一不渗透着新公共管理所倡导的"顾客导向"的服务理念。

其四，新公共管理提倡政府放松规制，其实质是政府越位的监管职能在相应领域不同程度的退出，以及市场机制在相应领域不同程度的补位。由于特殊的历史背景，中国政府曾经对微观经济活动实施了过深过广的干预，政府在经济职能方面的越位问题且深且久，政企不分就是其典型反映之一。这种越位带来了种种弊端，成为改革的动因之一。改革开放以来，中国政府对政府越位以及市场被迫缺位的问题进行了大刀阔斧的改革，其主要举措就是放松政府在各行各业的规制，并相应减少、废止各种不必要的审批制度。20世纪80年代中期，这一改革首当其冲地在电力行业以允许非财政资金进入为切口，拉开了在各行各业大规模放松规制的序幕。之后，陆续在民航领域、电信领域、交通领域等原来由政府垄断的行业都实施了较大程度地放松规制的改革，将微观经济活动的调整还权于市场机制。放松规制与引入竞争机制是一体两面，两者虽有区别但实则一体，唯有放松原有规制方能引入竞争机制，而唯有夯实竞争机制才能真正落实放松规制，两者缺一不可。因此，之前有关竞争机制引入的讨论，都可以看做是放松规制的佐证。从整体上来看，中国政府放松规制的形式主要包括以下三种：一是规制的总体放松，使规制体系更加富有弹性；二是取消对某一行业的全部规制，使该行业完全受自由市场和竞争法则的支配；三是对某一产业的特定部分放松规制。这些方式与新公共管理运动中各国的规制改革路径高度统一，与新公共管理理念高度吻合。

其五，新公共管理强调分权化管理，而中国1994年实施的分税制改革无疑是这一思想特别恰如其分的行动写照。全面考察分税制改革的内容，有利于透视中国分权化改革思路的总体框架。分税制改革从"分"字入手，在划分中央、地方事权的基础上，厘清各自的支出责任，并据此按税种划分中央和地方收入，在机构设置上分设中央、地方两套税务机构分别征税，并辅以转移支付制度进行润滑，以实现中央与地方、地方与地方之间的和谐发展。分税制通过划分税种和税权的方式，确定中央与地方政府的财力范围与管辖权限，是从经济基础视角进行的分权化改革，其实质是对经济基础的民主化。而经济基础决定上层建筑，经济基础角度的分权化，势必引导全社会的民主意识和民主水平的提高。分税制改革作为经济基础的分权化与民主化的原发效应必然导致作为上层建筑的行政机构的联动变化，组织与机构的扁平化发展是其必然的逻辑走向，在行政机构改革方面，中国政府倡导的"大部制"改革思路，即是对这一规律的反应。事实上，中国行政改革中的组织机构改革，无一不反映了分权和民主的思路。当然机构改革也有政府积极主动进行思考追求的成分，在时间衔接上不一定与分税制改革如何紧密，不过其实质可以看做是对规律的主动迎合与利用，是顺势而行，这不但不会否定分税制改革作为经济基础改革应具有的号召性，反而从经济基础到上层建筑的整体视角体现了对规律把握的体系性。回到主题上来，可以毋庸置疑地说，中国的分税制改革以及行政机构的扁平化改革是对新公共管理分权化思路的现实印证。

总而言之，在具体改革进程中，中国一直注意吸收和借鉴国际经验，如机构改革、民营化进程、人事管理制度优化及行政审批制度改革等具体措施，与新公共管理运动的主体思路一脉相承，体现了我国行政改革与新公共管理运动的内在联系。因此，可以毫不夸张地说，中国的行政改革是世界新公共管理运动的有机组成部分。

结合上文瓦格纳适应期理论的分析，将视线重新拉回中国公共财政建设，不难发现中国社会经济转型期在很大程度上仍属于瓦格纳适应期。但不容忽视的是，在中国的瓦格纳适应期内，财政支出遭遇了一个强有力的缓冲因素，即新公共管理运动。这一点与新公共管理运动的典型国家有所不同，这些国家的新公共管理运动是原发性的，在此之前这些国家的瓦格纳适应期符合典型意义的瓦格纳定律；而中国则更倾向于通过借鉴和学习的后发途径，选择了吸纳新公共管理运动的成功经验，中国的瓦格纳适应期因这一内在动力突破了典型意义的瓦格纳定律，这必然在缩短瓦格纳适应期进程的同时，缓和财政支出曲线在此期间的陡峭程度，从而具备了否定传统意义上的瓦格纳定律的巨大逻辑潜力。如果在这种背景下中国公共财政建设仍旧迷信瓦格纳定律，则未免有削足适履之虞。

有鉴于此，有必要结合财政支出结构进行深入剖析和反思，从优化结构的角度，适度削减不符合新公共管理理念的支出，科学控制具有多元化投入机制的公共服务支出。

4.2.3 财政支出结构存在价值取向偏差

对于财政支出结构所体现的价值倾向的分析，主要结合两个视角的价值框架：一是民生财政视角；二是新公共管理视角。中国国情首先是一个独特的整体，对于中国财政支出的分析必须立足于中国财政本身的价值追求，只有这样方能保证思维的独立性和问题的客观性，而中国财政近年来选择了改善民生的价值方向，民生财政成为其自身的逻辑主题（高培勇，2008）；与此同时，中国财政支出体系作为全世界所有国家财政支出体系群落的一个分子，又天然具有与其他国家相应情况进行平行比较、分析并借鉴经验的余地，结合本研究的背景和出发点，从新公共管理视角审视中国财政支出结构，具有一定的可行性和必要性。

根据研究需要，在中国财政统计框架的基础上，除了总的财政支出以外，可将中国财政支出分为以下9项分项支出：行政管理费（E1prc）、国防费（E2prc）、社会秩序支出（E3prc）、基本建设支出（E4prc）、经济事务支出（E5prc）、事业发展支出（E6prc，不包括文教科卫事业费）、文教科卫支出（E7prc）、社会保障支出（E8prc）以及城市维护建设支出（E9prc）。其他所有支出合并列为其他支出，用E0表示。总的财政支出称为一级指标，分项财政支出称为分项指标。

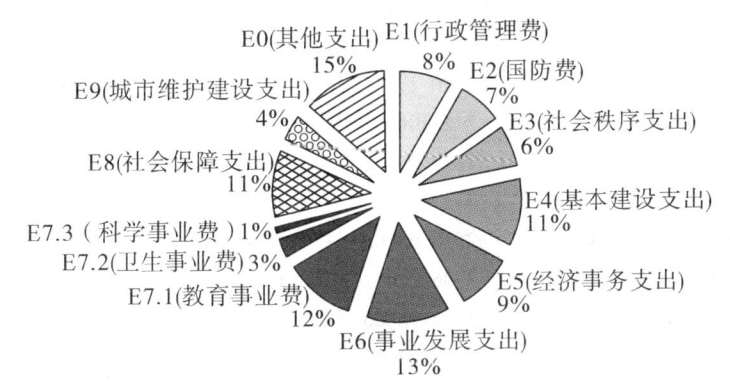

图4-3 中国财政分项支出占总体支出的比例（2006）

从整体结构来看，中国财政分项支出（2006，下同）占总体支出的比例如图4-3所示，其中各项支出占总体财政支出（E）的比例分别为：行政管理费8%，国防费7%，社会秩序支出6%，基本建设支出11%，经济事务支出9%，事业发展支出（不包括文教科卫事业费）13%，教育事业费12%，卫生事业费3%，科学事业费1%，社会保障支出11%，城市维护建设支出

4%,其他支出 15%;另外,循此前逻辑,Ec 所代表的公共消费支出为行政管理费(E1)、国防费(E2)与社会秩序支出(E3)三项支出之和。

图 4-3 中各项支出指标具体数值参见表 4-12。由于 Excel 作图工具的限制,所有数值均自动四舍五入省略到小数点后两位,其略去的值都自动加在了最后一项,所以图 4-2 中最后一项其他支出(E0)的数值(15%)比表 4-12 中相应数值(13.82%)略大。限于工具的客观性,这种局限无法优化,但并不影响对问题进行深度分析,仅此说明。

表 4-12　中国财政分项支出占 GDP 的比例 (2006)

指标	真实值(亿元)	占E的比例(%)	占GDP的比例(%)
GDP	150 193.02000	—	100
总体财政支出(E)	28 791.11820	100	19.17
行政管理费(E1)	2390.17806	8.30	1.59
国防费(E2)	2122.06553	7.37	1.41
社会秩序支出(E3)	1824.97151	6.34	1.22
基本建设支出(E4)	3127.05128	10.86	2.08
经济事务支出(E5)	2545.05698	8.84	1.69
事业发展支出(E6)	3796.22507	13.19	2.53
文教科卫支出(E7)	5565.96866	19.33	3.71
教育事业费(E7.1)	3404.85043	11.83	2.27
卫生事业费(E7.2)	940.33476	3.27	0.63
科学事业费(E7.3)	344.273504	1.20	0.23
社会保障支出(E8)	3106.62393	10.79	2.07
城市维护建设支出(E9)	1209.89316	4.20	0.81
公共消费支出(Ec)	6337.21510	22.01	4.22
其他支出(E0)	3979.5947	13.82	2.64

注:各项指标真实是值指剔除价格因素之后的值,由历年《中国财政年鉴》相应数据通过以 1994 年为基期的 CPI 平减之后计算而得。

从逻辑层面解析财政与民生的关系，可以归纳为以下两点：一是就政府职能而言，民生领域的诸多内容具有较强的公共性，公共产品与公共服务的供给是政府的天然职能，而政府职能与财政职能是亦步亦趋的联动关系，财政与民生因此具有客观的内在联系；二是从社会发展的基本原则来看，公平与正义是首当其冲的应然抉择，市场经济体制本身的缺陷导致其难以践行这一原则，有必要通过财政的再分配功能缓冲社会分配不公等问题，为了尽可能避免损害市场效率，对民生领域的改善成为缓冲实践的着力点。基于以上两点，可以发现财政与民生具有天然内在的联系。

中国是人民当家做主的社会主义国家，历来重视民生问题，只是由于现实发展阶段的限制，在实践中出现了在效率与公平目标抉择方面阶段性侧重于前者的情况。在经济发展到一定水平之后，公平问题重新被提升为实践关注的重点。从20世纪末公共财政建设的定位到党的十七大报告明确提出"加快推进改善民生为重点的社会建设"的战略目标，都是财政关注民生的表现。党的十七大报告将改善民生细化为"学有所教、劳有所得、病有所医、老有所养、住有所居"五个具体方面。基于此，高培勇（2008）在《中国财政政策报告2007/2008——财政与民生》中，不但将"财政与民生"作为标题，从理论与实证两个角度系统分析了财政与民生的关系，并且凝结集体的智慧提出了财政支持民生的重点领域选择。具体包括以下六个方面：就业、教育、公共卫生与基本医疗服务、养老保障、住房保障、生态环境。以下对于财政支出结构的问题分析借此框架展开，鉴于数据对本研究的基础性，对于未直接纳入财政统计数据框架的就业问题不予分析，并将分析焦点锁定在财政对民生事项的投入力度方面。

教育由于具有毋庸讳言的正外部效应而历来被财政所关注。

但这种关注对于中国财政支出实际而言,到目前为止仍旧很大程度停留在理论的高度而未充分落实到实践当中。从数据来看(见表4-13),1994—2006年中国财政在教育方面的投入占GDP比例的平均值仅为1.84%,远远低于1993年《中国教育改革和发展纲要》中规定的20世纪末要达到的4%的目标。并且从动态趋势上看,虽然十多年来财政在教育方面支出的绝对数额每年平均增长率为13%,但是财政性教育投入占GDP的比例增长极其缓慢,甚至一度出现下降的情况,其历年增长率平均值仅为0.05%,占总体财政支出(E)比例的历年增长率平均值竟然为负值,而同阶段中国总体财政支出(E)占GDP的比例年均增长率为0.5%,中国GDP以年平均超过9%的速率增长,总体财政支出(E)的年增长率平均值超过13%。由此可见,相对于中国民生财政在理念上对教育的重视,实践的力度犹如蜻蜓点水,财政在教育方面的投入不足是一个显而易见的结论。

关于公共卫生与基础医疗服务,1994年实行分税制改革后,财政性公共卫生事业费由原来基本由地方政府承担逐渐转变为通过转移支付机制实现的中央与地方政府共同承担。但是始于20世纪80年代中期的医疗卫生机构改革的全面展开,使其各方面的自主权空前扩大,随之而来的是财政性经费削减与自主收费体系膨胀的局面,筹资体制的这种变化使得公共卫生机构公共性削弱而营利性增强,其所本应具备的公共卫生安全职能渐趋弱化,之后政府在公共卫生方面加大了财政投入,并提高了中央政府支出的比重。统计数据较为客观地反映了这一变化过程(见表4-14)。

总体看来,财政支出在公共卫生经费方面的投入占GDP的比例平均仅为0.53%,占总体财政支出(E)的比例平均为3.12%。相对于GDP而言,公共卫生事业费来自财政方面的资

表4-13　中国财政性教育费占GDP与财政支出（E）的比例（1994—2006）

年份 比例(%)	1994	1995	1996	1997	1998	1999	2000	2001	2002	2003	2004	2005	2006	平均
占GDP的比例	1.60	1.47	1.46	1.45	1.59	1.70	1.78	2.01	2.20	2.16	2.11	2.17	2.27	1.84
占E的比例	12.09	11.44	11.08	10.29	10.15	10.04	10.04	10.52	10.76	10.54	10.12	10.50	11.83	10.72

注：由历年《中国财政年鉴》相应数据通过以1994年为基期的CPI平减之后计算而得。

表4-14　中国财政性卫生事业费占GDP及总体财政支出（E）的比重（1994—2006）

年份 比例(%)	1994	1995	1996	1997	1998	1999	2000	2001	2002	2003	2004	2005	2006	平均
占GDP的比例	0.53	0.49	0.49	0.49	0.49	0.50	0.49	0.52	0.53	0.57	0.53	0.57	0.63	0.53
占E的比例	4.02	3.82	3.72	3.51	3.15	2.94	2.79	2.71	2.58	2.79	2.57	2.74	3.27	3.12

注：表中数据由历年《中国财政年鉴》相应数据通过以1994年为基期的CPI平减之后计算而得。卫生事业费即国家用于疾病的防治、防疫和临控，保证人民身体健康的经费支出。主要包括：国有医院、专门医院、疗养院、保健院的经费拨款补助，各种防治（站）、防疫所、急救中心、红十字会的经费拨款，重大社会卫生活动的经费拨款。

金比例基本上保持在了一个比较稳定的水平,而相对于总体财政支出而言,分配给公共卫生方面的经费比例在1994—2002年间一直在下降,直到2003年才开始回升,但到2006年这一比例仍未回升至1994年的水平。

关于"老有所养"问题的分析,必须要着眼于养老保障制度的发展变化。回顾历史,改革开放之前实行计划经济体制的新中国建立了基本统一的养老保险制度,养老责任由国家财政通过对国有企业的全方位支持来承担;改革开放之后,经济体制由计划经济向市场经济转变,国有企业与国家财政的直接关系断开,企业无法单独承担全部养老保险金,养老保险经费机制在现实压力下从1984年开始逐渐转变为社会统筹模式,具体操作上沿用了原来的现收现付制;20世纪90年代以来,由于历史原因中国的老年人口比例迅速提高,根据2000年第五次人口普查数据,乡村、城镇与城市年龄在65岁以上的人口比例分别为8.1%、6.0%、6.7%,中国已经进入老龄化社会,并且老龄化趋势呈逐渐加速态势,加之经济发展水平的限制及配套机制的滞后,80年代实施的社会统筹模式统筹层次太低,个人缴费实际上在大部分企业未能实现,养老保险实际上仍旧由企业全部承担了,在这种双重压力的现实背景下,中国养老保险体制做出了由现收现付制向基金积累制过渡的选择(高培勇,2008),并通过建立个人账户实行"统账结合"的制度保证经费多渠道来源;但是表现为个人账户空转的制度转型成本不可避免,有关数据估算表明,中国养老保险的个人账户缺口在2001—2075年间的数额高达9.9万亿元(Yvonne,2005),针对这种情况进行的"做小做实"个人账户的改革措施于2001年以辽宁为试点进行了实施,2004年又把试点扩大到了东北三省,2006年开始在包括沪、津、鲁、豫、晋、鄂、湘、新八省市区的更大范围内进行了试点,统观其具体措施,其实质不外乎是财政补足，这与理论逻辑是相吻合的。面对巨额且长期持续的转型成本，财政的压力可想而知，当前投入的不足也显而易见，在充分补位的基础上积极寻求变通之道，是中国财政对于养老保障责无旁贷的使命。

住房保障问题与环境保障问题一直以来是中国财政的薄弱环节，以至于在传统财政支出结构大项中并未单独体现这两项支出。在市场经济体制下，住房作为竞争性和排他性明显兼具的私人物品，因此在逻辑上很容易被公共视线所忽略。而在一个文明的社会中，住房权是公众不可或缺的基本权利之一，可市场机制却由于自身的局限无法实现这种安排。在此意义上，住房问题不再仅仅是一个经济问题，更是一个社会问题（高培勇，2008），从而有权利要求政府和财政有所作为。改革开放以后，中国住房制度于1980年进行了住房商品化和社会化改革，1998年新一轮改革又深化为住房货币化及住房政策的市场化，同时辅以经济适用房为主的住房供应制度。从政策执行的效果来看，住房制度改革过分强调了市场机制的地位，而政府在保障性住房建设方面的作为严重滞后，以经济适用房为例，财政对于经济适用房（见表4-15）与廉租房建设的投入过低，惠及面远远小于社会需求。

表4-15　中国经济适用房投资占住宅投资的比重（1997—2006）

年份	住宅投资总额(万元)	经济适用房投资(万元)	比重(%)
1997	116 443.31	14 031.46	12.05
1998	156 273.63	20 334.26	13.01
1999	201 410.64	33 360.39	16.56
2000	254 767.99	41 725.88	16.38
2001	323 861.44	46 055.79	14.22
2002	404 312.14	45 556.42	11.27

表4-15(续)

年份	住宅投资总额(万元)	经济适用房投资(万元)	比重(%)
2003	518 491.67	47 588.62	9.18
2004	651 212.47	44 685.92	6.86
2005	786 454.18	37 594.54	4.78
2006	971 396.52	49 632.46	5.11

注：表中数据根据《中国民政事业发展统计公报2006》相应数据通过以1994年为基期的CPI平减之后计算而得。

由于环保观念的薄弱，中国经济的高速增长在很长一段时间内几乎完全挟持了环境问题，对资源的无节制索取更是导致了中国当下陷入能源危机的后果，资源环境问题已成为中国可持续发展的瓶颈（侯建民，2007）。从20世纪90年代开始，中国的环保意识开始在大范围内觉醒。1992年，中国政府制定了《中国21世纪议程——中国21世纪人口、环境与发展白皮书》，提出可持续发展的要求，以此与联合国"环境与发展"大会主旨相呼应。根据相关资料，虽然近20年来中国舆论和理念上对环境问题的重视在逐步升级，但环境保护于2006年方被财政部正式纳入政府预算支出科目而又未落实相应资金安排，1999年之前中国环保投资占GDP的比例一直低于1%（高培勇，2008），2007年的这一数据为0.4%，这一事实证明了对于环保问题财政支持在实践中的滞后。鉴于环境历史欠账问题严重的情况，财政在这方面的投入力度有待进一步加强。

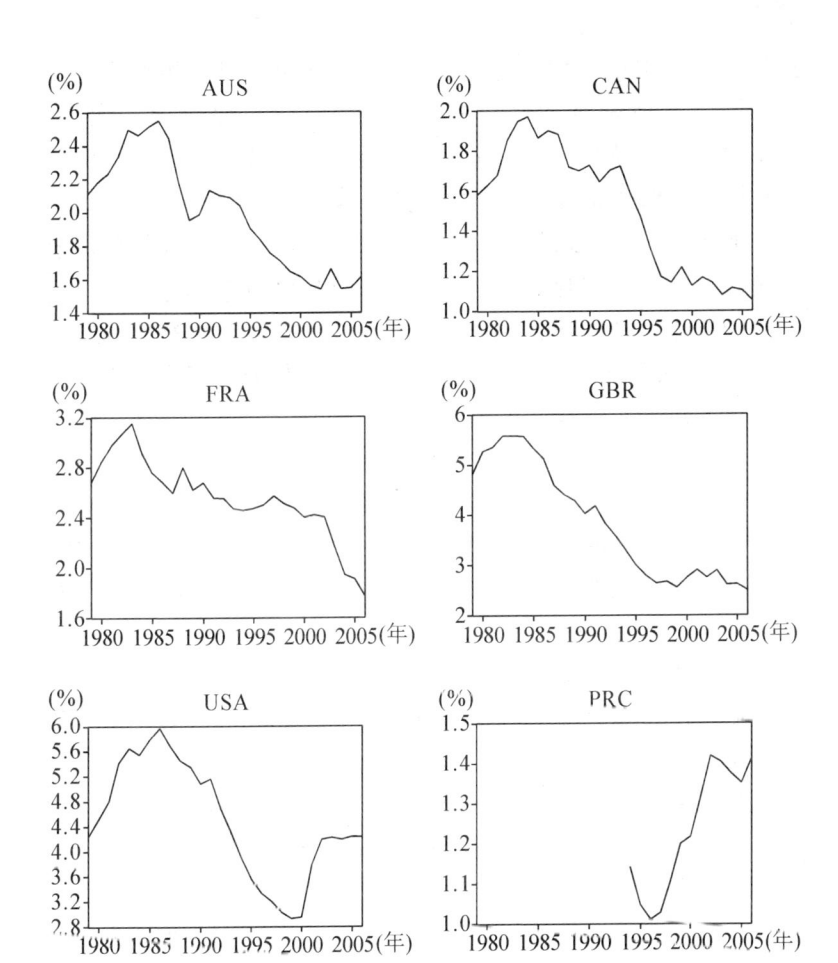

图 4-4 各国国防费占 CDP 的比例

从新公共管理视角而言,"有限政府"理念所强调的是对于政府越位的矫正,而在公共管理领域引入市场竞争机制和借鉴私营部门的管理经验,是其实现该理念的具体途径;从财政支出方面来看,则是财政对于某些领域有计划的撤退和减量。在前文(第 3 章)实证基础上,对按政府功能分类的财政分项支出相对于GDP的变化进行剖析,发现新公共管理改革典型国家在不同方面所呈现的趋势有所不同。具体可以分为三大类:①呈现下降趋势的项目,尤其是国防费、经济事务支出与住房及社区便利设施支出,各个国家这三项支出占GDP的比例的下降趋势非常一致(见图4-4、图4-5、图4-6);而社会保障支出占GDP的比例则呈现为较明显的倒U形趋势(见图4-7),是一种特殊的先上升后下降、总体下降的趋势。②有部分项目占GDP的比例较为一致地呈现上升趋势,如公共卫生支出、教育支出、娱乐文化及宗教事务支出(见表4-15、表4-16),其中娱乐文化及宗教事务支出在中国财政统计框架中没有对应的数据可以对比,因此不予讨论。③一般公共服务支出、公共安全与秩序支出占GDP的比例的变化趋势各个国家不甚一致,没有规律性,此处不予分析。在中国财政支出中,由于住房及社区便利设施支出未明确单列,因此没有系统的专项统计数据,仅以经济适用房投资占GDP的比例权作替代,其他各项支出均有数据支持,为了便于比较分析,将中国相应项目的变化趋势一并呈现在相应图中。

从图4-4中可以看出,在澳大利亚(AUS)、加拿大(CAN)、法国(FRA)、英国(GBR)、美国(USA)五个新公共管理运动典型国家,国防费占GDP的比例在时间上都呈现逐渐降低的趋势,不具备瓦格纳特性。其中,美国国防费在2001年开始有所回升有其特殊的历史背景。该年9月11日,在美国纽约发生了震惊全球的恐怖袭击事件。从数据上看,除了美国和英国这一比例比较高,其他国家的国防费占GDP的支出均在2006年下降到了2%以下,澳大利亚为1.6%,加拿大为1.1%,法国为1.8%,英国的数据(2.5%)虽然超过了2%但是也未达到3%,美国的数据为4%。与新公共管理典型国家这一趋势相反,中国国防费占GDP的比例在研究期限内呈现上升趋势。

即便如此，从比例值绝对数值来看，至2006年中国国防费仅占GDP的1.4%，相比而言仍属于较低水平。由于国防费涉及国家安全，本研究不讨论其应然发展趋势，仅将事实对比呈现在此。

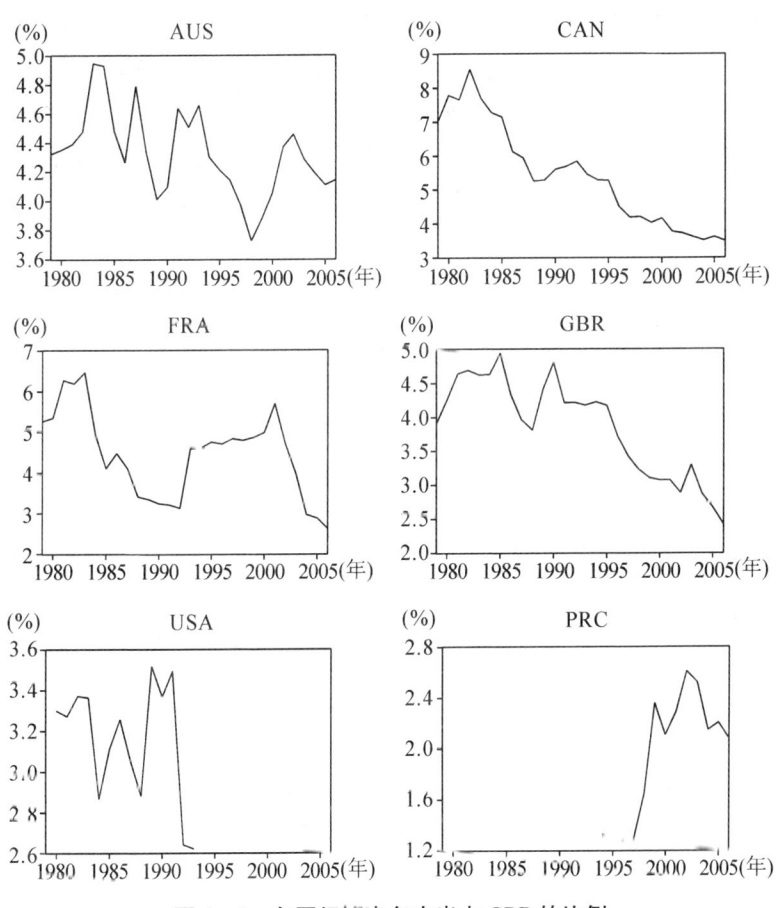

图4-5　各国经济事务支出占GDP的比例

从图4-5中可以看出，澳大利亚（AUS）、加拿大（CAN）、法国（FRA）、英国（GBR）、美国（USA）五国经济事务支出占GDP的比例在1979—2006年间都呈现下降趋势，其中下降趋势最明显的是加拿大和英国，澳大利亚、法国的情况呈现上下波动、总体**下降**的趋势。美国1995年及以后的数据缺失，但2006年这一比例为3.68%，从具体数值看与图4-5中的美国曲线最高点接近，总体趋势基本平稳，至少未出现明显的上升态势。由此可见，新公共管理理念的内在逻辑在实践中对财政在经济事务方面的支出进行了持续削减和控制，政府在经济方面的越位问题得到了切实有效的缓解。而中国经济事务支出占GDP的比例从1994年以来却呈现上升趋势，虽然在2005年有所降低，但是总体趋势走向上涨；虽然从具体数值上看最高为2002年的2.61%，与各国下降之后的数据接近，但这种上升趋势令人担忧。结合新公共管理运动视角，参考新公共管理典型国家近年来的数据水平，中国经济事务支出占GDP的比例不宜再大幅度持续上升。

需要特别指出的是，中国财政支出中有一项行政管理费是新公共管理运动典型国家相应结构中所没有的项目。根据《中国财政年鉴》的指标说明，行政管理费是指国家财政用于各级国家权力机关、国家行政机关、国家审判机关、国家检察机关以及外事机构、重要党派团体行使职能所需的经费支出。结合国际货币基金组织的统计框架，发现新公共管理运动典型国家的一般公共服务支出与这一指标内涵相近。一般公共服务内容如下：① 行政和立法机关、金融和财政事务、对外事务；② 对外经济援助支出；③ 一般服务；④ 基础研究；⑤ 一般公共服务"研究和发展"；⑥ 未另分类的一般公共服务；⑦ 公共债务操作管理；⑧ 各级政府间的一般公共服务。从外延上比较，中国的行政管理费相当于国际货币基金组织的一般公共服务支出中的某些部分，由于两者没有明确的细目可以对应，此处权将其统计值进行直接比较，亦可从一定程度反映问题。

数据分析发现（见表4-16），就研究期限内历年平均值而言,中国行政管理费占 GDP 的比例为 11.7%,而新公共管理运动典型国家这一比例最高为法国的 4.3%,相差数倍。从 2006年的值来看,中国的水平远远高于新公共管理典型国家。返回到两者的统计框架,从外延上看中国的行政管理费仅相当于新公共管理运动典型国家一般公共服务支出的一部分,中国行政管理支出具有明显的瓦格纳特性。

表 4-16 各国一般公共服务支出(行政管理费)占 GDP 的比例

单位:%

指标\国家	澳大利亚	加拿大	法国	英国	美国	中国
2006 年值	3.8	5.3	6.7	4.7	4.8	15.9
历年平均值	2.7	3.3	4.3	2.3	2.7	11.7

注:国外数据根据国际货币基金组织历年统计数据计算而得,中国数据根据《中国财政年鉴》计算而得。历年平均值指研究期限内历年平均值,国外为 1979—2006 年,中国为 1994—2006 年。

从图 4-6 中可知,除澳大利亚(AUS)外,新公共管理运动典型国家住房与社区便利设施支出占 GDP 的比例均呈明显下降趋势;澳大利亚(AUS)的这一比例变化趋势比较平稳,自1990 年以来基本维持在 2.5% 左右,没有大幅度上升,也没有明显的下降。总体看来,自新公共管理运动以来,各国对住房与社区便利设施的财政支出进行了持续的控制,单个的住房本来是私人物品,但总体社会的住房问题则具有公共性,在这种特殊条件下,各国在通过财政支持提供了较为充分的公共住房体系后,逐渐在退出住房市场。

考虑到中国的情况,从图 4-6 中的中国(PRC)曲线走向可以看出,自 1997 年以来中国对经济适用房的投资在一开始经过了 5 年的短期增长之后很快在 2002 年出现了大幅度下降,

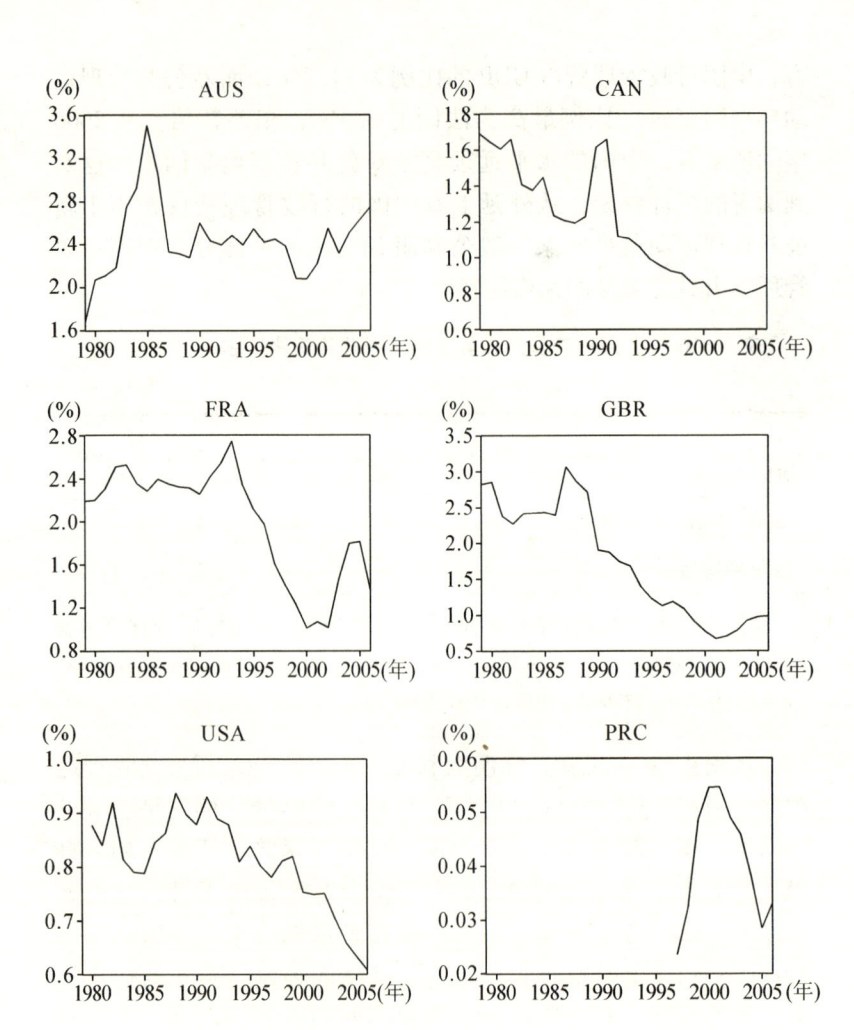

图 4-6　各国住房与社区便利设施支出占 GDP 的比例

2001 年的水平最高为 0.05%，2006 年的数值为 0.03%，以至于使得经济适用房投资占 GDP 比例的曲线表现为尖锐的倒 U 形。近年来和新公共管理运动典型国家相比，中国的这一比例一方面在静态上数值过小，约为加拿大（CAN）、美国（USA）、英国（GBR）的10%，约为澳大利亚（AUS）、法国（FRA）的1%；另一方面，该比例在动态趋势上下降过早过快。从图4-6中可以看出，五个新公共管理运动国家这一比例几乎都经历了20多年的缓慢降低后仍十倍乃至百倍的高于中国的当前水平，中国在这方面财政投入的不足显而易见。从逻辑上来说，中国需要再大力增加公共住房投资，解决好公共住房问题；同时要特别注意在公共住房保障体系发育成熟之际适时刹车，做好未雨绸缪的工作。

据图4-7判断，各国社会保障支出占GDP的比例水平有较大差距。从静态上看，澳大利亚（AUS）和法国（FRA）近年来社会保障支出占GDP的水平达到了20%以上；加拿大（CAN）、英国（GBR）为15%左右；美国（USA）为7%左右，中国（PRC）为2%。从动态上看，澳大利亚和法国社会保障占GDP支出比例呈上升趋势，而加拿大、英国和美国这一比例则呈倒U形的下降趋势。中国的社会保障支出占GDP的比例自1994年以来呈现明显的上升趋势，但比例水平与新公共管理运动典型国家相比远远低于后者。回顾历史事实，新公共管理运动典型国家在社会保障方面一直以来由政府承担了大部分责任，以至于财政不堪高福利的重负，从而成为导致新公共管理改革的动因之一；而中国的情况则完全相反，新中国在发展经济的过程中对社会保障历史欠账过重，面对这一问题需要财政积极、主动地出面承担责任。事实上，新公共管理运动典型国家与中国均在社会保障方面出现了积重难返的问题，只是方向正好相反。前者是财政陷入过深积重难返，后者是财政投入不足欠账过多积重难返，因此在对比上出现了尽管前者一直在控制社会保障支出而后者一直在加大财政投入力度但前者仍旧远远大于后者的情况。考虑到社会责任和前车之鉴，中国在社会保障方面的投入需先行积极补位，同时积极鼓励培育多元化的保障形

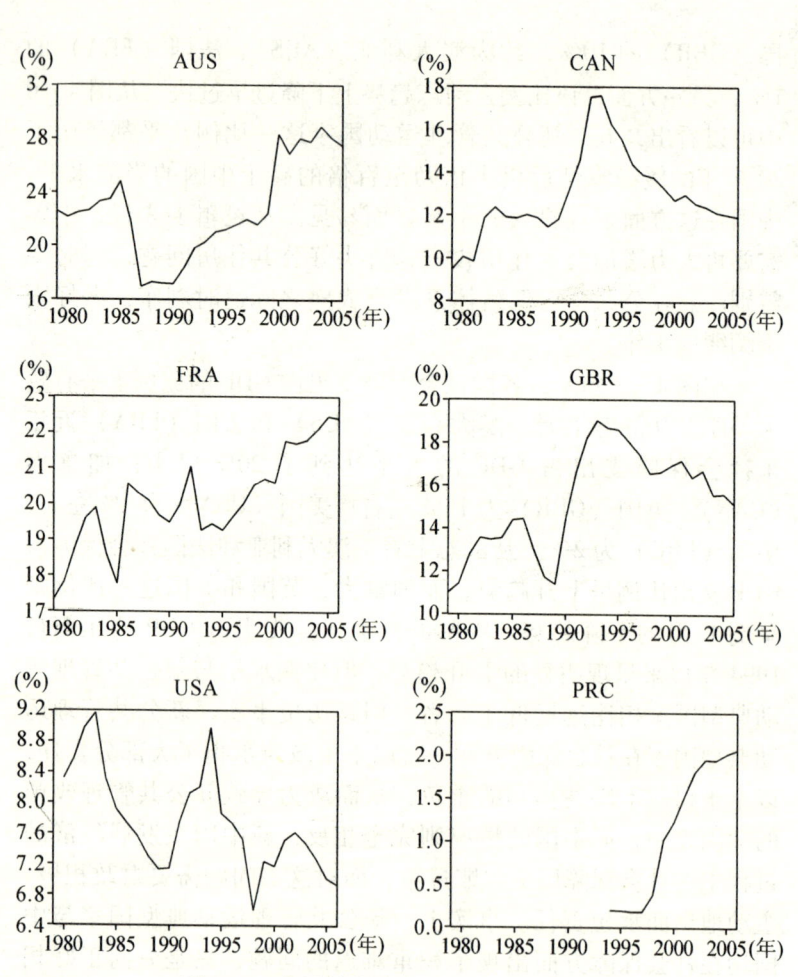

图 4-7　各国社会保障支出占 GDP 的比例

式和体系，然后再适时严格控制财政在该方面的投入，既要高效解决历史欠账问题，又要有准备地预防矫枉过正。

　　关于公共卫生支出与教育支出分别占 GDP 的比例，各国都呈现出比较一致的上升趋势，这直接证明了新公共管理运动不仅针对政府越位的情况强调有限政府，而且遵循了民生价值观，同样强调财政对政府应该承担责任的民生领域需大力投入。

数据显示，新公共管理运动典型国家公共卫生支出占 GDP 的比例一直在持续上升（见表 4-17），虽然具体水平略有差异，但平均值大都在 5%~7% 之间。而中国卫生事业费虽然也在上涨，但是占 GDP 的比例过低，平均仅为 0.5%，2006 年的 0.6% 是其最高水平，与新公共管理运动典型国家相比相差约 10 倍。教育支出占 GDP 比例的情况与公共卫生支出占 GDP 比例的情况大体相类（见表 4-18），同一指标中国落后于新公共管理运动典型国家 3 倍左右。这说明从新公共管理视角来看，中国在公共卫生与教育方面的支出严重不足，与前文民生视角分析所得结论一致。

表 4-17　　　　各国公共卫生支出占 GDP 的比例　　　单位：%

指标＼国家	澳大利亚	加拿大	法国	英国	美国	中国
2006 年值	6.22	5.94	7.08	7.49	7.64	0.63
历年平均值	6.14	5.85	7.15	6.33	5.52	0.53

注：国外数据根据国际货币基金组织历年统计数据计算而得，中国数据根据《中国财政年鉴》计算而得。历年平均值是指研究期限内历年平均值，国外为 1979—2006 年，中国为 1994—2006 年。

表 4-18　　　　各国教育支出占 GDP 比例　　　单位：%

指标＼国家	澳大利亚	加拿大	法国	英国	美国	中国
2006 年值	5.08	6.10	5.91	5.30	6.17	2.27
历年平均值	4.86	5.95	5.12	5.10	5.33	1.84

注：国外数据根据国际货币基金组织历年统计数据计算而得，中国数据根据《中国财政年鉴》计算而得。历年平均值是指研究期限内历年平均值，国外为 1979—2006 年，中国为 1994—2006 年。

归纳而言，从民生视角的剖析揭示，中国财政对于教育、公共卫生、养老保障、住房保障及环境保护等领域的投入不足，政府必须采取积极有效的措施解决其在以上民生领域的缺位问题。从新公共管理视角的分析显示，可以发现以下问题：①中国财政对于经济事务方面的投入呈上升趋势，显示中国政府在该方面可能存在越位的风险；而中国行政管理费占 GDP 的比例过高，说明中国政府在该方面存在过度支出的问题；②新公共管理典型国家在住房保障、社会保障财政投入呈现下降趋势，这一事实说明住房和社会保障的供给可以通过切实可行的途径在保证有效供给的同时缓解财政压力，中国财政在这些领域的投入应该把握好力度，过犹不及；③新公共管理运动典型国家在教育、公共卫生这两方面的支出呈上升趋势，考虑到教育和公共卫生是直接与国民素质相联系的领域，中国财政也要不遗余力的加大这两方面的投入。

4.3 中国财政支出体系的优化思路

借鉴新公共管理运动典型国家的实践经验，中国财政支出体系的优化可遵循以下两大思路：一是以市场机制为助力，减少财政在市场机制能够发挥有效作用之领域的投入，同时在公共物品（服务）供给领域引入有效的多元化机制，从而控制财政支出规模，走出瓦格纳定律的窠臼，预防和规避财政风险；二是以改善民生为目标，在削减财政在过度支出领域额度的同时，对于政府理应有所作为的领域加大财政投入力度，并进一步完善相应管理运营机制，从而提高财政资金在民生领域的利用效率，提高公共物品及公共服务的供给水平。这种思路的实质是：政府要做到在能不花钱的地方不花钱，在能少花钱的地方不多花钱，在必须不折不扣花钱的地方花好钱。其实质是厘清政府与市场的关系，解决财政职能的"缺位"与"越位"问题，是中国公共财政体系建设的基本要求。

4.3.1 以市场机制为助力控制财政支出规模

从有限政府理念的角度而言，将市场机制应该并能够发挥效率的领域还给市场，是新公共管理运动的价值内核之一，而在公共管理领域引入竞争机制，是该理念实现的途径。中国的行政改革作为全球新公共管理运动的有机组成部分，应该继续深入践行这一理念，在财政领域实施与之相呼应的主动作为；而财政支出体系的优化不能超越国情和发展阶段（张馨，2008），不能盲目照搬照抄他国经验，应立足于中国国情积极创新还权于市场的具体思路。

与中国在不懈努力建设社会主义市场经济体制的大环境相适应，中国在财政方面也一直致力于建设和完善公共财政体系。非营利化是公共财政建设的重要原则，其实质即要求财政退出营利性行业，退出竞争性领域，这与新公共管理理念完全吻合。涉及财政支出内容，在实践中必须减少和控制财政对经济事务的直接干预。对于经济事务方面的支持，财政只需要做好服务工作和秩序保障工作。需要特别指出的是，国有资本存量在国民经济中比重过大的问题。国有资本存量是财政经年投入的积累。有关研究揭示（高培勇，2007），国有绝对控制企业、中央企业等国有经济控制的单位在国民经济总量中仍占据举足轻重的地位，在重要行业和关键领域仍占据主导地位，这种现实与社会主义市场经济建设的主旨有所出入，必须在深化改革的进程中将国有经济控制的行业有选择、有计划地还给市场。这不仅是社会主义市场经济体系进一步发展的客观要求，也是公共财政体系进一步完善的必由之路。

根据新公共管理理念，在公共管理领域引入竞争机制，主要通过公共服务市场化改革实现。结合中国实际情况，在公共物品及公共服务供给方面，可以考虑通过供给主体多元化、融资渠道丰富化以及运营机制灵活化的思路来实现。①在供给主体方面，由于公共物品的外部性，政府是毋庸置疑的当然主体；然而政府并非具备完全理性的主体，因此公共选择理论提出，为了弥补可能由政府失灵带来的低效率的损失，公共物品的供给主体可以引入私营部门和非营利部门，而新公共管理运动则在实践中证实了这一设想的可行性；另外，随着社会文明程度的渐长发育，社会中的个体对于社会责任的认知水平在不断提高，基于个人志愿的慈善行为也可以为公共物品供给领域带来成效（黄耀南，2008）。基于此，中国政府可以结合自身国情，通过政策培育与环境培育，鼓励和吸引私营部门、非营利部门与个人参与公共物品的供给，构建和谐共生的公共部门、私营部门、非营利部门与个人四元主体体系。②在融资渠道上，不再单独依赖财政资金是公共物品供给主体多元化的现实条件，现实经济体系为公共物品的供给提供了丰富的资金来源途径和多样灵活的资金形式。将马杰（2006）对公共事业单位融资机制的研究成果拓展开来，公共物品供给可能的资金来源途径包括服务收入、社会出资、银行借贷和政府资助四种渠道；而多样灵活的资金形式可以表现为有形的社会捐物、无形的人力资本、政策优惠与公信力，这些形式的资源都可以用资金来衡量而又不拘泥于资金，有利于进一步拓展融资渠道丰富化的潜在空间。③在运营机制上，从逻辑上而言可以政府参与运营与否为标准将其分为不参与型、参与型（刘重，2009）与独立运作三种机制。具体而言，不参与型即对于公共服务的供给，政府不参与运营，不是直接供给者，而是作为付费者或幕后管理者；

参与型是指政府直接参与公共服务供给，在经营过程中与私营部门通过合作机制共同运作；独立运作即政府单独提供某些公共物品，并直接运营管理。这三种运营机制各有合适的领域，在具体管理过程中可酌情选择。

需要指出的是，任何一种实践模式都涉及供给主体、融资渠道以及运营机制的安排，每一种具体模式都是这三方面的融合。具体而言，公共物品的供给可通过以下几种模式来安排：合约出租、政府购买、特许专营、政府经济资助、政府参股（罗希，2009）。合约出租即政府将某些公共物品的生产交给市场生产和提供经营，但所有者是政府；政府购买即政府采购，是指政府直接从市场中购买终端服务；特许专营是一种公私合作的典型方式，BOT 以及其延伸出的一系列合作关系模式是其具体路径（特许专营与特许经营不同，前者是政府与企业之间的合作契约关系，后者是企业与企业之间的商业契约关系）；政府经济资助主要是指政府对某些领域的私营部门提供补贴、津贴、赠款等直接经济支持或贷款优惠、减免税等政策优惠；政府参股也是一种公私合作的方式，政府针对私营部门生产公共物品的重要项目在建设初期按一定比例投资入股，正常运营之后政府通过出售其股份将资金解放出来用于他处。

从以上思路和模式分析可以看出，每一种方式都有利于卸载或缓解财政支出压力，在公共服务市场化的具体实践过程中，作为社会管理者的政府要有意识、有策略地引导各种力量参与进来，从而使中国财政在支出规模控制上能够未雨绸缪，以避免陷入瓦格纳定律可能带来的财政压力积重难返的窘境。

4.3.2 以改善民生为目标优化财政支出结构

结合民生目标考虑财政支出结构的优化，其基本思路是：削减并控制与民生没有直接联系的支出，强化用于民生领域的财政投入并同时尤其注重提高其效率。

从民生视角来看，在财政分项支出中，行政管理费主要用于政府自身消费，与民生目标的直接联系最为疏远。相对于中国经济发展水平，用于政府自身消费的行政管理费过大，对行政管理费的过度侧重一直以来被视为中国财政支出结构的诟病之一。无论是从新公共管理视角，还是从中国民生财政视角，对行政管理费的削减和控制都是相关讨论在所难免的结论。在理论上，CNKI（中国知网）的文献显示，早在1957年就出现了呼吁控制行政管理费支出的书面文献，并且自此以来针对该话题的讨论经久不衰；在实践中，除了大刀阔斧地进行机构精简和人员压缩之外，在制度建设上中国政府针对这一问题于2001年开始构建了国库集中收付制度。进一步完善国库集中收付制度，是中国财政控制行政管理费用的制度依托。鉴于预算管理体制对于国库集中收付制度能否落到实处具有基础性意义，根据后者要求对前者进行改革是关键点之一。同时还要规范行政部门使用资金的具体内容，并加大监督力度。

关于需要财政大力支持的领域，教育、公共卫生、社会保障以及环境保护等领域是毫无争议的当然选择。其中，尤其重要的是教育与公共卫生，这两者与一国的国民素质及竞争力直接相关，在强调和重视"以人为本"的可持续发展观念下，在人才竞争已成为世界竞争核心的大背景下，在中国财政对于教育与公共卫生投入严重不足的现实条件下，无论是否同时致力于发展市场化的供给机制，都必须要加大财政对于这两个领域的投入，而且要将这种热情和力度持续下去。当然，同时鼓励社会和市场通过多种形式分担教育成本以及卫生医疗服务成本是理性的发展战略，比如高等教育成本可以通过国家、社会和个人三方面的力量共同分担（郝晓薇、陈娜，2006）。不过，鉴于教育与医疗卫生服务对于民族和国家发展的重要意义，财政的责任并不能因为市场也能够发挥效用而有所弱化,必须财政与市场两手抓、两手都要硬。

社会保障是构建社会主义和谐社会的重要内容,对缓解社会矛盾、促进社会公平、推动经济社会发展具有重要作用(郝晓薇、李晓龙、阴良魁,2008)。在社会保障方面,基于研究材料的限制,本研究仅关注住房保障和养老保障。事实上,财政在这两方面都背负着巨额历史欠账,在积极培育社会力量支持的同时适度加大住房和养老保障投入,是财政不可推卸的责任。在住房保障方面,财政必须着力促进廉租房建设和经济适用房建设,分阶段、循步骤建立覆盖全民的住房保障体制,加强财政资金在这方面使用效率的监督,并从制度源头寻求问题的解决方案。对于养老保障,财政应确立实现城乡统筹的养老保障制度的基本目标,使城乡老龄居民都能接受保障,一方面应通过财政支持做大做实养老保险个人账户,另一方面通过完善企业年金制度吸收市场力量,同时在相应预算管理制度方面也应有所完善。需要特别指出的是,住房具有较强的私人物品性质,养老责任承担主体也有当然的家庭,所以需要把握好分寸,在补足缺位之后应适时止步,切不可矫枉过正引致财政风险。

在环境保护方面,公共财政的主体责任不容旁置。相对于中国的实际情况,必须在落实环保纳入年度财政预算框架的同时有序加大财政投入力度,保障环保资金的稳定来源。另外,环境治理涉及的利益主体最主要的一方是企业,因此有必要通过税收体制改革等政策措施将企业和市场纳入到环境保护主体中来;从认知上唤醒和培育公众的环保意识,也是政策必须要重视的方面。

除了加大财政在民生领域的投入力度之外,优化财政支出结构还有赖于加强财政制度的完善。从新公共管理视角来考察,尤其要关注预算制度改革、转移支付制度优化以及专项补助制度的规范。

　　从逻辑上总结，民生视角关注的是政府应该作为的领域，财政对于民生领域的缺位和不足应该补足；新公共管理视角关注的是政府应该退出的领域，财政对于政府越位的领域应该有计划地退出，并同时辅以市场机制的合理跟进；将民生与新公共管理结合起来看，两者的关系并非对立而是相辅相成，其实质反映了政府与市场相互取长补短、和谐共存、共同发展的关系，尤其是民生领域内有些公共物品可以在政府主导的前提下辅以市场供给，构建供给主体多元化、融资渠道丰富化、运营方式灵活化的社会立体供给体系，从而在提高公共物品供给效率和水平的同时，能够控制财政支出规模，预防财政实践陷入瓦格纳定律财政压力积重难返的逻辑后果，促进国民经济和人文社会进一步和谐健康发展。

5
结论与展望

基于新公共管理视角，本研究选取了 5 个新公共管理运动典型国家为研究对象，就其财政支出时间序列数据对瓦格纳定律进行了检验；并按照同一思路对中国财政支出进行了瓦格纳检验，进而将两组结果进行了对比，并结合中国公共财政建设的现实背景，提出了中国公共财政建设进一步完善的思路。当然，限于研究主题和结构的要求，以及客观条件的不完备，本研究仍旧留存了有待进一步研究的问题。

5.1 主要研究结论

总结而言，本研究得出了以下主要研究结论：

其一，从规范分析的角度而言，新公共管理运动对瓦格纳定律的冲击具有客观必然性。

公共行政与公共经济相辅相成，一方面，政府财政收支是整个行政体制得以运行的经济基础，没有财政支持政府就无法实现政府的各项职能；另一方面，政府公共行政各项职能的到位履行，尤其是资源配置职能的合理实现，不仅关系到政府财政收支的总量，而且对于整个国民经济的发展具有重要导向作用。因此，新公共管理运动实施的行政体制各个层面的改革，也自然给公共经济带来了不可避免的影响，主要体现在由政府经济职能优化及运行机制调整直接导致的对政府规模的限制。具体包括：①放松规制、民营化有力削弱了政府财政支出规模；②分权化改革在在组织机构层面引发的扁平化和缩小化对减少财政支出具有直接动力；③公共人事制度改革在提高效率的同时减少了公务员数量，直接抑制了财政支出在这方面的扩大；④公共产品供应机制的多元化尤其是社会保障责任倾向于个人承担的模式改革有效控制和降低政府财政支出的规模。显而易见，以上变化致使瓦格纳定律在世界范围内受到了极具挑战性的冲击。

其二，从实证分析的角度而言，在新公共管理运动背景下瓦格纳定律的生命力渐趋式微，并在此基础上提出了瓦格纳适应期的理论设想。

利用五个新公共管理运动典型国家（澳大利亚、加拿大、法国、英国与美国）的财政支出时间序列数据对瓦格纳进行检验，发现在新公共管理运动背景下瓦格纳定律几乎失去了发挥作用的空间。结果从两个角度展示：一是验证的直接结果（见表5-1）；二是针对假设的结果（见表5-2）。事实证明，在新公共管理运动的冲击下，瓦格纳定律的生命力渐趋微弱。

表5-1　新公共管理运动典型国家瓦格纳检验结果一览表

指标＼国家	澳大利亚(AUS)	加拿大(CAN)	法国(FRA)	英国(GBR)	美国(USA)
总体财政支出(E)	×	×	×	×	×
公共消费支出(C)	×	×	×	×	√
一般公共服务支出(E1)	×	×	×	—	—
国防支出(E2)	×	×	×	×	×
公共秩序与安全支出(E3)	×	×	√	×	×
经济事务支出(E4)	×	×	×	×	×
住房及社区便利设施支出(E6)	×	×	√	—	—
公共卫生支出(E7)	×	×	×	×	×
娱乐、文化及宗教事务支出(E8)	×	√	×	×	×
教育支出(E9)	×	×	√	×	√
社会保障支出(E10)	×	×	×	—	—

注："×"代表否定瓦格纳定律，"√"代表支持瓦格纳定律，"—"代表数据缺失。

表 5-2　　　　　研究假设实证结果一览表

序号	内容	实证结果
假设一	财政总支出不具有瓦格纳特性	得到证实
假设二	经济事务支出不具有瓦格纳特性	得到证实
假设三	一般公共服务支出不具有瓦格	得到证实
假设四	社会保障支出不具有瓦格纳特性	得到证实
假设五	公共卫生支出不具有瓦格纳特性	得到证实
假设六	教育支出不具有瓦格纳特性	部分否定
假设七	娱乐、文化及宗教事务支出不具有瓦格纳特性	部分证实
假设八	国防支出、公共秩序和安全支出具有瓦格纳特性	得到否定

注：部分证实倾向于证实，部分否定倾向于否定。

在事实基础上进一步分析，提出了瓦格纳适应期理论设想。财政支出扩大具有阶段性而非无限性的特征，这一阶段性可以称为瓦格纳适应期，瓦格纳定律仅在瓦格纳适应期内成立。而新公共管理运动与瓦格纳适应期的相互关系，在图形上直观地表现为缩短乃至结束瓦格纳适应期，并使该曲线的高度降低，其实质是对瓦格纳定律内在逻辑支撑力的反向消解。

其三，实证研究发现，新公共管理运动背景下的中国财政支出具有瓦格纳特性。

根据研究时限内《中国财政年鉴》的统计框架，并结合研究需要对相关项目进行归类合并，将中国财政总体支出（E）分按功能大体划为以下九项分项支出：行政管理费（E1prc）、国防费（E2prc）、社会秩序支出（E3prc）、基本建设支出（E4prc）、经济事务支出（E5prc）、事业发展支出（E6prc）、文教科卫支出（E7prc）、社会保障支出（E8prc）以及城市维护建设支出（E9prc）。实证检验结果证明，在新公共管理运动背景下中国财政支出在很大程度上具有瓦格纳特性（见表 5-3）。

表5-3　新公共管理视角下中国财政支出的瓦格纳检验结果

指标	E	E1	E2	E3	E4	E5	E6	E7	E8	E9
结果	√	√	√	×	×	√	√	√	×	√

注："×"代表否定瓦格纳定律,"√"代表支持瓦格纳定律。

其四,中国行政改革是世界新公共管理运动的有机组成部分,具有明显的新公共管理特性。

从实践角度来看,作为世界新公共管理运动的有机组成部分,中国的行政改革不可避免地打上了新公共管理价值烙印。主要表现在以下方面:①新公共管理强调"有限政府"的理念,其实质是注重政府政策职能与管理职能的分离,而中国从1978年至今进行的六次以精简机构和转变职能为主要内容的行政机构改革,从限制政府规模与厘清政府职能的全域视野践行了这一理念。②新公共管理倡导借鉴私人部门的经验,将竞争引入到公共部门,其实质是以允分发挥市场作用为切入点重塑政府与市场的关系。在这方面,受到国际新公共管理运动的影响,中国自20世纪90年代末在业务上开始允许民间力量进入公共服务供给领域,同时国有成分主动在不同程度上退出,秉承"民进国退"的民营化基本思想来指导投资主体、运营机制和管理体制多元化的实现,最终促进某些领域公共服务的供给效率和供给水平。③新公共管理营造"顾客导向"的行政文化,其实质是强调公共管理中的服务意识。中国政府近年来进行的"服务型政府"建设,是对这一文化的行动渗透与实践析出。④新公共管理提倡政府放松规制,其实质是政府越位的监管职能在相应领域不同程度的退出,以及市场机制在相应领域不同程度的补位。改革开放以来,中国政府针对政企不分问题进行了大刀阔斧的深度改革,其主要举措就是放松政府在各行各业的规制,并相应减少、废止各种不必要审批制度,这些方式与新公共管理运动中各国的规制改革路径高度统一，与新公共管理理念高度吻合。⑤新公共管理强调分权化管理，而中国1994年实施的分税制改革无疑是对这一思想恰如其分的行动写照，分税制通过划分税种和税权的方式，确定中央与地方政府的财力范围与管辖权限，是从经济基础视角进行的分权化改革，其实质是对经济基础的民主化。而经济基础决定上层建筑，经济基础角度的分权化，势必引导全社会的民主意识和民主水平的提高。总而言之，在具体改革进程中，中国一直注意吸收和借鉴国际经验，如机构改革、民营化进程、人事管理制度优化及行政审批制度改革等具体措施，与新公共管理运动的主体思路一脉相承，体现了我国行政改革与新公共管理运动的内在联系。因此，可以毫不夸张地说，中国的行政改革是世界新公共管理运动的有机组成部分。

其五，中国公共财政建设的优化，在立足于本国关注民生改善国情的同时可借鉴新公共管理运动国家的经验。

根据实证结果，中国财政支出在很大程度上仍旧遵循了瓦格纳定律的内在逻辑。结合中国作为世界新公共管理运动有机组成部分的背景思考，并将中国财政支出状况与西方新公共管理运动典型国家财政支出状况进行比较，发现中国财政支出在规模上存在刚性增长趋势，在结构上存在价值取向偏差。

针对以上问题，借鉴新公共管理运动典型国家的实践经验，并立足于中国财政关注民生改善的基本要求，中国财政支出体系的优化可遵循以下两大思路：一是以市场机制为助力，减少财政在市场机制能够发挥有效作用之领域的投入，同时在公共物品（服务）供给领域引入有效的多元化机制，从而控制财政支出规模，走出瓦格纳定律的窠臼，预防和规避财政风险；二是以改善民生为目标，在削减财政在过度支出领域额度的同时，对于政府理应有所作为的领域加大财政投入力度，并进一步完善相应管理运营机制，从而提高财政资金在民生领域的利用效率，提高公共物品及公共服务的供给水平。这种思路的实质是：政府要做到在能不花钱的地方不花钱，在能少花钱的地方不多花钱，在必须不折不扣花钱的地方花好钱。其实质是厘清政府与市场的关系，解决财政职能的"缺位"与"越位"问题，是中国公共财政体系建设的基本要求。

5.2 预期研究展望

鉴于研究客观条件及主题与结构的限制，本研究存在一定的局限性，针对这一局限性，下列问题需要在后续研究中进行重点思考：

其一，将研究样本扩展至更多新公共管理运动国家更长时期内的财政支出情况。

研究样本涵盖的范围越广，研究结论越具有普适性。在后续研究中，考虑到数据获得存在的客观限制，将分阶段、有步骤地扩展研究样本，在充分占有数据的前提下，将研究对象逐步扩展至全世界所有受到新公共管理运动影响的国家，希望能够得出更广范围内的一致结论。同时，将研究时限尽可能向前扩展至瓦格纳定律时期，对比新公共管理运动前后各国财政支出规模变化情况以及对瓦格纳定律的支持情况，提炼出各国财政瓦格纳适应期的临界特征，在此基础上将"瓦格纳适应期"理论进行量化发展，为优化财政实践提供更加具有可操作性的理论指导。

其二，在尽可能长的时间区间内关注中国公共财政对于瓦格纳定律的反映情况。

密切关注中国公共财政建设，立足于中国仍旧处于社会转型期的现实背景，将研究视野扩展到更长的时间跨度。以五年为一阶段，对中国财政支出情况进行阶段移动瓦格纳检验，不断摸索和总结中国公共财政建设的规律，并不懈寻求将之与新公共管理理念相契合的有效机制。另外，就中国发展在公共服务方面所具有的需求逻辑符合瓦格纳定律而供给思路符合新公共管理运动的特殊特征，从理论角度还可以尝试"非典型瓦格纳适应期"理论的构建，为处于类似发展情境的发展中国家提供新的更加切合实际的财政指导思想。

其三，将中国公共财政建设优化思路具体化为切实可行的行动方案。

这是后续研究的重中之重，本着学以致用的原则，将研究思路转化为实践方案以对现实进行切实的改善应该是所有研究的终极目标。优化中国公共财政建设的行动方案应主动关注两个方面：一是如何继续有效深入地解决政府越位问题；二是如何切实将财政对民生的关注落到实处。前者涉及的具体问题是如何减少行政管理费、经济事务支出等，后者涉及的问题是如何使教育经费、公共卫生经费、生态环境经费等发挥最大的利用效率，将其用到该用的地方、用到恰当的程度。总之，其中涉及的问题方方面面，切实可行的行动方案与运行机制，是中国公共财政建设得以顺利发展的根本保障。

附录 计量结果表

说明：本附录中计量结果表表头编号均与正文中相应位置的表格的编号一致，以方便在阅读中查阅总体计量结果。

澳大利亚（AUS）计量结果表

表3-1 澳大利亚财政支出一级指标水平序列 ADF 检验结果

变量	检验类型(C,T,K)	ADF 统计量	5%临界值	结论
LGDPaus	(C,0,1)	-1.4178	-2.981038	不平稳
LEaus	(C,0,3)	-2.7908	-2.991878	不平稳
LCaus	(C,0,0)	-1.7932	-2.976263	不平稳
L(GDP/P)aus	(C,0,1)	-1.2475	-2.981038	不平稳
L(E/P)aus	(C,0,0)	-2.8591	-2.976263	不平稳
L(E/GDP)aus	(C,0,0)	-0.3787	-2.976263	不平稳

注：C 表示常数项，T 表示趋势项，K 表示滞后项的阶数。

表3-2　澳大利亚财政支出一级指标一阶差分序列 ADF 检验结果

变量	检验类型(C,T,K)	ADF 统计量	5%临界值	结论
DLGDPaus	(C,T,1)	-4.8399	-3.595026	平稳
DLEaus	(C,0,0)	-4.2666	-2.981038	平稳
DLCaus	(C,0,0)	-3.5089	-2.981038	平稳
DL(GDP/P)aus	(C,T,1)	-4.8460	-3.595026	平稳
DL(E/P)aus	(C,0,0)	-4.3735	-2.981038	平稳
DL(E/GDP)aus	(C,0,0)	-5.9013	-2.981038	平稳

注：C 表示常数项，T 表示趋势项，K 表示滞后项的阶数。

表3-3　澳大利亚财政支出一级指标协整回归及其残差 ADF 检验结果

表达式	解释变量	常数项	系数	$\bar{R}^2$	ADF	5%临界值	与GDP之间是否具有协整关系
1	LEaus	-2.354615	1.107236	0.955855	-1.214094	-1.953858	否
2	LCaus	-6.235353	1.262742	0.953008	-1.367668	-1.953858	否
3	LEaus	-1.508349	1.338087	0.957447	-1.212224	-1.953858	否
4	L(E/GDP)aus	-2.285200	0.130844	0.146476	-1.208479	-1.953858	否
5	L(E/P)aus	-2.285200	1.130844	0.939571	-1.208479	-1.953858	否
6	L(E/GDP)aus	-2.354615	0.107236	0.939571	-1.208479	-1.953858	否

表 3-4　　澳大利亚财政支出一级指标与 GDP 因果检验结果

表达式	原假设	1 Lag F值	1 Lag P值	2 Lag F值	2 Lag P值	3 Lag F值	3 Lag P值	4 Lag F值	4 Lag P值
1	△LGDPaus does not cause △LEaus	3.90958	0.94086	7.02643	0.99604	1.38222	0.72672	3.0863	0.96310
	△LEaus does not cause △LGDPaus	2.67365	0.88541	2.01205	0.84435	5.40518	0.99421	1.2878	0.69486
2	△LGDPaus does not cause △LCaus	0.07196	0.20929	0.38711	0.31682	0.93184	0.55876	1.02435	0.58335
	△LCaus does not cause △LGDPaus	0.08620	0.22851	0.69083	0.48915	0.69221	0.43386	0.55310	0.30117
3	△LGDP/Paus does not cause △LEaus	2.30547	0.85853	3.09077	0.93608	1.73018	0.81125	0.68125	0.38765
	△LEaus does not cause △LGDP/Paus	7.09456	0.98667	3.72808	0.96109	2.28834	0.89468	4.30963	0.98996
4	△LGDP/Paus does not cause △LE/GDPaus	0.10971	0.25677	2.54928	0.90090	2.37805	0.90395	1.02360	0.58299
	△LE/GDPaus does not cause △LGDP/Paus	7.32981	0.98795	3.80249	0.96323	2.36066	0.90223	4.31320	0.99000
5	△LGDP/Paus does not cause △LE/Paus	2.14567	0.84456	3.06585	0.93480	1.76117	0.81734	0.68865	0.39246
	△LE/Paus does not cause △LGDP/Paus	7.32981	0.98795	3.80249	0.96323	2.36066	0.90223	4.31320	0.99000
6	△LGDPaus does not cause △LE/GDPaus	0.05688	0.24181	0.11440	0.10762	1.99767	0.85757	1.48245	0.75842
	△LE/GDPaus does not cause △LGDPaus	0.00857	0.07302	0.03742	0.03667	0.02823	0.00658	0.25529	0.09670

表 3-5 澳大利亚财政支出分项指标水平序列 ADF 检验结果

变量	检验类型(C,T,K)	ADF 统计量	5% 临界值	结论
LE1aus	(C,0,1)	-1.5749	-2.981038	不平稳
L(E1/P)aus	(C,T,0)	-1.4023	-3.587527	不平稳
L(E1/GDP)aus	(C,0,0)	-1.4810	-2.976263	不平稳
LE2aus	(C,0,1)	-0.9221	-2.981038	不平稳
L(E2/P)aus	(C,T,0)	-0.9912	-3.587527	不平稳
L(E2/GDP)aus	(C,0,0)	-0.8149	-2.976263	不平稳
LE3aus	(C,0,1)	-1.1157	-2.981038	不平稳
L(E3/P)aus	(C,T,0)	-1.0963	-3.587527	不平稳
L(E3/GDP)aus	(C,0,0)	-1.1424	-2.976263	不平稳
LE4aus	(C,0,1)	-1.9509	-2.981038	不平稳
L(E4/P)aus	(C,T,0)	-2.1090	-3.587527	不平稳
L(E4/GDP)aus	(C,0,0)	-2.6835	-2.976263	不平稳
LE6aus	(C,0,1)	-0.9266	-2.981038	不平稳
L(E6/P)aus	(C,T,0)	-0.9628	-3.587527	不平稳
L(E6/GDP)aus	(C,0,0)	-0.9998	-2.976263	不平稳
LE7aus	(C,0,1)	-0.7748	-2.981038	不平稳
L(E7/P)aus	(C,T,0)	-0.5641	-3.587527	不平稳
L(E7/GDP)aus	(C,0,0)	-0.5999	-2.976263	不平稳
LE8aus	(C,0,1)	-0.6209	-2.981038	不平稳
L(E8/P)aus	(C,T,0)	-0.6197	-3.587527	不平稳
L(E8/GDP)aus	(C,0,0)	-0.5872	-2.976263	不平稳
LE9aus	(C,0,1)	-0.4203	-2.981038	不平稳
L(E9/P)aus	(C,T,0)	-0.9048	-3.587527	不平稳
L(E9/GDP)aus	(C,0,0)	-0.7974	-2.976263	不平稳
LE10aus	(C,0,1)	-2.4585	-2.981038	不平稳
L(E10/P)aus	(C,T,0)	-0.6280	-3.587527	不平稳
L(E10/GDP)aus	(C,0,0)	-1.4192	-2.976263	不平稳

注：C 表示常数项，T 表示趋势项，K 表示滞后项的阶数。

表 3-6 澳大利亚财政支出分项指标一阶差分序列序列 ADF 检验结果

变量	检验类型(C,T,K)	ADF 统计量	5%临界值	结论
DLE1aus	(C,0,0)	-4.8660	-2.981038	平稳
DL(E1/P)aus	(C,0,0)	-4.8711	-2.981038	平稳
DL(E1/GDP)aus	(C,0,0)	-4.8324	-2.981038	平稳
DLE2aus	(C,0,0)	-4.9131	-2.981038	平稳
DL(E2/P)aus	(C,0,0)	-4.9149	-2.981038	平稳
DL(E2/GDP)aus	(C,0,0)	-4.6771	-2.981038	平稳
DLE3aus	(C,0,0)	-4.6199	-2.981038	平稳
DL(E3/P)aus	(C,0,0)	-4.6278	-2.981038	平稳
DL(E3/GDP)aus	(C,0,0)	-4.4702	-2.981038	平稳
DLE4aus	(C,0,0)	-4.0742	-2.981038	平稳
DL(E4/P)aus	(C,0,0)	-4.2123	-2.981038	平稳
DL(E4/GDP)aus	(C,0,0)	-4.4057	-2.981038	平稳
DLE6aus	(C,0,0)	-4.546	-2.981038	平稳
DL(E6/P)aus	(C,0,0)	-4.5499	-2.981038	平稳
DL(E6/GDP)aus	(C,0,0)	-4.4381	-2.981038	平稳
DLE7aus	(C,0,0)	-4.3489	-2.981038	平稳
DL(E7/P)aus	(C,0,0)	-4.3553	-2.981038	平稳
DL(E7/GDP)aus	(C,0,0)	-4.5433	-2.981038	平稳
DLE8aus	(C,0,0)	-4.9379	-2.981038	平稳
DL(E8/P)aus	(C,0,0)	-4.9379	-2.981038	平稳
DL(E8/GDP)aus	(C,0,0)	-4.7873	-2.981038	平稳
DLE9aus	(C,0,0)	-5.1174	-2.981038	平稳
DL(E9/P)aus	(C,0,0)	5.1127	-2.981038	平稳
DL(E9/GDP)aus	(C,0,0)	-4.6817	-2.981038	平稳
DLE10aus	(C,T,0)	-4.1414	-3.875302	平稳
DL(E10/P)aus	(C,T,0)	-4.1274	-3.875302	平稳
DL(E10/GDP)aus	(C,T,0)	-3.9032	-3.875302	平稳

注：C 表示常数项，T 表示趋势项，K 表示滞后项的阶数。

表3-7 澳大利亚财政支出分项指标协整回归及其残差 ADF 检验结果

表达式	解释变量	常数项	系数	$\bar{R}^2$	ADF	5%临界值	与GDP之间是否具有协整关系
1	LE1aus	-2.102836	0.978181	0.291496	-1.52585	-1.953858	否
	LE2aus	-2.544835	0.909054	0.636604	-0.880111	-1.95502	否
	LE3aus	-8.809096	1.370785	0.552541	-0.936233	-1.959071	否
	LE4aus	-2.616804	0.961121	0.991767	-4.057661(1)	-1.962813	是
	LE6aus	-10.48641	1.471784	0.352817	-0.768669	-1.958088	否
	LE7aus	-2.580566	0.938698	0.373713	-0.639598	-1.955681	否
	LE8aus	-7.784136	1.265745	0.552088	-0.604215	-1.95502	否
	LE9aus	-4.696546	1.138996	0.83464	-0.991521	-1.95502	否
	LE10aus	-6.089127	1.275963	0.990935	-4.486166(4)	-1.977738	是
3	LE1aus	-1.168579	1.163525	0.281706	-1.519823	-1.953858	否
	LE2aus	-1.796231	1.093164	0.631957	-0.833447	-1.95502	否
	LE3aus	-7.788197	1.658783	0.538113	-0.885787	-1.959071	否
	LE4aus	-1.845969	1.157596	0.992079	-4.744912	-1.962813	是
	LE6aus	-9.321296	1.774286	0.343482	-0.720081	-1.958088	否
	LE7aus	-1.956571	1.143648	0.382462	-0.668219	-1.955681	否
	LE8aus	-6.705357	1.51846	0.545215	-0.57365	-1.95502	否
	LE9aus	-3.731283	1.366952	0.825181	-0.949332	-1.95502	否
	LE10aus	-5.045784	1.534792	0.988522	-2.852289(3)	-1.970978	是
4	L(E1/GDP)aus	-1.94543	-0.043718	-0.037799	-1.529527	-1.953858	否
	L(E2/GDP)aus	-2.580868	-0.113244	-0.01974	-0.886528	-1.95502	否
	L(E3/GDP)aus	-8.386558	0.434332	0.036129	-0.932054	-1.959071	否
	L(E4/GDP)aus	-2.65218	-0.046406	0.125126	-4.015161(1)	-1.962813	是
	L(E6/GDP)aus	-9.97142	0.55483	0.010587	-0.760738	-1.958088	否
	L(E7/GDP)aus	-2.750357	-0.061789	-0.039613	-0.637825	-1.955681	否
	L(E8/GDP)aus	-2.750357	-0.061789	-0.039613	-0.637825	-1.955681	否
	L(E9/GDP)aus	-4.515921	0.16054	0.029577	-0.981065	-1.95502	否
	L(E10/GDP)aus	-5.851995	0.33079	0.826954	-4.411559(4)	-1.977738	是

表3-7(续)

表达式	解释变量	常数项	系数	$\bar{R}^2$	ADF	5%临界值	与GDP之间是否具有协整关系
5	L(E1/P)aus	-1.94543	0.956282	0.204472	-1.529527	-1.953858	否
	L(E2/P)aus	-2.580868	0.886756	0.531155	-0.886528	-1.95502	否
	L(E3/P)aus	-8.386558	1.434332	0.468224	-0.932054	-1.959071	否
	L(E4/P)aus	-2.65218	0.953594	0.987872	-4.015161(1)	-1.962813	是
	L(E6/P)aus	-9.97142	1.55483	0.283432	-0.760738	-1.958088	否
	L(E7/P)aus	-2.750357	0.938211	0.284263	-0.637825	-1.955681	否
	L(E8/P)aus	-2.750357	0.938211	0.472743	-0.637825	-1.955681	否
	L(E9/P)aus	-4.515921	1.16054	0.780896	-0.981065	-1.95502	否
	L(E10/P)aus	-5.851995	1.33079	0.987358	-4.411559(4)	-1.977738	是
6	L(E1/GDP)aus	-2.102836	-0.02182	-0.038221	-1.52585	-1.953858	否
	L(E2/GDP)aus	-2.544835	-0.09095	-0.020973	-0.880111	-1.95502	否
	L(E3/GDP)aus	-8.809096	0.370785	0.044171	-0.936233	-1.959071	否
	L(E4/GDP)aus	-2.616804	-0.03888	0.128311	1.160598	-1.962813	否
	L(E6/GDP)aus	-10.48641	0.471784	0.015005	-0.768669	-1.958088	否
	L(E7/GDP)aus	-2.580566	-0.0613	-0.038728	-0.639598	-1.955681	否
	L(E8/GDP)aus	-7.784136	0.265745	0.017262	-0.604215	-1.95502	否
	L(E9/GDP)aus	-4.696546	0.138996	0.035939	-0.991521	-1.95502	否
	L(E10/GDP)aus	-6.089127	0.275963	0.835144	-4.486166(4)	-1.977738	是

表 3-8 澳大利亚财政支出分项指标与 GDP 因果检验结果

表达式	原假设	1 Lag P值	2 Lag P值	3 Lag P值	4 Lag P值
1	△LGDPaus does not cause △LE1aus	0.28346	0.33957	0.50896	0.51738
	△LE1aus does not cause △LGDPaus	0.28590	0.58508	0.51311	0.39987
	△LGDPaus does not cause △LE2aus	0.51313	0.78896	0.77443	0.85004
	△LE2aus does not cause △LGDPaus	0.11061	0.04395	0.15970	0.09138
	△LGDPaus does not cause △LE3aus	0.44398	0.73333	0.68320	0.98492
	△LE3aus does not cause △LGDPaus	0.08355	0.00267	0.19044	0.06458
	△LGDPaus does not cause △LE4aus	0.25837	0.95775	0.93939	0.41245
	△LE4aus does not cause △LGDPaus	0.70707	0.26449	0.07928	0.07427
	△LGDPaus does not cause △LE6aus	0.45365	0.77752	0.82467	0.77375
	△LE6aus does not cause △LGDPaus	0.15924	0.07389	0.22847	0.06826
	△LGDPaus does not cause △LE7aus	0.91661	0.98328	0.94674	0.94569
	△LE7aus does not cause △LGDPaus	0.06708	0.15501	0.01564	0.01214
	△LGDPaus does not cause △LE8aus	0.69995	0.87950	0.80493	0.85707
	△LE8aus does not cause △LGDPaus	0.33885	0.09933	0.12855	0.08765
	△LGDPaus does not cause △LE9aus	0.83605	0.76028	0.62721	0.75194
	△LE9aus does not cause △LGDPaus	0.54341	0.24340	0.23906	0.16945
	△LGDPaus does not cause △LE10aus	0.36257	0.89811	0.72821	0.99987
	△LE10aus does not cause △LGDPaus	0.72186	0.53791	0.27760	0.75079
3	△LGDP/P aus does not cause △LE1aus	0.33966	0.39510	0.53405	0.53716
	△LE1aus does not cause △LGDP/Paus	0.27022	0.61707	0.50697	0.38445
	△LGDP/P aus does not cause △LE2aus	0.54514	0.83082	0.80697	0.85685
	△LE2aus does not cause △LGDP/Paus	0.10338	0.03451	0.14267	0.08876
	△LGDP/P aus does not cause △LE3aus	0.48371	0.77825	0.69905	0.98260
	△LE3aus does not cause △LGDP/Paus	0.09443	0.00371	0.20801	0.06578
	△LGDP/P aus does not cause △LE4aus	0.15318	0.94966	0.95299	0.40138
	△LE4aus does not cause △LGDP/Paus	0.69820	0.24997	0.07242	0.08854
	△LGDP/P aus does not cause △LE6aus	0.47884	0.81314	0.84240	0.79224
	△LE6aus does not cause △LGDP/Paus	0.17617	0.07505	0.20271	0.06356
	△LGDP/P aus does not cause △LE7aus	0.92488	0.98980	0.96575	0.96030
	△LE7aus does not cause △LGDP/Paus	0.07353	0.16272	0.01266	0.00742

表3-8(续)

表达式	原假设	1 Lag P值	2 Lag P值	3 Lag P值	4 Lag P值
	△LGDP/Paus does not cause △LE8aus	0.72651	0.90798	0.83911	0.86776
	△LE8aus does not cause △LGDP/Paus	0.33524	0.10190	0.11312	0.07822
	△LGDP/Paus does not cause △LE9aus	0.86234	0.80828	0.68833	0.76362
	△LE9aus does not cause △LGDP/Paus	0.55440	0.25226	0.22706	0.15705
	△LGDP/Paus does not cause △LE10aus	0.22620	0.86842	0.66958	0.99992
	△LE10aus does not cause △LGDP/Paus	0.73284	0.51415	0.25951	0.72054
4	△LGDP/Paus does not cause △LE1/GDPaus	0.46340	0.42925	0.53392	0.53453
	△LE1/GDPaus does not cause △LGDP/Paus	0.27150	0.61679	0.50587	0.38322
	△LGDP/Paus does not cause △LE2/GDPaus	0.78491	0.90792	0.86835	0.90504
	△LE2/GDPaus does not cause △LGDP/Paus	0.10727	0.03445	0.14594	0.09039
	△LGDP/Paus does not cause △LE3/GDPaus	0.66292	0.83360	0.72645	0.97101
	△LE3/GDPaus does not cause △LGDP/Paus	0.09194	0.00364	0.20604	0.06498
	△LGDP/Paus does not cause △LE4/GDPaus	0.75746	0.89253	0.97861	0.92435
	△LE4/GDPaus does not cause △LGDP/Paus	0.71061	0.25671	0.07813	0.09122
	△LGDP/Paus does not cause △LE6/GDPaus	0.61308	0.85702	0.86360	0.77117
	△LE6/GDPaus does not cause △LGDP/Paus	0.17427	0.07556	0.20589	0.06358
	△LGDP/Paus does not cause △LE7/GDPaus	0.87271	0.98609	0.95656	0.95375
	△LE7/GDPaus does not cause △LGDP/Paus	0.07433	0.16355	0.01282	0.00767
	△LGDP/Paus does not cause △LE8/GDPaus	0.84138	0.93973	0.88115	0.90029
	△LE8/GDPaus does not cause △LGDP/Paus	0.33754	0.10175	0.11488	0.07809
	△LGDP/Paus does not cause △LE9/GDPaus	0.96253	0.91539	0.83653	0.86368
	△LE9/GDPaus does not cause △LGDP/Paus	0.55848	0.25203	0.23266	0.15628
	△LGDP/Paus does not cause △LE10/GDPaus	0.10457	0.63275	0.56322	0.99287
	△LE10/GDPaus does not cause △LGDP/Paus	0.75411	0.51904	0.25991	0.86244
5	△LGDP/Paus does not cause △LE1/Paus	0.35054	0.40198	0.53463	0.53766
	△LE1/Paus does not cause △LGDP/Paus	0.27150	0.61679	0.50587	0.38322
	△LGDP/Paus does not cause △LE2/Paus	0.56792	0.84286	0.81341	0.86188
	△LE2/Paus does not cause △LGDP/Paus	0.10727	0.03445	0.14594	0.09039
	△LGDP/Paus does not cause △LE3/Paus	0.49372	0.78744	0.70385	0.98303
	△LE3/Paus does not cause △LGDP/Paus	0.09194	0.00364	0.20604	0.06498

表3-8(续)

表达式	原假设	1 Lag P值	2 Lag P值	3 Lag P值	4 Lag P值
	△LGDP/Paus does not cause △LE4/Paus	0.07787	0.92881	0.92500	0.34938
	△LE4/Paus does not cause △LGDP/Paus	0.71061	0.25671	0.07813	0.09122
	△LGDP/Paus does not cause △LE6/Paus	0.48552	0.81901	0.84539	0.79957
	△LE6/Paus does not cause △LGDP/Paus	0.17427	0.07556	0.20589	0.06358
	△LGDP/Paus does not cause △LE7/Paus	0.92180	0.98909	0.96372	0.95818
	△LE7/Paus does not cause △LGDP/Paus	0.07433	0.16355	0.01282	0.00767
	△LGDP/Paus does not cause △LE8/Paus	0.73713	0.91339	0.84547	0.87196
	△LE8/Paus does not cause △LGDP/Paus	0.33754	0.10175	0.11488	0.07809
	△LGDP/Paus does not cause △LE9/Paus	0.87604	0.82808	0.71423	0.77470
	△LE9/Paus does not cause △LGDP/Paus	0.55848	0.25203	0.23266	0.15628
	△LGDP/Paus does not cause △LE10/Paus	0.16049	0.86137	0.65000	0.99989
	△LE10/Paus does not cause △LGDP/Paus	0.75411	0.51904	0.25991	0.86244
6	△LGDPaus does not cause △LE1/GDPaus	0.54169	0.21250	0.22959	0.47494
	△LE1/GDPaus does not cause △LGDPaus	0.09937	0.00472	0.00048	0.00012
	△LGDPaus does not cause △LE2/GDPaus	0.75196	0.57255	0.80055	0.81444
	△LE2/GDPaus does not cause △LGDPaus	0.13510	0.15765	0.05300	0.08342
	△LGDPaus does not cause △LE3/GDPaus	0.52434	0.35544	0.66774	0.63088
	△LE3/GDPaus does not cause △LGDPaus	0.27810	0.09355	0.02568	0.04186
	△LGDPaus does not cause △LE4/GDPaus	0.66725	0.23306	0.90768	0.98066
	△LE4/GDPaus does not cause △LGDPaus	0.30680	0.15129	0.19102	0.00701
	△LGDPaus does not cause △LE6/GDPaus	0.44544	0.49293	0.78016	0.89420
	△LE6/GDPaus does not cause △LGDPaus	0.23636	0.06349	0.09807	0.10283
	△LGDPaus does not cause △LE7/GDPaus	0.56980	0.66238	0.93386	0.94310
	△LE7/GDPaus does not cause △LGDPaus	0.19917	0.05692	0.02785	0.10378
	△LGDPaus does not cause △LE8/GDPaus	0.70809	0.59610	0.84713	0.78523
	△LE8/GDPaus does not cause △LGDPaus	0.26005	0.08684	0.04316	0.20106
	△LGDPaus does not cause △L9E/GDPaus	0.95314	0.82788	0.82405	0.74795
	△LE9/GDPaus does not cause △LGDPaus	0.08921	0.07501	0.05084	0.11926
	△LGDPaus does not cause △LE10/GDPaus	0.97699	0.98907	0.97998	0.99998
	△LE10/GDPaus does not cause △LGDPaus	0.63409	0.77808	0.86456	0.76724

加拿大（CAN）计量结果表

表 3-9　加拿大财政支出一级指标水平序列 ADF 检验结果

变量	检验类型(C,T,K)	ADF 统计量	5% 临界值	结论
LGDPcan	(C,0,1)	-1.7054	-2.981038	不平稳
LEcan	(C,0,1)	-2.2145	-2.981038	不平稳
LCcan	(C,0,0)	-0.7132	-2.976263	不平稳
L(GDP/P)can	(C,0,1)	-1.5873	-2.981038	不平稳
L(E/P)can	(C,0,1)	-2.4395	-2.981038	不平稳
L(E/GDP)can	(C,0,0)	-1.5197	-2.976263	不平稳

注：C 表示常数项，T 表示趋势项，K 表示滞后项的阶数。

表 3-10　加拿大财政支出一级指标一阶差分序列 ADF 检验结果

变量	检验类型(C,T,K)	ADF 统计量	5% 临界值	结论
DLGDPcan	(C,0,0)	-3.4874	-2.981038	平稳
DLEcan	(C,0,0)	-3.0888	-2.981038	平稳
DLCcan	(C,0,0)	-3.5653	-2.981038	平稳
DL(GDP/P)can	(C,0,0)	-3.3871	-2.981038	平稳
DL(E/P)can	(C,0,0)	-3.1419	-2.981038	平稳
DL(E/GDP)can	(C,0,0)	-5.4266	-2.981038	平稳

注：C 表示常数项，T 表示趋势项，K 表示滞后项的阶数。

表 3-11　加拿大财政支出一级指标协整回归及其残差 ADF 检验结果

表达式	解释变量	常数项	系数	R^a	ADF	5% 临界值	与GDP之间是否具有协整关系
1	LEcan	0.141339	0.929256	0.959166	-2.158339(1)	-1.954414	是
2	LCcan	-16.0807	1.969127	0.805722	-2.095763	-1.96843	是
3	LEcan	0.775456	1.174589	0.96255	-2.176542(1)	-1.954414	是
4	L(E/GDP)can	0.061946	-0.086342	0.082033	-2.139504(1)	-1.954414	是
5	L(E/P)can	0.061946	0.913658	0.933848	-2.139504(1)	-1.954414	是
6	L(E/GDP)can	0.141339	-0.070744	0.090343	-2.158339(1)	-1.954414	是

表 3-12　加拿大财政支出一级指标与 GDP 因果检验结果

表达式	原假设	1 Lag F值	1 Lag P值	2 Lag F值	2 Lag P值	3 Lag F值	3 Lag P值	4 Lag F值	4 Lag P值
1	△LGDPcan does not cause △LEcan	2.40386	0.86640	1.35826	0.72383	1.11420	0.63629	1.96357	0.86449
	△LEcan does not cause △LGDPcan	0.04530	0.16682	0.83511	0.55395	0.68956	0.43233	0.79103	0.45650
2	△LGDPcan does not cause △LCcan	0.01356	0.09177	0.44175	0.35197	0.56041	0.35348	0.68515	0.39019
	△LCcan does not cause △LGDPcan	3.39958	0.92290	1.46532	0.74906	1.54987	0.77144	1.78700	0.83256
3	△LGDP/Pcan does not cause △LEcan	2.37316	0.86400	1.23371	0.69097	1.30534	0.70335	1.81440	0.83798
	△LEcan does not cause △LGDP/Pcan	0.32675	0.42732	0.24277	0.21364	0.17882	0.09034	0.22700	0.07966
4	△LGDP/Pcan does not cause △LE/GDPcan	1.49547	0.76723	1.39315	0.73234	0.80800	0.49763	1.50950	0.76616
	△LE/GDPcan does not cause △LGDP/Pcan	0.52628	0.52509	0.14992	0.13842	0.13716	0.06319	0.12173	0.02679
5	△LGDP/Pcan does not cause △LE/Pcan	2.06714	0.83710	1.31764	0.71355	1.33702	0.71321	1.98664	2.06714
	△LE/Pcan does not cause △LGDP/Pcan	0.52628	0.52509	0.14992	0.13842	0.13716	0.06319	0.12173	0.52628
6	△LGDPcan does not cause △LE/GDPcan	0.09688	0.24181	0.11440	0.10762	1.99767	0.85757	1.48245	0.75842
	△LE/GDPcan does not cause △LGDPcan	0.00857	0.07302	0.03742	0.03667	0.02823	0.00658	0.25529	0.09670

表 3-13　加拿大财政支出分项指标水平序列 ADF 检验结果

变量	检验类型(C,T,K)	ADF 统计量	5% 临界值	结论
LE1can	(C,0,1)	-0.8447	-2.981038	不平稳
L(E1/P)can	(C,T,0)	-1.6153	-3.587527	不平稳
L(E1/GDP)can	(C,0,0)	-2.0752	-2.976263	不平稳
LE2can	(C,0,1)	-2.9233	-2.981038	不平稳
L(E2/P)can	(C,T,0)	-3.6955	-3.587527	不平稳
L(E2/GDP)can	(C,0,0)	0.2517	-2.976263	不平稳
LE3can	(C,0,1)	1.8758	-2.981038	不平稳
L(E3/P)can	(C,T,0)	-1.6973	-3.587527	不平稳
L(E3/GDP)can	(C,0,0)	-1.9607	-2.976263	不平稳
LE4can	(C,0,1)	-2.0065	-2.981038	不平稳
L(E4/P)can	(C,T,0)	-4.0723	-3.587527	不平稳
L(E4/GDP)can	(C,0,0)	0.4892	-2.976263	不平稳
LE6can	(C,0,1)	-1.0652	-2.981038	不平稳
L(E6/P)can	(C,T,0)	-2.0819	-3.587527	不平稳
L(E6/GDP)can	(C,0,0)	-1.5609	-2.976263	不平稳
LE7can	(C,0,1)	-2.5266	-2.981038	不平稳
L(E7/P)can	(C,T,0)	-2.9604	-3.587527	不平稳
L(E7/GDP)can	(C,0,0)	-2.8739	-2.976263	不平稳
LE8can	(C,0,1)	-1.5595	-2.981038	不平稳
L(E8/P)can	(C,T,0)	-2.5986	-3.587527	不平稳
L(E8/GDP)can	(C,0,0)	-2.2451	-2.976263	不平稳
LE9can	(C,0,1)	-1.0796	-2.981038	不平稳
L(E9/P)can	(C,T,0)	-4.5731	-3.587527	不平稳
L(E9/GDP)can	(C,0,0)	-3.2131	-2.976263	不平稳
LE10can	(C,0,1)	-2.0905	-2.981038	不平稳
L(E10/P)can	(C,T,0)	-1.9766	-3.587527	不平稳
L(E10/GDP)can	(C,0,0)	-1.77	-2.976263	不平稳

注：C 表示常数项，T 表示趋势项，K 表示滞后项的阶数。

表 3-14 加拿大财政支出分项指标一阶差分序列序列 ADF 检验结果

变量	检验类型(C,T,K)	ADF 统计量	5%临界值	结论
DLE1can	(C,0,0)	-4.9489	-2.981038	平稳
DL(E1/P)can	(C,0,0)	-4.8843	-2.981038	平稳
DL(E1/GDP)can	(C,0,0)	-4.8863	-2.981038	平稳
DLE2can	(0,0,0)	-2.5790	-1.954414	平稳
DL(E2/P)can	(0,0,0)	-2.7612	-1.954414	平稳
DL(E2/GDP)can	(C,0,0)	-3.8112	-2.981038	平稳
DLE3can	(C,0,0)	-4.5047	-2.981038	平稳
DL(E3/P)can	(C,0,0)	-4.1662	-2.981038	平稳
DL(E3/GDP)can	(C,0,0)	-3.9486	-2.981038	平稳
DLE4can	(C,0,0)	-3.811	-2.981038	平稳
DL(E4/P)can	(C,0,0)	-3.7239	-2.981038	平稳
DL(E4/GDP)can	(C,0,0)	-4.0288	-2.981038	平稳
DLE6can	(C,0,0)	-4.8123	-2.981038	平稳
DL(E6/P)can	(C,0,0)	-4.7658	-2.981038	平稳
DL(E6/GDP)can	(C,0,0)	-4.9694	-2.981038	平稳
DLE7can	(C,0,0)	-6.6287	-2.981038	平稳
DL(E7/P)can	(C,0,0)	-6.6268	-2.981038	平稳
DL(E7/GDP)can	(C,0,0)	-6.7056	-2.981038	平稳
DLE8can	(C,0,0)	-5.7841	-2.981038	平稳
DL(E8/P)can	(C,0,0)	-5.8018	-2.981038	平稳
DL(E8/GDP)can	(C,0,0)	-5.6602	-2.981038	平稳
DLE9can	(C,0,0)	-6.4475	-2.981038	平稳
DL(E9/P)can	(C,0,0)	-6.4985	-2.981038	平稳
DL(E9/GDP)can	(C,0,0)	-6.2663	-2.981038	平稳
DLE10can	(0,0,0)	-2.1560	-1.954414	平稳
DL(E10/P)can	(0,0,0)	-2.3115	-1.954414	平稳
DL(E10/GDP)can	(C,0,0)	-3.4063	-2.981038	平稳

注：C 表示常数项，T 表示趋势项，K 表示滞后项的阶数。

表 3-15 加拿大财政支出分项指标协整回归及其残差 ADF 检验结果

表达式	解释变量	常数项	系数	$\bar{R}^2$	ADF	5%临界值	与GDP之间是否具有协整关系
1	LE1can	2.960729	0.563158	0.384401	-1.714952	-1.953858	否
	LE2can	1.031914	0.609839	0.831798	-2.539105	-1.953858	是
	LE3can	-0.992763	0.788846	0.957791	-2.262067	-1.96843	是
	LE4can	4.746528	0.426034	0.856751	-3.381398	-1.955681	是
	LE6can	4.669032	0.323905	0.711255	-2.312926	-1.953858	是
	LE7can	2.262721	0.637439	0.08952	-3.098747	-1.953858	是
	LE8can	-5.463689	1.065008	0.454076	-2.307855	-1.953858	是
	LE9can	-3.749868	1.067793	0.952817	-3.107129	-1.953858	是
	LE10can	-3.458268	1.105213	0.935587	-1.960162(1)	-1.954414	否
3	LE1can	3.368402	0.709524	0.383083	-1.740479	-1.953858	否
	LE2can	1.363499	0.779209	0.85381	-2.399078	-1.953858	是
	LE3can	-0.388888	0.991307	0.962853	-2.421094	-1.96843	是
	LE4can	5.023632	0.539875	0.866739	-3.208107	-1.955681	是
	LE6can	4.858815	0.412511	0.725203	-2.367382	-1.953858	是
	LE7can	-1.956571	1.143648	0.106311	-3.116373	-1.953858	是
	LE8can	-4.663706	1.338934	0.960605	-2.176371	-1.953858	是
	LE9can	-2.939903	1.341655	0.944357	-2.728554	-1.953858	是
	LE10can	-2.661526	1.39279	0.933009	-1.987686(1)	-1.954414	是
4	L(E1/GDP)can	2.654892	-0.551407	0.26542	-1.694462	-1.953858	否
	L(E2/GDP)can	0.649989	-0.481722	0.636841	-2.474956	-1.953858	是
	L(E3/GDP)can	-1.190435	0.261874	0.594727	-2.243659	-1.96843	是
	L(E4/GDP)can	4.292138	-0.719338	0.905352	-3.466004	-1.955681	是
	L(E6/GDP)can	4.145305	-0.84842	0.90512	-2.21633	-1.953858	是
	L(E7/GDP)can	1.481104	-0.405424	-0.002991	-3.072239	-1.953858	是
	L(E8/GDP)can	-8.239483	0.383939	0.004016	-0.593075	-1.95502	否
	L(E9/GDP)can	-3.653413	0.080724	0.526534	-1.227781(1)	-1.995865	否
	L(E10/GDP)can	-3.375036	0.131859	0.084995	-1.964533(1)	-1.954414	是

表3-15(续)

表达式	解释变量	常数项	系数	$\bar{R}^2$	ADF	5%临界值	与GDP之间是否具有协整关系
5	L(E1/P)can	2.654892	2.654892	0.18475	-1.694462	-1.953858	否
	L(E2/P)can	0.649989	0.518278	0.670587	-2.474956	-1.953858	是
	L(E3/P)can	-1.190455	0.738126	0.923981	-2.243659	-1.96843	是
	L(E4/P)can	4.292138	0.280662	0.587161	-3.466304	-1.955681	是
	L(E6/P)can	4.145305	0.15158	0.211759	-2.21633	-1.953858	是
	L(E7/P)can	1.481104	0.594576	0.034942	-3.072239	-1.953858	是
	L(E8/P)can	-8.239483	1.383939	0.950629	-0.593075	-1.95502	否
	L(E9/P)can	-3.653413	1.080724	0.927841	-3.096872	-1.953858	是
	L(E10/P)can	-3.375036	1.131859	0.905091	-1.964533(1)	-1.954414	是
6	L(E1/GDP)can	2.960729	-0.43684	0.265234	-1.714952	-1.953858	否
	L(E2/GDP)can	1.031914	-0.39016	0.666921	-2.539105	-1.953858	是
	L(E3/GDP)can	-0.992763	-0.21115	0.609306	-2.262067	-1.96843	是
	L(E4/GDP)can	4.746528	-0.57397	0.915882	-3.381398	-1.955681	是
	L(E6/GDP)can	4.669032	-0.6761	0.915659	-2.312926	-1.953858	是
	L(E7/GDP)can	2.262721	-0.36256	0.006707	-3.098747	-1.953858	是
	L(E8/GDP)can	-5.463689	0.065008	0.070569	-2.307855	-1.953858	是
	L(E9/GDP)can	-3.749868	0.067793	0.042613	-3.107129	-1.953858	是
	L(E10/GDP)can	-3.458268	0.105213	0.086699	-1.960162(1)	-1.954414	是

表 3-16 加拿大财政支出分项指标与 GDP 因果检验结果

表达式	原假设	1 Lag P 值	2 Lag P 值	3 Lag P 值	4 Lag P 值
1	△LGDPcan does not cause △LE1can	0.44145	0.38530	0.25110	0.57724
	△LE1can does not cause △LGDPcan	0.92267	0.69544	0.68523	0.79922
	△LGDPcan does not cause △LE2can	0.73908	0.68379	0.17240	0.43609
	△LE2can does not cause △LGDPcan	0.97851	0.91550	0.93370	0.63284
	△LGDPcan does not cause △LE3can	0.79993	0.64365	0.97282	0.40860
	△LE3can does not cause △LGDPcan	0.10155	0.76908	0.77363	0.90545
	△LGDPcan does not cause △LE4can	0.97879	0.87919	0.70170	0.31870
	△LE4can does not cause △LGDPcan	0.18079	0.72480	0.72081	0.90498
	△LGDPcan does not cause △LE6can	0.89510	0.77494	0.64348	0.77978
	△LE6can does not cause △LGDPcan	0.76362	0.72933	0.72627	0.62201
	△LGDPcan does not cause △LE7can	0.37706	0.99570	0.99640	0.98265
	△LE7can does not cause △LGDPcan	0.71058	0.73985	0.73889	0.17949
	△LGDPcan does not cause △LE8can	0.58822	0.21356	0.08092	0.25682
	△LE8can does not cause △LGDPcan	0.33088	0.16342	0.09098	0.02138
	△LGDPcan does not cause △LE9can	0.56642	0.69423	0.46923	0.26865
	△LE9can does not cause △LGDPcan	0.48018	0.54434	0.49988	0.25395
	△LGDPcan does not cause △LE10can	0.91597	0.82842	0.55341	0.83186
	△LE10can does not cause △LGDPcan	0.51097	0.48411	0.42702	0.47823
3	△LGDP/P can does not cause △LE1can	0.67533	0.61433	0.51290	0.79740
	△LE1can does not cause △LGDP/Pcan	0.87196	0.62340	0.60041	0.58775
	△LGDP/P can does not cause △LE2can	0.68475	0.74649	0.28435	0.49663
	△LE2can does not cause △LGDP/Pcan	0.95866	0.84216	0.72022	0.47263
	△LGDP/P can does not cause △LE3can	0.49298	0.35220	0.98054	0.54828
	△LE3can does not cause △LGDP/Pcan	0.14826	0.82113	0.99461	0.43366
	△LGDP/P can does not cause △LE4can	0.98838	0.90291	0.86041	0.60486
	△LE4can does not cause △LGDP/Pcan	0.07225	0.62164	0.95558	0.93576
	△LGDP/P can does not cause △LE6can	0.90824	0.78086	0.64859	0.71684
	△LE6can does not cause △LGDP/Pcan	0.73540	0.72670	0.82464	0.60114
	△LGDP/P can does not cause △LE7can	0.35471	0.99803	0.99834	0.98504
	△LE7can does not cause △LGDP/Pcan	0.73004	0.73722	0.26660	0.14966

表3-16(续)

表达式	原假设	1 Lag P值	2 Lag P值	3 Lag P值	4 Lag P值
	△LGDP/Pcan does not cause △LE8can	0.60778	0.21626	0.04698	0.22590
	△LE8can does not cause △LGDP/Pcan	0.36738	0.12958	0.05934	0.00590
	△LGDP/Pcan does not cause △LE9can	0.51084	0.70338	0.55497	0.36160
	△LE9can does not cause △LGDP/Pcan	0.51516	0.49446	0.28351	0.20247
	△LGDP/Pcan does not cause △LE10can	0.91577	0.80694	0.50416	0.79119
	△LE10can does not cause △LGDP/Pcan	0.49695	0.45152	0.40864	0.56345
4	△LGDP/Pcan does not cause △LE1/GDPcan	0.49763	0.57335	0.43028	0.75239
	△LE1/GDPcan does not cause △LGDP/Pcan	0.86641	0.60717	0.58281	0.57814
	△LGDP/Pcan does not cause △LE2/GDPcan	0.76204	0.87288	0.46239	0.46853
	△LE2/GDPcan does not cause △LGDP/Pcan	0.96825	0.88129	0.77935	0.52829
	△LGDP/Pcan does not cause △LE3/GDPcan	0.67011	0.49124	0.83945	0.19326
	△LE3/GDPcan does not cause △LGDP/Pcan	0.34969	0.81703	0.99457	0.47471
	△LGDP/Pcan does not cause △LE4/GDPcan	0.92542	0.89134	0.89430	0.49159
	△LE4/GDPcan does not cause △LGDP/Pcan	0.02248	0.53703	0.92723	0.93460
	△LGDP/Pcan does not cause △LE6/GDPcan	0.63136	0.36203	0.21983	0.40310
	△LE6/GDPcan does not cause △LGDP/Pcan	0.69692	0.67785	0.77687	0.52570
	△LGDP/Pcan does not cause △LE7/GDPcan	0.26160	0.99770	0.99803	0.98279
	△LE7/GDPcan does not cause △LGDP/Pcan	0.73368	0.74197	0.26740	0.15198
	△LGDP/Pcan does not cause △LE8/GDPcan	0.27561	0.17956	0.05679	0.14958
	△LE8/GDPcan does not cause △LGDP/Pcan	0.44228	0.07550	0.05245	0.00198
	△LGDP/Pcan does not cause △LE9/GDPcan	0.15655	0.57711	0.64143	0.47419
	△LE9/GDPcan does not cause △LGDP/Pcan	0.56063	0.43314	0.25017	0.14076
	△LGDP/Pcan does not cause △LE10/GDPcan	0.80206	0.79953	0.14760	0.39795
	△LE10/GDPcan does not cause △LGDP/Pcan	0.56929	0.37602	0.30545	0.37653
5	△LGDP/Pcan does not cause △LE1/Pcan	0.66391	0.60656	0.50141	0.79335
	△LE1/Pcan does not cause △LGDP/Pcan	0.86641	0.60717	0.58281	0.57814
	△LGDP/Pcan does not cause △LE2/Pcan	0.66732	0.74737	0.30517	0.46254
	△LE2/Pcan does not cause △LGDP/Pcan	0.96825	0.88129	0.77935	0.52829
	△LGDP/Pcan does not cause △LE3/Pcan	0.64393	0.46878	0.98637	0.61976
	△LE3/Pcan does not cause △LGDP/Pcan	0.34969	0.81703	0.99457	0.47471

表3－16（续）

表达式	原假设	1 Lag P值	2 Lag P值	3 Lag P值	4 Lag P值
	△LGDP/Pcan does not cause △LE4/Pcan	0.98274	0.87665	0.81504	0.55347
	△LE4/Pcan does not cause △LGDP/Pcan	0.02248	0.53703	0.92723	0.93460
	△LGDP/Pcan does not cause △LE6/Pcan	0.89671	0.77597	0.64286	0.74369
	△LE6/Pcan does not cause △LGDP/Pcan	0.69692	0.67785	0.77687	0.52570
	△LGDP/Pcan does not cause △LE7/Pcan	0.35127	0.99801	0.99832	0.98463
	△LE7/Pcan does not cause △LGDP/Pcan	0.73368	0.74197	0.26740	0.15198
	△LGDP/Pcan does not cause △LE8/Pcan	0.58316	0.21069	0.05249	0.26132
	△LE8/Pcan does not cause △LGDP/Pcan	0.44228	0.07550	0.05245	0.00198
	△LGDP/Pcan does not cause △LE9/Pcan	0.48968	0.72767	0.59437	0.37144
	△LE9/Pcan does not cause △LGDP/Pcan	0.56063	0.43314	0.25017	0.14076
	△LGDP/Pcan does not cause △LE10/Pcan	0.90301	0.80021	0.48439	0.81290
	△LE10/Pcan does not cause △LGDP/Pcan	0.56929	0.37602	0.30545	0.37653
6	△LGDPcan does not cause △LE1/GDPcan	0.65656	0.66708	0.57473	0.38332
	△LE1/GDPcan does not cause △LGDPcan	0.14398	0.02087	0.02078	0.00658
	△LGDPcan does not cause △LE2/GDPcan	0.33427	0.84732	0.42811	0.35306
	△LE2/GDPcan does not cause △LGDPcan	0.16065	0.32295	0.34665	0.41461
	△LGDPcan does not cause △LE3/GDPcan	0.16620	0.71380	0.60203	1.00000
	△LE3/GDPcan does not cause △LGDPcan	0.95844	0.80083	0.94781	1.00000
	△LGDPcan does not cause △LE4/GDPcan	0.55313	0.93220	0.19309	0.46297
	△LE4/GDPcan does not cauae △LGDPcan	0.61015	0.44585	0.35147	0.15090
	△LGDPcan does not cause △LE6/GDPcan	0.16669	0.39224	0.32734	0.41018
	△LE6/GDPcan does not cause △LGDPcan	0.53520	0.21722	0.23376	0.27133
	△LGDPcan does not cause △LE7/GDPcan	0.40063	0.51019	0.99482	0.86720
	△LE7/GDPcan does not cause △LGDPcan	0.00967	0.00276	0.00045	0.00062
	△LGDPcan does not cause △LE8/GDPcan	0.97499	0.94880	0.86753	0.80439
	△LE8/GDPcan does not cause △LGDPcan	0.23053	0.30455	0.21484	0.19755
	△LGDPcan does not cause △L9E/GDPcan	0.95277	0.99286	0.99314	0.96710
	△LE9/GDPcan does not cause △LGDPcan	0.06905	0.08527	0.13952	0.21178
	△LGDPcan does not cause △LE10/GDPcan	0.96582	0.99865	0.95143	0.99150
	△LE10/GDPcan does not cause △LGDPcan	0.18205	0.05714	0.00963	0.01478

附录 计量结果表

法国（FRA）计量结果表

表 3-17　法国财政支出一级指标水平序列 ADF 检验结果

变量	检验类型(C,T,K)	ADF 统计量	5%临界值	结论
LGDPfra	(C,0,1)	-1.6066	-2.981038	不平稳
LEfra	(C,0,1)	-1.5036	-2.981038	不平稳
LCfra	(C,0,0)	-0.569	-2.976263	不平稳
L(GDP/P)fra	(C,0,1)	-1.6299	-2.981038	不平稳
L(E/P)fra	(C,0,1)	-1.5647	-2.981038	不平稳
L(E/GDP)fra	(C,0,0)	-0.4676	-2.976263	不平稳

注：C 表示常数项，T 表示趋势项，K 表示滞后项的阶数。

表 3-18　法国财政支出一级指标一阶差分序列 ADF 检验结果

变量	检验类型(C,T,K)	ADF 统计量	5%临界值	结论
DLGDPfra	(C,0,3)	-3.0854	-2.998064	平稳
DLEfra	(C,0,2)	-3.0557	-2.986225	平稳
DLCfra	(C,0,0)	-14.069	-2.981038	平稳
DL(GDP/P)fra	(C,0,2)	-3.8926	-2.991878	平稳
DL(E/P)fra	(C,0,1)	-3.0513	-2.986225	平稳
DL(E/GDP)fra	(C,0,0)	-4.86	-2.981038	平稳

注：C 表示常数项，T 表示趋势项，K 表示滞后项的阶数。

表 3-19　法国财政支出一级指标协整回归及其残差 ADF 检验结果

表达式	解释变量	常数项	系数	$\bar{R}^2$	ADF	5%临界值	与 GDP 之间是否具有协整关系
1	LEfra	-2.078358	1.154563	0.995824	-3.248387	-1.957204	是
2	LCfra	-9.347116	1.752285	0.924265	-3.462721	-1.977738	是
3	LEfra	-6.710791	1.26876	0.994579	-2.639897(1)	-1.957204	是
4	L(E/GDP)fra	-2.693897	0.169455	0.803958	-3.164159(1)	-1.957204	是
5	L(E/P)fra	-2.693897	1.169455	0.994954	-3.164159(1)	-1.957204	是
6	L(E/GDP)fra	-2.078358	0.154563	0.808942	-3.248387	-1.957204	是

表 3-20　　法国财政支出一级指标与 GDP 因果检验结果

	表达式	原假设	1 Lag F值	1 Lag P值	2 Lag F值	2 Lag P值	3 Lag F值	3 Lag P值	4 Lag F值	4 Lag P值
1		△LGDPfra does not cause △LEfra	4.64849	0.95910	2.19926	0.86726	2.70732	0.93123	12.5414	0.99998
		△LEfra does not cause △LGDPfra	1.23270	0.72255	0.85299	0.56134	1.84003	0.83193	1.34954	0.71660
2		△LGDPfra does not cause △LCfra	0.87632	0.64183	1.34558	0.72066	1.17682	0.65976	6.67727	1.00000
		△LCfra does not cause △LGDPfra	0.00338	0.04590	0.53106	0.40527	2.90509	0.94355	4.27087	0.98956
3		△LGDP/Pfra does not cause △LEfra	0.56748	0.54170	1.73858	0.80282	1.81660	0.82772	2.14493	0.89080
		△LEfra does not cause △LGDP/Pfra	0.79398	0.61860	0.33697	0.28275	1.65216	0.79498	1.16535	0.64698
4		△LGDP/Pfra does not cause △LE/GDPfra	1.23564	0.72311	0.05973	0.05784	0.65601	0.41260	0.29256	0.12036
		△LE/GDPfra does not cause △LGDP/Pfra	0.90635	0.64980	0.37454	0.30845	1.39202	0.72956	0.92698	0.53373
5		△LGDP/Pfra does not cause △LE/Pfra	0.52399	0.52414	1.66924	0.79047	1.92170	0.84576	2.23894	0.90229
		△LE/Pfra does not cause △LGDP/Pfra	0.90636	0.64980	0.37454	0.30845	1.39202	0.72956	0.92698	0.53373
6		△LGDPfra does not cause △LE/GDPfra	3.19334	0.91421	1.58840	0.77501	0.42956	0.26624	0.72587	0.41629
		△LE/GDPfra does not cause △LGDPfra	1.5E−05	0.00306	0.06030	0.05838	0.14889	0.07066	0.08901	0.01505

表3-21　法国财政支出分项指标水平序列 ADF 检验结果

变量	检验类型(C,T,K)	ADF 统计量	5%临界值	结论
LE1fra	(C,0,1)	2.1195	-2.981038	不平稳
L(E1/P)fra	(C,T,0)	-0.5635	-3.587527	不平稳
L(E1/GDP)fra	(C,0,0)	0.0753	-2.976263	不平稳
LE2fra	(C,0,1)	-0.2875	-2.981038	不平稳
L(E2/P)fra	(C,T,0)	3.3709	-3.587527	不平稳
L(E2/GDP)fra	(C,0,0)	-0.3618	-2.976263	不平稳
LE3fra	(C,0,1)	0.1755	-2.981038	不平稳
L(E3/P)fra	(C,T,0)	0.8881	-3.587527	不平稳
L(E3/GDP)fra	(C,0,0)	0.2946	-2.976263	不平稳
LE4fra	(C,0,1)	-1.4182	-2.981038	不平稳
L(E4/P)fra	(C,T,0)	-0.2269	-3.587527	不平稳
L(E4/GDP)fra	(C,0,0)	-0.645	-2.976263	不平稳
LE6fra	(C,0,1)	-0.9226	-2.981038	不平稳
L(E6/P)fra	(C,T,0)	1.3436	-3.587527	不平稳
L(E6/GDP)fra	(C,0,0)	-1.9597	-2.976263	不平稳
LE7fra	(C,0,1)	0.1195	-2.981038	不平稳
L(E7/P)fra	(C,T,0)	-0.7784	-3.587527	不平稳
L(E7/GDP)fra	(C,0,0)	-0.1897	-2.976263	不平稳
LE8fra	(C,0,1)	-2.2704	-2.981038	不平稳
L(E8/P)fra	(C,T,0)	1.4805	-3.587527	不平稳
L(E8/GDP)fra	(C,0,0)	-1.4481	-2.976263	不平稳
LE9fra	(C,0,1)	-2.726	-2.981038	不平稳
L(E9/P)fra	(C,T,0)	1.1436	-3.587527	不平稳
L(E9/GDP)fra	(C,0,0)	-1.5397	-2.976263	不平稳
LE10fra	(C,0,1)	-2.0019	-2.981038	不平稳
L(E10/P)fra	(C,T,0)	-3.1595	-3.587527	不平稳
L(E10/GDP)fra	(C,0,0)	-2.3571	-2.976263	不平稳

注：C 表示常数项，T 表示趋势项，K 表示滞后项的阶数。

表 3-22　法国财政支出分项指标一阶差分序列序列 ADF 检验结果

变量	检验类型(C,T,K)	ADF 统计量	5% 临界值	结论
DLE1fra	(C,0,0)	-4.866	-2.981038	平稳
DL(E1/P)fra	(C,0,0)	-4.8711	-2.981038	平稳
DL(E1/GDP)fra	(C,0,0)	-4.8324	-2.981038	平稳
DLE2fra	(C,0,0)	-4.9131	-2.981038	平稳
DL(E2/P)fra	(C,0,0)	-4.9149	-2.981038	平稳
DL(E2/GDP)fra	(C,0,0)	-4.6771	-2.981038	平稳
DLE3fra	(C,0,0)	-4.6199	-2.981038	平稳
DL(E3/P)fra	(C,0,0)	-4.6278	-2.981038	平稳
DL(E3/GDP)fra	(C,0,0)	-4.4702	-2.981038	平稳
DLE4fra	(C,0,0)	-4.0742	-2.981038	平稳
DL(E4/P)fra	(C,0,0)	-4.2123	-2.981038	平稳
DL(E4/GDP)fra	(C,0,0)	-4.4057	-2.981038	平稳
DLE6fra	(C,0,0)	-4.546	-2.981038	平稳
DL(E6/P)fra	(C,0,0)	-4.5499	-2.981038	平稳
DL(E6/GDP)fra	(C,0,0)	-4.4381	-2.981038	平稳
DLE7fra	(C,0,0)	-4.3489	-2.981038	平稳
DL(E7/P)fra	(C,0,0)	-4.3553	-2.981038	平稳
DL(E7/GDP)fra	(C,0,0)	-4.5433	-2.981038	平稳
DLE8fra	(C,0,0)	-4.9379	-2.981038	平稳
DL(E8/P)fra	(C,0,0)	-4.9379	-2.981038	平稳
DL(E8/GDP)fra	(C,0,0)	-4.7873	-2.981038	平稳
DLE9fra	(C,0,0)	-5.1174	-2.981038	平稳
DL(E9/P)fra	(C,0,0)	-5.1127	-2.981038	平稳
DL(E9/GDP)fra	(C,0,0)	-4.6817	-2.981038	平稳

注：C 表示常数项，T 表示趋势项，K 表示滞后项的阶数。

表 3-23　法国财政支出分项指标协整回归及其残差 ADF 检验结果

表达式	解释变量	常数项	系数	$\bar{R}^2$	ADF	5%临界值	与GDP之间是否具有协整关系
1	LE1fra	-27.46605	4.033542	0.558967	-1.165309(2)	-1.974028	否
	LE2fra	-33.04994	4.536679	0.634212	-1.246008(2)	-1.995865	否
	LE3fra	-79.36016	9.583119	0.839004	-1.758541(2)	-2.02119	否
	LE4fra	-31.59859	4.433744	0.585183	-1.698686(1)	-1.977738	否
	LE6fra	-34.61202	4.677485	0.719468	-1.227352(1)	-1.977738	否
	LE7fra	-33.42489	4.683768	0.644704	-1.897935(3)	-2.021193	否
	LE8fra	-39.2148	5.123788	0.689418	-4.580296	-2.021193	是
	LE9fra	-37.02803	5.066863	0.656238	-0.1165	-2.021193	否
	LE10fra	-31.3726	4.528133	0.569353	-2.643639	-1.964418	是
3	LE1fra	-42.64922	4.345457	0.538019	-1.278853(2)	-1.974028	否
	LE2fra	-50.25381	4.898708	0.614363	-0.893943(3)	-2.021193	否
	LE3fra	-121.305	10.82527	0.833302	-1.965993(2)	-2.021193	否
	LE4fra	-48.33749	4.781101	0.565051	-1.714293	-1.977738(1)	否
	LE6fra	-52.50594	5.06425	0.701226	-1.126855(2)	-1.995865	否
	LE7fra	-51.09745	5.049431	0.624331	-2.126894(3)	-2.021193	是
	LE8fra	-58.72421	5.539516	0.669787	-1.908497(1)	-1.977738	否
	LE9fra	-56.26527	5.473177	0.636259	1.281848(2)	-1.995865	否
	LE10fra	-48.44934	4.88067	0.550404	-2.613179	-1.964418	是
4	L(E1/GDP)fra	-38.67095	3.249583	0.38874	-1.247946(2)	-1.974028	否
	L(E2/GDP)fra	-46.2825	3.803405	0.487163	-1.447066(2)	-1.995865	否
	L(E3/GDP)fra	-116.8878	9.692227	0.800274	-1.942352(2)	-2.021193	否
	L(E4/GDP)fra	-44.36618	3.685798	0.431239	-1.712097(1)	-1.977738	否
	L(E6/GDP)fra	-48.5346	3.968956	0.590186	-1.106441(2)	-1.995865	否
	L(E7/GDP)fra	-47.14493	3.955802	0.502468	-2.080026(3)	-2.021193	是
	L(E8/GDP)fra	-5.575481	0.08469	0.090423	-2.305643	-1.953858	是
	L(E9/GDP)fra	-52.29396	4.377873	0.526534	-1.227781(2)	-1.995865	否
	L(E10/GDP)fra	-44.49017	3.786497	0.419323	-2.620845	-1.964418	是

表3-23(续)

表达式	解释变量	常数项	系数	$\bar{R}^2$	ADF	5%临界值	与GDP之间是否具有协整关系
5	L(E1/P)fra	-38.67095	4.249583	0.529408	-1.247946(2)	-1.974028	否
	L(E2/P)fra	-46.2825	4.803405	0.607563	-1.447066(2)	-1.995865	否
	L(E3/P)fra	-116.8878	10.69223	0.830308	-1.942352(2)	-2.021193	否
	L(E4/P)fra	-44.36618	4.685798	0.557458	-1.712097(1)	-1.977738	否
	L(E6/P)fra	-48.5346	4.968956	0.695935	-1.106441(2)	-1.995865	否
	L(E7/P)fra	-47.14493	4.955802	0.618111	-2.080026(3)	-2.021193	是
	L(E8/P)fra	-5.575481	1.08469	0.664592	-2.305643	-1.953858	是
	L(E9/P)fra	-52.29396	5.377873	0.63051	-1.22778(1)	-1.995865	否
	L(E10/P)fra	-44.49017	4.786497	0.542781	-2.620845	-1.964418	是
6	L(E1/GDP)fra	-27.46605	3.033542	0.409685	-1.165309(2)	-1.974028	否
	L(E2/GDP)fra	-33.04994	3.536679	0.507854	-1.246008(2)	-1.995865	否
	L(E3/GDP)fra	-79.36016	8.583119	0.806399	-1.758541(2)	-2.02119	否
	L(E4/GDP)fra	-31.59859	3.433744	0.451719	-1.698686(1)	-1.977738	否
	L(E6/GDP)fra	-34.61202	3.677485	0.609994	-1.227352(1)	-1.977738	否
	L(E7/GDP)fra	-33.42489	3.683768	0.52381	-1.897935(3)	-2.021193	否
	L(E8/GDP)fra	-39.2148	4.123788	0.586485	-4.580296	-2.021193	是
	L(E9/GDP)fra	-37.02803	4.066863	0.547524	-0.1165	-2.021193	否
	L(E10/GDP)fra	-31.3726	3.528133	0.438453	-2.643639	-1.964418	是

附录 计量结果表

表 3-24　法国财政支出分项指标与 GDP 因果检验结果

表达式	原假设	1 Lag F 值	1 Lag P 值	2 Lag F 值	2 Lag P 值
1	△LGDPfra does not cause △LE1fra	1.67649	0.79278	1.61364	0.77997
	△LE1fra does not cause △LGDPfra	1.01725	0.67716	0.64186	0.46489
	△LGDPfra does not cause △LE2fra	5.10796	0.96722	0.89014	0.57628
	△LE2fra does not cause △LGDPfra	0.91178	0.65121	0.55195	0.41704
	△LGDPfra does not cause △LE3fra	0.28609	0.40254	0.16436	0.15062
	△LE3fra does not cause △LGDPfra	0.27483	0.39527	1.17645	0.67447
	△LGDPfra does not cause △LE4fra	0.46661	0.49917	0.74272	0.51356
	△LE4fra does not cause △LGDPfra	1.27710	0.73083	0.04539	0.04429
	△LGDPfra does not cause △LE6fra	0.37294	0.45308	0.05643	0.05474
	△LE6fra does not cause △LGDPfra	0.00196	0.03496	0.73396	0.50953
	△LGDPfra does not cause △LE7fra	0.17179	0.31794	0.97291	0.60760
	△LE7fra does not cause △LGDPfra	0.39627	0.46527	0.73532	0.51016
	△LGDPfra does not cause △LE8fra	15.5747	0.99943	9.61970	0.99914
	△LE8fra does not cause △LGDPfra	1.86191	0.81544	5.51054	0.98927
	△LGDPfra does not cause △LE9fra	3.48744	0.92640	2.22458	0.87007
	△LE9fra does not cause △LGDPfra	0.82611	0.62792	1.70374	0.79671
	△LGDPfra does not cause △LE10fra	0.20298	0.34379	1.52247	0.76149
	△LE10fra does not cause △LGDPfra	0.83839	0.63139	0.42956	0.34430
3	△LGDP/Pfra does not cause △LE1fra	1.61112	0.78398	1.50441	0.75764
	△LE1fra does not cause △LGDP/Pfra	1.20474	0.71716	0.66142	0.47473
	△LGDP/Pfra does not cause △LE2fra	5.36226	0.97093	1.45877	0.74759
	△LE2fra does not cause △LGDP/Pfra	0.44539	0.48935	0.48449	0.37809
	△LGDP/Pfra does not cause △LE3fra	0.28511	0.40191	0.27692	0.23950
	△LE3fra does not cause △LGDP/Pfra	0.14506	0.29348	0.74291	0.51365
	△LGDP/Pfra does not cause △LE4fra	0.45402	0.49339	0.87607	0.57069
	△LE4fra does not cause △LGDP/Pfra	1.60435	0.78304	0.03823	0.03745
	△LGDP/Pfra does not cause △LE6fra	0.42050	0.47740	0.02683	0.02644
	△LE6fra does not cause △LGDP/Pfra	0.00171	0.03266	0.64050	0.46420
	△LGDP/Pfra does not cause △LE7fra	0.17311	0.31909	0.55281	0.41752
	△LE7fra does not cause △LGDP/Pfra	0.48318	0.50660	0.78759	0.53365

表3-24(续)

表达式	原假设	1 Lag F值	1 Lag P值	2 Lag F值	2 Lag P值
	△LGDP/Pfra does not cause △LE8fra	15.2424	0.99937	33.6591	1.00000
	△LE8fra does not cause △LGDP/Pfra	2.01068	0.83146	8.03265	0.99787
	△LGDP/Pfra does not cause △LE9fra	3.08551	0.90876	2.49943	0.89673
	△LE9fra does not cause △LGDP/Pfra	0.77774	0.61377	1.91075	0.83019
	△LGDP/Pfra does not cause △LE10fra	0.21505	0.35315	1.46487	0.74896
	△LE10fra does not cause △LGDP/Pfra	0.79702	0.61950	0.46259	0.36485
4	△LGDP/Pfra does not cause △LE1/GDPfra	25.4845	0.99997	6.77114	0.99534
	△LE1/GDPfra does not cause △LGDP/Pfra	1.18684	0.71364	0.65095	0.46949
	△LGDP/Pfra does not cause △LE2/GDPfra	4.33192	0.95220	2.29882	0.87794
	△LE2/GDPfra does not cause △LGDP/Pfra	0.47366	0.50235	0.61499	0.45105
	△LGDP/Pfra does not cause △LE3/GDPfra	0.17730	0.32270	0.23250	0.20569
	△LE3/GDPfra does not cause △LGDP/Pfra	0.15334	0.30132	0.86177	0.56492
	△LGDP/Pfra does not cause △LE4/GDPfra	0.02853	0.13277	0.93885	0.59503
	△LE4/GDPfra does not cause △LGDP/Pfra	1.62783	0.78627	0.04212	0.04117
	△LGDP/Pfra does not cause △LE6/GDPfra	0.23421	0.36737	0.08966	0.08545
	△LE6/GDPfra does not cause △LGDP/Pfra	0.00256	0.03995	0.65531	0.47167
	△LGDP/Pfra does not cause △LE7/GDPfra	1.07280	0.68977	0.79435	0.53660
	△LE7/GDPfra does not cause △LGDP/Pfra	0.50318	0.51533	0.69810	0.49265
	△LGDP/Pfra does not cause △LE8/GDPfra	8.85362	0.99360	19.3260	0.99999
	△LE8/GDPfra does not cause △LGDP/Pfra	1.90617	0.82039	6.51316	0.99450
	△LGDP/Pfra does not cause △LE9/GDPfra	0.51806	0.52165	0.57504	0.42975
	△LE9/GDPfra does not cause △LGDP/Pfra	0.66298	0.57680	1.60139	0.77758
	△LGDP/Pfra does not cause △LE10/GDPfra	0.33103	0.42980	1.58782	0.77490
	△LE10/GDPfra does not cause △LGDP/Pfra	0.79810	0.61982	0.46244	0.36476
5	△LGDP/Pfra does not cause △LE1/Pfra	1.52622	0.77184	1.28694	0.70551
	△LE1/Pfra does not cause △LGDP/Pfra	1.18684	0.71364	0.65095	0.46949
	△LGDP/Pfra does not cause △LE2/Pfra	5.45802	0.97220	1.42491	0.73984
	△LE2/Pfra does not cause △LGDP/Pfra	0.47366	0.50235	0.61499	0.45105
	△LGDP/Pfra does not cause △LE3/Pfra	0.23497	0.36792	0.25681	0.22439
	△LE3/Pfra does not cause △LGDP/Pfra	0.15334	0.30132	0.86177	0.56492

表3-24(续)

表达式	原假设	1 Lag F值	1 Lag P值	2 Lag F值	2 Lag P值
	△LGDP/Pfra does not cause △LE4/Pfra	0.44721	0.49021	0.83058	0.55206
	△LE4/Pfra does not cause △LGDP/Pfra	1.62783	0.78627	0.04212	0.04117
	△LGDP/Pfra does not cause △LE6/Pfra	0.40728	0.47084	0.02972	0.02925
	△LE6/Pfra does not cause △LGDP/Pfra	0.00256	0.03995	0.65531	0.47167
	△LGDP/Pfra does not cause △LE7/Pfra	0.16787	0.31450	0.39550	0.32235
	△LE7/Pfra does not cause △LGDP/Pfra	0.50318	0.51533	0.69810	0.49265
	△LGDP/Pfra does not cause △LE8/Pfra	15.5577	0.99943	21.0297	0.99999
	△LE8/Pfra does not cause △LGDP/Pfra	1.90617	0.82039	6.51316	0.99450
	△LGDP/Pfra does not cause △LE9/Pfra	3.15012	0.91190	2.88251	0.92448
	△LE9/Pfra does not cause △LGDP/Pfra	0.66298	0.57680	1.60139	0.77758
	△LGDP/Pfra does not cause △LE10/Pfra	0.21430	0.35258	1.45762	0.74733
	△LE10/Pfra does not cause △LGDP/Pfra	0.79810	0.61982	0.46244	0.36476
6	△LGDPfra does not cause △LE1/GDPfra	11.0104	0.99722	4.14272	0.97153
	△LE1/GDPfra does not cause △LGDPfra	0.01505	0.09666	0.85010	0.56016
	△LGDPfra does not cause △LE2/GDPfra	17.5431	0.99970	11.4176	0.99967
	△LE2/GDPfra does not cause △LGDPfra	0.01405	0.09341	0.55749	0.42012
	△LGDPfra does not cause △LE3/GDPfra	0.00594	0.06082	24.4786	1.00000
	△LE3/GDPfra does not cause △LGDPfra	0.48883	0.50910	6.74685	0.99527
	△LGDPfra does not cause △LE4/GDPfra	0.27510	0.39545	1.53327	0.76377
	△LE4/GDPfra does not cause △LGDPfra	0.10464	0.25098	1.17051	0.67270
	△LGDPfra does not cause △LE6/GDPfra	1.22945	0.72193	0.46313	0.36518
	△LE6/GDPfra does not cause △LGDPfra	5.53673	0.97321	3.23012	0.94276
	△LGDPfra does not cause △LE7/GDPfra	1.96050	0.82625	0.39320	0.32084
	△LE7/GDPfra does not cause △LGDPfra	2.17641	0.84765	0.43197	0.34582
	△LGDPfra does not cause △LE8/GDPfra	6.35920	0.98158	6.37379	0.99398
	△LE8/GDPfra does not cause △LGDPfra	0.00107	0.02584	1.07583	0.64310
	△LGDPfra does not cause △L9E/GDPfra	0.00161	0.03169	0.26419	0.22997
	△LE9/GDPfra does not cause △LGDPfra	0.05184	0.17826	1.17578	0.67427
	△LGDPfra does not cause △LE10/GDPfra	0.06548	0.19987	0.19331	0.17450
	△LE10/GDPfra does not cause △LGDPfra	0.97381	0.66681	1.75364	0.80539

英国（GBR）计量结果表

表 3 - 25　英国财政支出一级指标水平序列 ADF 检验结果

变量	检验类型(C,T,K)	ADF 统计量	5%临界值	结论
LGDPgbr	(C,0,1)	-2.3304	-2.981038	不平稳
LEgbr	(C,0,1)	-1.4971	-2.981038	不平稳
LCgbr	(C,0,1)	1.3733	-2.981038	不平稳
L(GDP/P)gbr	(C,0,1)	-2.3905	-2.981038	不平稳
L(E/P)gbr	(C,0,1)	-1.5712	-2.981038	不平稳
L(E/GDP)gbr	(C,0,1)	0.2803	-2.981038	不平稳

注：C 表示常数项，T 表示趋势项，K 表示滞后项的阶数。

表 3 - 26　英国财政支出一级指标一阶差分序列 ADF 检验结果

变量	检验类型(C,T,K)	ADF 统计量	5%临界值	结论
DLGDPgbr	(C,0,0)	-4.266	-2.981038	平稳
DLEgbr	(C,0,0)	-7.8774	-2.981038	平稳
DLCgbr	(C,0,0)	-19.659	-2.981038	平稳
DL(GDP/P)gbr	(C,0,0)	-4.2032	-2.981038	平稳
DL(E/P)gbr	(C,0,0)	-7.8771	-2.981038	平稳
DL(E/GDP)gbr	(C,0,0)	-3.8022	-2.981038	平稳

注：C 表示常数项，T 表示趋势项，K 表示滞后项的阶数。

表 3 - 27　英国财政支出一级指标协整回归及其残差 ADF 检验结果

表达式	解释变量	常数项	系数	R^2	ADF	5%临界值	与 GDP 之间是否具有协整关系
1	LEgbr	0.178289	0.925032	0.723807	-5.782318	-1.95502	是
2	LCgbr	-3.386384	1.070227	0.668617	-8.835438	-1.95502	是
3	LEgbr	3.545908	0.967426	0.724262	-5.788422	-1.95502	是
4	L(E/GDP)gbr	-0.098103	-0.078019	0.021613	-5.781503	-1.95502	是
5	L(E/P)gbr	-0.098103	0.921981	0.703988	-5.781503	-1.95502	是
6	L(E/GDP)gbr	0.178289	-0.074968	0.021446	-5.782318	-1.95502	是

表 3-28　　英国财政支出一级指标与 GDP 因果检验结果

	表达式	原假设	1 Lag F值	1 Lag P值	2 Lag F值	2 Lag P值	3 Lag F值	3 Lag P值	4 Lag F值	4 Lag P值
1		$\triangle$LGDPgbr does not cgbre $\triangle$LEgbr	1.23058	0.72215	2.39111	0.88701	4.45839	0.98690	3.62308	0.97947
		$\triangle$LEgbr does not cgbre $\triangle$LGDPgbr	3.69395	0.93392	3.38453	0.94928	3.67400	0.97314	1.82451	0.83993
2		$\triangle$LGDPgbr does not cgbre $\triangle$LCgbr	2.71528	0.88810	4.56710	0.97914	3.21620	0.95840	3.67826	0.98065
		$\triangle$LCgbr does not cgbre $\triangle$LGDPgbr	0.48134	0.50579	0.73082	0.50808	0.28807	0.16648	1.63078	0.79794
3		$\triangle$LGDP/Pgbr does not cgbre $\triangle$LEgbr	0.25765	0.38381	0.31954	0.27047	0.32277	0.19117	2.00409	0.87089
		$\triangle$LEgbr does not cgbre $\triangle$LGDP/Pgbr	0.08346	0.22496	0.11053	0.10419	0.11180	0.04768	0.50513	0.26762
4		$\triangle$LGDP/Pgbr does not cgbre $\triangle$LE/GDPgbr	0.06152	0.19386	0.14741	0.13628	0.19453	0.10096	1.40447	0.73468
		$\triangle$LE/GDPgbr does not cgbre $\triangle$LGDP/Pgbr	0.08416	0.22587	0.11093	0.10454	0.11194	0.04776	0.52318	0.28029
5		$\triangle$LGDP/Pgbr does not cgbre $\triangle$LE/Pgbr	0.26590	0.38937	0.32985	0.27776	0.32819	0.19502	2.00594	0.87118
		$\triangle$LE/Pgbr does not cgbre $\triangle$LGDP/Pgbr	0.08416	0.22587	0.11093	0.10454	0.11194	0.04776	0.52318	0.28029
6		$\triangle$LGDPgbr does not cgbre $\triangle$LE/GDPgbr	0.06349	0.19688	1.12490	0.65879	6.75080	0.99802	3.69061	0.98090
		$\triangle$LE/GDPgbr does not cgbre $\triangle$LGDPgbr	0.00567	0.05942	0.04991	0.04859	0.50926	0.32017	0.48696	0.25482

表 3-29 英国财政支出分项指标水平序列 ADF 检验结果

变量	检验类型(C,T,K)	ADF 统计量	5% 临界值	结论
LE2gbr	(C,0,1)	-1.8193	-2.981038	不平稳
L(E2/P)gbr	(C,T,1)	-1.862	-3.595026	不平稳
L(E2/GDP)gbr	(C,0,0)	0.7395	-2.976263	不平稳
LE4gbr	(C,0,1)	-2.181	-2.981038	不平稳
L(E4/P)gbr	(C,T,0)	-2.6301	-3.587527	不平稳
L(E4/GDP)gbr	(C,0,0)	-0.2336	-2.976263	不平稳
LE7gbr	(C,0,1)	-0.955	-2.981038	不平稳
L(E7/P)gbr	(C,T,0)	-3.4375	-3.587527	不平稳
L(E7/GDP)gbr	(C,0,0)	-0.6774	-2.976263	不平稳
LE8gbr	(C,0,1)	-0.1793	-2.981038	不平稳
L(E8/P)gbr	(C,T,1)	-1.6229	-3.595026	不平稳
L(E8/GDP)gbr	(C,0,1)	-1.3731	-2.981038	不平稳
LE9gbr	(C,0,1)	-0.61	-2.981038	不平稳
L(E9/P)gbr	(C,T,0)	-0.0032	-3.587527	不平稳
L(E9/GDP)gbr	(C,0,0)	1.2554	-2.976263	不平稳

注：C 表示常数项，T 表示趋势项，K 表示滞后项的阶数。

表 3-30 英国财政支出分项指标一阶差分序列序列 ADF 检验结果

变量	检验类型(C,T,K)	ADF 统计量	5% 临界值	结论
DLE2gbr	(C,0,0)	4.2365	-2.981038	平稳
DL(E2/P)gbr	(C,0,0)	-4.1928	-2.981038	平稳
DL(E2/GDP)gbr	(C,0,0)	-4.3804	-2.981038	平稳
DLE4gbr	(C,0,0)	-4.9573	-2.981038	平稳

表3-30(续)

变量	检验类型(C,T,K)	ADF统计量	5%临界值	结论
DL(E4/P)gbr	(C,0,0)	-4.9273	-2.981038	平稳
DL(E4/GDP)gbr	(C,0,0)	-5.4618	-2.981038	平稳
DLE7gbr	(C,0,0)	-5.1612	-2.981038	平稳
DL(E7/P)gbr	(C,0,0)	-5.1143	-2.981038	平稳
DL(E7/GDP)gbr	(C,0,0)	-4.6778	-2.981038	平稳
DLE8gbr	(C,0,0)	-18.339	-2.981038	平稳
DL(E8/P)gbr	(C,0,0)	-18.303	-2.981038	平稳
DL(E8/GDP)gbr	(C,0,0)	-18.085	-2.981038	平稳
DLE9gbr	(C,0,0)	-3.8766	-2.981038	平稳
DL(E9/P)gbr	(C,0,0)	-3.8455	-2.981038	平稳
DL(E9/GDP)gbr	(C,0,0)	-3.882	-2.981038	平稳

注: C表示常数项, T表示趋势项, K表示滞后项的阶数。

表3-31 英国财政支出分项指标协整回归及其残差ADF检验结果

表达式	解释变量	常数项	系数	$\bar{R}^2$	ADF	5%临界值	与GDP之间是否具有协整关系
1	LE2gbr	3.200909	0.510843	0.870035	-2.119087	-1.960171	否
	LE4gbr	0.769055	0.69098	0.897831	-2.685562	-1.956406	是
	LE7gbr	-5.162456	1.172349	0.98685	-0.917281(1)	-1.957204	否
	LE8gbr	-5.896657	1.070356	0.72535	-2.810066(4)	-1.964418	否
	LE9gbr	-1.688079	0.898018	0.918957	1.371802	-1.956406	否
3	LE2gbr	5.057585	0.534511	0.873822	-2.114833(2)	-1.960171	否
	LE4gbr	3.283971	0.72261	0.900726	-2.675561	-1.956406	是
	LE7gbr	-0.869845	1.223222	0.984548	-0.908243(1)	-1.957204	否

表3-31(续)

表达式	解释变量	常数项	系数	$\bar{R}^2$	ADF	5%临界值	与GDP之间是否具有协整关系
	LE8gbr	-1.985045	1.117634	0.735839	-2.699009(4)	-1.964418	否
	LE9gbr	1.606408	0.936281	0.916079	1.403353	-1.956406	否
4	L(E2/GDP)gbr	1.402635	-0.50959	0.855692	-2.108274(2)	-1.960171	否
	L(E4/GDP)gbr	-0.370979	-0.321492	0.627999	-2.67645	-1.956406	是
	L(E7/GDP)gbr	-4.523144	0.178929	0.605098	-0.909198(1)	-1.957204	否
	L(E8/GDP)gbr	8.00427	-0.575454	0.883135	-4.916943	-1.956406	否
	L(E9/GDP)gbr	-2.048542	-0.107821	0.098605	1.367200	-1.956406	否
5	L(E2/P)gbr	1.402635	0.49041	0.845884	-2.108274(2)	-1.960171	否
	L(E4/P)gbr	-0.370979	0.678508	0.884571	-2.67645	-1.956406	是
	L(E7/P)gbr	-4.523144	1.178929	0.985553	-0.909198(1)	-1.957204	否
	L(E8/P)gbr	8.00427	0.424546	0.708458	-4.916943	-1.956406	否
	L(E9/P)gbr	-2.048542	0.892179	0.911515	1.367200	-1.956406	否
6	L(E2/GDP)gbr	3.200909	-0.48916	0.859838	2.119087	-1.960171	否
	L(E4/GDP)gbr	0.769055	-0.30902	0.632928	-2.685562	-1.956406	否
	L(E7/GDP)gbr	-2.808822	-0.01283	-0.032353	-7.924813(5)	-1.988198	否
	L(E8/GDP)gbr	-5.896657	0.070356	-0.029248	-2.810066(4)	-1.964418	否
	L(E9/GDP)gbr	-1.688079	-0.10198	0.09511	1.371802	-1.956406	否

附录 计量结果表

表 3-32　英国财政支出分项指标与 GDP 因果检验结果

表达式	原假设	1 Lag P值	2 Lag P值	3 Lag P值	4 Lag P值
1	△LGDPgbr does not cgbre △LE2gbr	0.99791	0.99379	0.95010	0.98065
	△LE2gbr does not cgbre △LGDPgbr	0.46717	0.13074	0.63374	0.79794
	△LGDPgbr does not cgbre △LE4gbr	0.98261	0.92869	0.83561	0.61316
	△LE4gbr does not cgbre △LGDPgbr	0.56651	0.80385	0.46197	0.61108
	△LGDPgbr does not cgbre △LE7gbr	0.95570	0.63969	0.79993	0.38842
	△LE7gbr does not cgbre △LGDPgbr	0.62290	0.21582	0.67046	0.94526
	△LGDPgbr does not cgbre △LE8gbr	0.66445	0.70472	0.99554	0.99640
	△LE8gbr does not cgbre △LGDPgbr	0.97357	0.78697	0.28754	0.05703
	△LGDPgbr does not cgbre △LE9gbr	0.99013	0.91222	0.95584	0.97112
	△LE9gbr does not cgbre △LGDPgbr	0.44673	0.15688	0.46662	0.81225
3	△LGDP/P gbr does not cgbre △LE2gbr	0.99866	0.99536	0.95495	0.98033
	△LE2gbr does not cgbre △LGDP/Pgbr	0.47560	0.18067	0.60875	0.77311
	△LGDP/P gbr does not cgbre △LE4gbr	0.98430	0.93672	0.86185	0.66784
	△LE4gbr does not cgbre △LGDP/Pgbr	0.54349	0.81567	0.49718	0.58131
	△LGDP/P gbr does not cgbre △LE7gbr	0.95317	0.64629	0.78012	0.36983
	△LE7gbr does not cgbre △LGDP/Pgbr	0.58415	0.25788	0.72375	0.95453
	△LGDP/P gbr does not cgbre △LE8gbr	0.67142	0.69661	0.99459	0.99259
	△LE8gbr does not cgbre △LGDP/Pgbr	0.97400	0.76894	0.26658	0.05129
	△LGDP/P gbr does not cgbre △LE9gbr	0.98939	0.90408	0.95259	0.96783
	△LE9gbr does not cgbre △LGDP/Pgbr	0.40514	0.17579	0.46821	0.69941
4	△LGDP/Pgbr does not cgbre △LE2/GDPgbr	0.98056	0.86496	0.69344	0.96667
	△LE2/GDPgbr does not cgbre △LGDP/Pgbr	0.46077	0.17115	0.62322	0.78169
	△LGDP/Pgbr does not cgbre △LE4/GDPgbr	0.93891	0.80527	0.68906	0.50101
	△LE4/GDPgbr does not cgbre △LGDP/Pgbr	0.53918	0.81281	0.49114	0.59716
	△LGDP/Pgbr does not cgbre △LE7/GDPgbr	0.39574	0.28875	0.81048	0.58630
	△LE7/GDPgbr does not cgbre △LGDP/Pgbr	0.57215	0.25844	0.70084	0.95082
	△LGDP/Pgbr does not cgbre △LE8/GDPgbr	0.29711	0.56963	0.98772	0.98892
	△LE8/GDPgbr does not cgbre △LGDP/Pgbr	0.97384	0.76799	0.26598	0.05406
	△LGDP/Pgbr does not cgbre △LE9/GDPgbr	0.90751	0.43617	0.64292	0.89733
	△LE9/GDPgbr does not cgbre △LGDP/Pgbr	0.39381	0.17544	0.46473	0.74966

表3-32(续)

表达式	原假设	1 Lag P值	2 Lag P值	3 Lag P值	4 Lag P值
5	△LGDP/Pgbr does not cgbre △LE2/Pgbr	0.99840	0.99496	0.95528	0.98444
	△LE2/Pgbr does not cgbre △LGDP/Pgbr	0.46077	0.17115	0.62322	0.78169
	△LGDP/Pgbr does not cgbre △LE4/Pgbr	0.98457	0.93760	0.85629	0.64957
	△LE4/Pgbr does not cgbre △LGDP/Pgbr	0.53918	0.81281	0.49114	0.59716
	△LGDP/Pgbr does not cgbre △LE7/Pgbr	0.95756	0.66278	0.80656	0.39100
	△LE7/Pgbr does not cgbre △LGDP/Pgbr	0.57215	0.25844	0.70084	0.95082
	△LGDP/Pgbr does not cgbre △LE8/Pgbr	0.68179	0.70904	0.99501	0.99269
	△LE8/Pgbr does not cgbre △LGDP/Pgbr	0.97384	0.76799	0.26598	0.05406
	△LGDP/Pgbr does not cgbre △LE9/Pgbr	0.99030	0.90961	0.95578	0.97177
	△LE9/Pgbr does not cgbre △LGDP/Pgbr	0.39381	0.17544	0.46473	0.74966
6	△LGDPgbr does not cgbre △LE2/GDPgbr	0.28949	0.97402	0.89449	0.96946
	△LE2/GDPgbr does not cgbre △LGDPgbr	0.13825	0.65375	0.38559	0.77120
	△LGDPgbr does not cgbre △LE4/GDPgbr	0.84644	0.58388	0.63810	0.32102
	△LE4/GDPgbr does not cgbre △LGDPgbr	0.40644	0.28648	0.60968	0.95794
	△LGDPgbr does not cgbre △LE7/GDPgbr	0.71953	0.64862	0.33018	0.48986
	△LE7/GDPgbr does not cgbre △LGDPgbr	0.47165	0.65175	0.75814	0.88290
	△LGDPgbr does not cgbre △LE8/GDPgbr	0.14586	0.31379	0.96658	0.99451
	△LE8/GDPgbr does not cgbre △LGDPgbr	0.88711	0.18976	0.16236	0.24295
	△LGDPgbr does not cgbre △L9E/GDPgbr	0.18787	0.95583	0.94241	0.91658
	△LE9/GDPgbr does not cgbre △LGDPgbr	0.63638	0.66953	0.69851	0.61860

附录 计量结果表

美国（USA）计量结果表

表3-33 美国财政支出一级指标水平序列ADF检验结果

变量	检验类型(C,T,K)	ADF统计量	5%临界值	结论
LGDPusa	(C,0,1)	-2.547	-2.981038	不平稳
LEusa	(C,0,1)	-2.8866	-2.981038	不平稳
LCusa	(C,0,1)	1.0322	-2.981038	不平稳
L(GDP/P)usa	(C,0,1)	-2.5181	-2.981038	不平稳
L(E/P)usa	(C,0,1)	-2.9686	-2.981038	不平稳
L(E/GDP)usa	(C,0,1)	-1.8568	-2.981038	不平稳

注：C表示常数项，T表示趋势项，K表示滞后项的阶数。

表3-34 美国财政支出一级指标一阶差分序列ADF检验结果

变量	检验类型(C,T,K)	ADF统计量	5%临界值	结论
DLGDPusa	(C,0,0)	-3.838	-2.981038	平稳
DLEusa	(C,0,0)	-3.1156	-2.981038	平稳
DLCusa	(C,0,0)	-3.2282	-2.981038	平稳
DL(GDP/P)usa	(C,0,0)	-3.7144	-2.981038	平稳
DL(E/P)usa	(C,0,0)	-3.0332	-2.981038	平稳
DL(E/GDP)usa	(C,0,0)	-3.6076	-2.981038	平稳

注：C表示常数项，T表示趋势项，K表示滞后项的阶数。

表3-35 美国财政支出一级指标协整回归及其残差ADF检验结果

表达式	解释变量	常数项	系数	$\bar{R}^2$	ADF	5%临界值	与GDP之间是否具有协整关系
1	LEusa	-2.639974	1.106096	0.973395	-3.080836	-1.957204	是
2	LCusa	-4.609791	1.138129	0.865538	-1.295975	-1.962813	否
3	LEusa	0.996886	1.354527	0.980078	-3.240633	-1.957204	是
4	L(E/GDP)usa	-2.33726	0.134517	0.249441	-3.086834	-1.957204	是
5	L(E/P)usa	-2.33726	1.134517	0.963718	-3.086834	-1.957204	是
6	L(E/GDP)usa	-2.639974	0.106096	0.227998	-3.080836	-1.957204	是

表 3-36　美国财政支出一级指标与 GDP 因果检验结果

表达式	原假设	1 Lag F值	1 Lag P值	2 Lag F值	2 Lag P值	3 Lag F值	3 Lag P值	4 Lag F值	4 Lag P值
1	$\triangle$LGDPusa does not cuase $\triangle$LEusa	9.65930	0.99535	9.31271	0.99898	4.75665	0.98993	4.55246	0.99213
	$\triangle$LEusa does not cuase $\triangle$LGDPusa	1.70525	0.79651	0.51351	0.39518	2.05019	0.86517	3.28613	0.97042
2	$\triangle$LGDPusa does not cuase $\triangle$LCusa	0.09832	0.24354	0.01542	0.01529	0.07733	0.02838	0.04652	0.00439
	$\triangle$LCusa does not cuase $\triangle$LGDPusa	0.42844	0.48127	3.38450	0.94928	1.86747	0.83671	0.98326	0.56299
3	$\triangle$LGPP/Pusa does not cuase $\triangle$LEusa	3.64131	0.93209	11.9788	0.99975	7.69265	0.99902	6.33510	0.99850
	$\triangle$LEusa does not cuase $\triangle$LGDP/Pusa	1.02290	0.67848	0.70513	0.49601	1.85312	0.83423	0.57592	0.31695
4	$\triangle$LGDP/Pusa does not cuase $\triangle$LE/GDPusa	2.88988	0.89845	7.65933	0.99732	3.40559	0.96534	3.63991	0.97984
	$\triangle$LE/GDPusa does not cuase $\triangle$LGDPusa	1.05538	0.68589	0.75382	0.51862	1.72443	0.81010	0.51939	0.27763
5	$\triangle$LGDP/Pusa does not cuase $\triangle$LE/Pusa	3.79991	0.93744	12.2287	0.99978	8.06943	0.99925	6.68851	0.99889
	$\triangle$LE/Pusa does not cuase $\triangle$LGDPusa	1.05538	0.68589	0.75382	0.51862	1.72443	0.81010	0.51939	0.27763
6	$\triangle$LGDPusa does not cuase $\triangle$LE/GDPusa	0.10045	0.24608	2.09605	0.85512	4.93094	0.99134	3.54082	0.97758
	$\triangle$LE/GDPusa does not cuase $\triangle$LGDPusa	2.12702	0.84283	0.31189	0.54416	0.65101	0.40961	1.19537	0.65933

表 3-37　美国财政支出分项指标水平序列 ADF 检验结果

变量	检验类型(C,T,K)	ADF 统计量	5%临界值	结论
LE2usa	(C,0,1)	-0.8405	-2.981038	不平稳
L(E2/P)usa	(C,T,0)	-1.9517	-3.587527	不平稳
L(E2/GDP)usa	(C,0,0)	-0.7853	-2.976263	不平稳
LE4usa	(C,0,1)	-1.5003	-2.981038	不平稳
L(E4/P)usa	(C,T,0)	-1.9837	-3.587527	不平稳
L(E4/GDP)usa	(C,0,0)	-1.4163	-2.976263	不平稳
LE7usa	(C,0,1)	-0.7204	-2.981038	不平稳
L(E7/P)usa	(C,T,0)	-1.3566	-3.587527	不平稳
L(E7/GDP)usa	(C,0,0)	-0.5048	-2.976263	不平稳
LE8usa	(C,0,1)	-0.8256	-2.981038	不平稳
L(E8/P)usa	(C,T,0)	-2.4917	-3.587527	不平稳
L(E8/GDP)usa	(C,0,1)	-2.3067	-2.981038	不平稳
LE9usa	(C,0,1)	-1.685	-2.981038	不平稳
L(E9/P)usa	(C,T,1)	-3.2399	-3.595026	不平稳
L(E9/GDP)usa	(C,T,0)	-3.4394	-3.622033	不平稳

注：C 表示常数项，T 表示趋势项，K 表示滞后项的阶数。

表 3-38　美国财政支出分项指标一阶差分序列序列 ADF 检验结果

变量	检验类型(C,T,K)	ADF 统计量	5% 临界值	结论
DLE2usa	(0,0,0)	-2.0209	-1.954414	平稳
DL(E2/P)usa	(0,0,0)	-2.1150	-1.954414	平稳
DL(E2/GDP)usa	(0,0,0)	-2.7721	-1.954414	平稳
DLE4usa	(C,0,0)	-3.2383	-2.981038	平稳
DL(E4/P)usa	(C,0,0)	-3.2137	-2.981038	平稳
DL(E4/GDP)usa	(C,0,0)	-3.4064	-2.981038	平稳
DLE7usa	(C,0,0)	-2.7233	-2.666593 *	平稳
DL(E7/P)usa	(C,T,0)	-3.8711	-4.616209	平稳
DL(E7/GDP)usa	(C,0,0)	-3.4560	-3.012363	平稳
DLE8usa	(C,0,0)	-6.7943	-2.981038	平稳
DL(E8/P)usa	(C,0,0)	-6.6051	-2.981038	平稳
DL(E8/GDP)usa	(C,0,0)	-7.1699	-2.981038	平稳
DLE9usa	(C,0,0)	-7.5942	-2.981038	平稳
DL(E9/P)usa	(C,0,0)	-7.5899	-2.981038	平稳
DL(E9/GDP)usa	(C,0,0)	-7.5695	-2.981038	平稳

注：C 表示常数项，T 表示趋势项，K 表示滞后项的阶数。* 表示在 10% 置信水平下平稳，郝晓薇表示在 1% 置信水平下平稳。

表 3-39　美国财政支出分项指标协整回归及其残差 ADF 检验结果

表达式	解释变量	常数项	系数	R^2	ADF	5%临界值	与GDP之间是否具有协整关系
1	LE2usa	2.403575	0.64667	0.732255	-2.23031	-1.958088	是
	LE4usa	-4.484791	1.06432	0.916217	-1.034657(2)	-1.977738	否
	LE7usa	-12.02064	1.580806	0.985534	-2.52453(1)	-1.958088	是
	LE8usa	-5.120551	0.960509	0.989537	-3.62368	-1.958088	是
	LE9usa	-5.239647	1.143314	0.546209	-4.980205	-1.956406	是
3	LE2usa	4.44381	0.800379	0.74452	2.223739(1)	-1.958088	是
	LE4usa	-0.915141	1.296135	0.904193	-0.990051	-1.977738(3)	否
	LE7usa	-6.848415	1.938235	0.982324	2.377783(1)	-1.958088	是
	LE8usa	-1.972774	1.177153	0.986702	-3.486464	-1.958088	是
	LE9usa	-1.483176	1.400271	0.543067	-4.956643	-1.956406	是
4	L(E2/GDP)usa	1.185773	-0.427099	0.425431	-2.218691(1)	-1.958088	是
	L(E4/GDP)usa	-4.200063	0.071427	-0.026793	1.015275(2)	-1.977738	否
	L(E7/GDP)usa	-10.10645	0.710757	0.895005	2.475175(1)	-1.958088	是
	L(E8/GDP)usa	-6.111443	0.113859	-0.02584	-2.769736	-1.964418	是
	L(E9/GDP)usa	-4.741213	0.172792	-0.023351	-4.977748	-1.956406	是
5	L(E2/P)usa	1.185773	0.572901	0.577267	2.218691(1)	-1.958088	是
	L(E4/P)usa	-4.200063	1.071427	0.879598	-1.015275(2)	-1.977738	否
	L(E7/P)usa	-10.10645	1.710757	0.980231	2.475175(1)	-1.958088	是
	L(E8/P)usa	-6.111443	1.113859	0.984109	-2.769736	-1.964418	否
	L(E9/P)usa	-4.741213	1.172792	0.45254	-4.977748	-1.956406	否
6	L(E2/GDP)usa	2.403575	-0.35333	0.440476	-2.23031	-1.958088	是
	L(E4/GDP)usa	-4.484791	0.06432	-0.019025	-1.034657(2)	-1.977738	否
	L(E7/GDP)usa	9.426759	-0.71057	0.724396	2.500395(3)	-1.959071	是
	L(E8/GDP)usa	-5.120551	-0.03949	0.104315	-3.62368	-1.958088	是
	L(E9/GDP)usa	-5.239647	0.143314	-0.022599	-4.980205	-1.956406	是

表 3-40　美国财政支出分项指标与 GDP 因果检验结果

表达式	原假设	1 Lag P 值	2 Lag P 值	3 Lag P 值	4 Lag P 值
1	△LGDPusa does not cusae △LE2usa	0.74736	0.35568	0.34212	0.19303
	△LE2usa does not cusae △LGDPusa	0.10719	0.91706	0.84134	0.60411
	△LGDPusa does not cusae △LE4usa	0.90430	0.59221	0.50299	—
	△LE4usa does not cusae △LGDPusa	0.40911	0.03862	0.02713	—
	△LGDPusa does not cusae △LE7usa	0.53129	0.26906	0.17978	0.26439
	△LE7usa does not cusae △LGDPusa	0.72128	0.98512	0.92163	0.86296
	△LGDPusa does not cusae △LE8usa	0.47654	0.88437	0.70579	0.88362
	△LE8usa does not cusae △LGDPusa	0.58670	0.35952	0.81877	0.43322
	△LGDPusa does not cusae △LE9usa	0.33851	0.04268	0.23169	0.35609
	△LE9usa does not cusae △LGDPusa	0.58523	0.50109	0.57473	0.29420
3	△LGDP/P usa does not cusae △LE2usa	0.74975	0.35411	0.35336	0.20798
	△LE2usa does not cusae △LGDP/Pusa	0.25048	0.91909	0.83873	0.53707
	△LGDP/P usa does not cusae △LE4usa	0.91613	0.57770	0.53181	—
	△LE4usa does not cusae △LGDP/Pusa	0.37999	0.04957	0.05777	—
	△LGDP/P usa does not cusae △LE7usa	0.51807	0.24622	0.16035	0.23027
	△LE7usa does not cusae △LGDP/Pusa	0.71115	0.97645	0.89029	0.79752
	△LGDP/P usa does not cusae △LE8usa	0.53643	0.90045	0.72842	0.90009
	△LE8usa does not cusae △LGDP/Pusa	0.59537	0.34079	0.79229	0.39349
	△LGDP/P usa does not cusae △LE9usa	0.36008	0.05855	0.23003	0.39336
	△LE9usa does not cusae △LGDP/Pusa	0.56913	0.49041	0.55002	0.28006
4	△LGDP/Pusa does not cusae △LE2/GDPusa	0.88802	0.51610	0.58074	0.35117
	△LE2/GDPusa does not cusae △LGDP/Pusa	0.26598	0.91789	0.83057	0.52315
	△LGDP/Pusa does not cusae △LE4/GDPusa	0.89322	0.22938	0.63987	—
	△LE4/GDPusa does not cusae △LGDP/Pusa	0.36609	0.04864	0.06019	—
	△LGDP/Pusa does not cusae △LE7/GDPusa	0.80348	0.50715	0.13471	0.09406
	△LE7/GDPusa does not cusae △LGDP/Pusa	0.68754	0.97668	0.88440	0.78259
	△LGDP/Pusa does not cusae △LE8/GDPusa	0.33155	0.55620	0.66869	0.41985
	△LE8/GDPusa does not cusae △LGDP/Pusa	0.62503	0.35809	0.79602	0.38974
	△LGDP/Pusa does not cusae △LE9/GDPusa	0.28919	0.02279	0.17405	0.36210
	△LE9/GDPusa does not cusae △LGDP/Pusa	0.56739	0.49067	0.54998	0.27995

表3-40(续)

表达式	原假设	1 Lag P值	2 Lag P值	3 Lag P值	4 Lag P值
5	△LGDP/Pusa does not cusae △LE2/Pusa	0.75136	0.36185	0.35737	0.21498
	△LE2/Pusa does not cusae △LGDP/Pusa	0.26598	0.91789	0.83057	0.52315
	△LGDP/Pusa does not cusae △LE4/Pusa	0.92061	0.60997	0.54386	—
	△LE4/Pusa does not cusae △LGDP/Pusa	0.36609	0.04864	0.06019	—
	△LGDP/Pusa does not cusae △LE7/Pusa	0.54300	0.26840	0.17609	0.25486
	△LE7/Pusa does not cusae △LGDP/Pusa	0.68754	0.97668	0.88440	0.78259
	△LGDP/Pusa does not cusae △LE8/Pusa	0.61514	0.93043	0.77683	0.91363
	△LE8/Pusa does not cusae △LGDP/Pusa	0.62503	0.35809	0.79602	0.38974
	△LGDP/Pusa does not cusae △LE9/Pusa	0.36557	0.06322	0.23647	0.39598
	△LE9/Pusa does not cusae △LGDP/Pusa	0.56739	0.49067	0.54998	0.27995
6	△LGDPusa does not cusae △LE2/GDPusa	0.96305	0.98315	0.96290	0.88679
	△LE2/GDPusa does not cusae △LGDPusa	0.77573	0.78893	0.78021	0.50775
	△LGDPusa does not cusae △LE4/GDPusa	0.60807	0.68825	0.99828	—
	△LE4/GDPusa does not cusae △LGDPusa	0.17588	0.16393	0.02724	—
	△LGDPusa does not cusae △LE7/GDPusa	0.98687	0.95757	0.82097	0.85375
	△LE7/GDPusa does not cusae △LGDPusa	0.80757	0.46088	0.47939	0.20722
	△LGDPusa does not cusae △LE8/GDPusa	0.90275	0.86868	0.79401	0.47096
	△LE8/GDPusa does not cusae △LGDPusa	0.47178	0.59403	0.33167	0.27131
	△LGDPusa does not cusae △L9E/GDPusa	0.42509	0.12866	0.07957	0.36479
	△LE9/GDPusa does not cusae △LGDPusa	0.78122	0.75568	0.52004	0.30844

中国（PRC）计量结果表

表4-1　中国财政支出一级指标水平序列 ADF 检验结果

变量	检验类型(C,T,K)	ADF 统计量	5%临界值	结论
LGDPprc	(C,0,1)	2.6632	-3.175352	不平稳
LEprc	(C,0,0)	-0.0555	-3.14492	不平稳
LCprc	(C,0,0)	0.8153	-3.14492	不平稳
L(GDP/P)prc	(C,0,1)	2.6021	-3.175352	不平稳
L(E/P)prc	(C,0,0)	0.0376	-3.175352	不平稳
L(E/GDP)prc	(C,0,1)	2.1630	-3.175352	不平稳

注：C 表示常数项，T 表示趋势项，K 表示滞后项的阶数。

表4-2　中国财政支出一级指标一阶差分序列 ADF 检验结果

变量	检验类型(C,T,K)	ADF 统计量	5%临界值	结论
DLGDPprc	(C,0,0)	-1.9459	-3.175352	不平稳
DLEprc	(C,0,0)	-2.7017	-3.175352	不平稳
DLCprc	(C,0,0)	-3.1488	-3.175352	不平稳
DL(GDP/P)prc	(C,0,0)	-1.8634	-3.175352	不平稳
DL(E/P)prc	(C,0,0)	-2.825	-3.175352	不平稳
DL(E/GDP)prc	(C,0,0)	-0.907	-3.175352	不平稳

注：D 表示一阶差分。C 表示常数项，T 表示趋势项，K 表示滞后项的阶数。

表4-3　中国财政支出一级指标二阶差分序列 ADF 检验结果

变量	检验类型(C,T,K)	ADF 统计量	5%临界值	结论
SDLGDPprc	(C,0,0)	-4.642236	-3.320969	平稳
SDLEprc	(0,0,0)	-2.789561	-1.982344	平稳
SDLCprc	(0,0,0)	-4.276018	-1.982344	平稳
SDL(GDP/P)prc	(C,0,0)	-8.428567	-3.259808	平稳
SDL(E/P)prc	(0,0,0)	-2.792939	-1.982344	平稳
SDL(E/GDP)prc	(C,0,0)	-4.290958	-3.320969	平稳

注：SD 表示二阶差分。C 表示常数项，T 表示趋势项，K 表示滞后项的阶数。

表4-4　中国财政支出一级指标协整回归及其残差 ADF 检验结果

表达式	解释变量	常数项	系数	$\bar{R}^2$	ADF	5%临界值	与GDP之间是否具有协整关系
1	LEprc	-6.908363	1.455137	0.975692	-1.78402(1)	-1.977738	否
2	LCprc	-9.456806	1.535941	0.97586	2.250994(1)	-2.792154	是
3	LEprc	-4.297997	1.577788	0.970348	1.811445(1)	-1.977738	否
4	L(E/P)prc	-6.07	1.490998	0.971001	-1.812687(1)	-1.977738	否
5	L(E/GDP)prc	-6.07	0.490998	0.78055	-1.812687(1)	-1.977738	否
6	L(E/GDP)prc	-6.908363	0.455137	0.793887	-1.78402(1)	-1.977738	否

表4-5　中国财政支出一级指标与 GDP 因果检验结果

表达式	原假设	1 Lag F值	1 Lag P值	2 Lag F值	2 Lag P值	3 Lag F值
1	△LGDPprc does not cause △LEprc	1.26398	0.28999	4.43534	0.06568	2.26679
	△LEprc does not cause △LGDPprc	0.35293	0.56709	2.44646	0.16712	2.60156
2	△LGDPprc does not cause △LCprc	0.01469	0.09428	0.19180	0.17124	0.03081
	△LCprc does not cause △LGDPprc	0.32579	0.42038	0.55027	0.40497	1.44023
3	△LGDP/Pprc does not cause △LEprc	2.33740	0.16065	4.77875	0.05736	2.48367
	△LEprc does not cause △LGDP/Pprc	0.86909	0.37554	2.84750	0.13504	4.26396
4	△LGDP/Pprc does not cause △LE/Pprc	1.67594	0.22769	4.63027	0.06078	2.37484
	△LE/Pprc does not cause △LGDP/Pprc	0.71110	0.42092	2.74368	0.14249	3.99802
5	△LGDP/Pprc does not cause △LE/GDPprc	0.71110	0.42092	5.25892	0.04793	4.12462
	△LE/GDPprc does not cause △LGDP/Pprc	2.72566	0.13314	2.74368	0.14249	3.99802
6	△LGDPprc does not cause △LE/GDPprc	2.20712	0.17154	5.20212	0.04893	4.00588
	△LE/GDPprc does not cause △LGDPprc	0.35293	0.56709	2.44646	0.16712	2.60156

表4-6　中国财政支出分项指标水平序列 ADF 检验结果

变量	检验类型(C,T,K)	ADF 统计量	5%临界值	结论
LE1prc	(C,0,0)	1.1369	-3.14492	不平稳
L(E1/P)prc	(C,T,0)	-3.0833	-3.8753	不平稳
L(E1/GDP)prc	(C,0,0)	-0.0434	-3.14492	不平稳
LE2prc	(C,0,0)	1.5323	-3.14492	不平稳
L(E2/P)prc	(C,T,1)	-2.5942	-3.933364	不平稳
L(E2/GDP)prc	(C,0,0)	-0.3181	-3.14492	不平稳
LE3prc	(C,0,0)	-0.4856	-3.14492	不平稳
L(E3/P)prc	(C,T,0)	-3.1471	-3.8753	不平稳
L(E3/GDP)prc	(C,0,0)	-1.2913	-3.14492	不平稳
LE4prc	(C,0,0)	-0.6894	-3.14492	不平稳
L(E4/P)prc	(C,T,0)	-1.4667	-3.8753	不平稳
L(E4/GDP)prc	(C,0,0)	-1.3033	-3.14492	不平稳
LE5prc	(C,0,0)	-0.43	-3.14492	不平稳
L(E5/P)prc	(C,T,0)	-2.1756	-3.8753	不平稳
L(E5/GDP)prc	(C,0,0)	-1.8395	-3.14492	不平稳
LE6prc	(C,0,0)	-0.5118	-3.14492	不平稳
L(E6/P)prc	(C,T,0)	-1.6007	-3.8753	不平稳
L(E6/GDP)prc	(C,0,0)	-0.8972	-3.14492	不平稳
LE7prc	(C,0,0)	2.1935	-3.14492	不平稳
L(E7/P)prc	(C,T,1)	-1.7178	-3.933364	不平稳
L(E7/GDP)prc	(C,0,0)	0.2636	-3.14492	不平稳
LE8prc	(C,0,0)	-0.6185	-3.14492	不平稳
L(E8/P)prc	(C,T,0)	-1.1833	-3.8753	不平稳
L(E8/GDP)prc	(C,0,0)	-0.863	-3.14492	不平稳
LE9prc	(C,0,1)	2.1641	-3.175352	不平稳
L(E9/P)prc	(C,T,0)	-1.3654	-3.8753	不平稳
L(E9/GDP)prc	(C,0,0)	2.1852	-3.14492	不平稳

注：C 表示常数项，T 表示趋势项，K 表示滞后项的阶数。

表4-7 中国财政支出分项指标一阶差分序列序列 ADF 检验结果

变量	检验类型(C,T,K)	ADF 统计量	5%临界值	结论
DLE1prc	(C,0,0)	-2.8245	-3.175352	不平稳
DL(E1/P)prc	(C,0,0)	-2.8101	-3.175352	不平稳
DL(E1/GDP)prc	(C,0,0)	-2.7344	-3.175352	不平稳
DLE2prc	(C,0,1)	-2.6281	-3.212696	不平稳
DL(E2/P)prc	(C,0,1)	-2.6273	-3.212696	不平稳
DL(E2/GDP)prc	(C,0,0)	-2.6204	-3.175352	不平稳
DLE3prc	(C,0,1)	-2.9726	-3.212696	不平稳
DL(E3/P)prc	(C,0,1)	-2.9895	-3.212696	不平稳
DL(E3/GDP)prc	(C,0,1)	-2.6525	-3.212696	不平稳
DLE4prc	(C,0,0)	-2.8686	-3.175352	不平稳
DL(E4/P)prc	(C,0,0)	-2.8877	-3.175352	不平稳
DL(E4/GDP)prc	(C,0,0)	-2.6503	-3.175352	不平稳
DLE5prc	(C,0,1)	-1.5548	-3.212696	不平稳
DL(E5/P)prc	(C,0,1)	-1.5542	-3.212696	不平稳
DL(E5/GDP)prc	(C,0,1)	-1.6356	-3.212696	不平稳
DLE6prc	(C,0,0)	-2.7525	-3.175352	不平稳
DL(E6/P)prc	(C,0,0)	-2.7637	-3.175352	不平稳
DL(E6/GDP)prc	(C,0,0)	-2.6105	-3.175352	不平稳
DLE7prc	(C,01)	-1.6092	-3.212696	不平稳
DL(E7/P)prc	(C,0,1)	-1.5694	-3.212696	不平稳
DL(E7/GDP)prc	(C,0,1)	-3.1267	-3.212696	不平稳
DLE8prc	(C,0,0)	-1.9622	-3.175352	不平稳
DL(E8/P)prc	(C,0,0)	-1.9683	-3.175352	不平稳
DL(E8/GDP)prc	(C,0,0)	-1.9096	-3.175352	不平稳
DLE9prc	(C,0,1)	-2.4529	-3.212696	不平稳
DL(E9/P)prc	(C,0,0)	-2.4144	-3.175352	不平稳
DL(E9/GDP)prc	(C,0,0)	-2.7881	-3.175352	不平稳

注：C 表示常数项，T 表示趋势项，K 表示滞后项的阶数。

表 4-8 中国财政支出分项指标二阶差分序列序列 ADF 检验结果

变量	检验类型(C,T,K)	ADF 统计量	5% 临界值	结论
SDLE1prc	(0,0,0)	-4.375547	-1.982344	平稳
SDL(E1/P)prc	(0,0,0)	-4.368551	-1.982344	平稳
SDL(E1/GDP)prc	(0,0,0)	-4.215842	-1.982344	平稳
SDLE2prc	(0,0,0)	-2.714404	-1.982344	平稳
SDL(E2/P)prc	(0,0,0)	-4.368551	-1.982344	平稳
SDL(E2/GDP)prc	(0,0,0)	-2.664616	-1.982344	平稳
SDLE3prc	(0,0,0)	-4.260088	-1.988198	平稳
SDL(E3/P)prc	(0,0,0)	-4.259027	-1.988198	平稳
SDL(E3/GDP)prc	(0,0,0)	-4.088663	-1.988198	平稳
SDLE4prc	(0,0,0)	-3.853814	-1.988198	平稳
SDL(E4/P)prc	(0,0,0)	-3.854813	-1.988198	平稳
SDL(E4/GDP)prc	(0,0,0)	-4.002134	-1.988198	平稳
SDLE5prc	(0,0,0)	-3.328710	-1.995865	平稳
SDL(E5/P)prc	(C,0,0)	-6.753316	-3.212696	平稳
SDL(E5/GDP)prc	(C,0,0)	-6.418105	-3.212696	平稳
SDLE6prc	(0,0,0)	-2.522191	-1.988198	平稳
SDL(E6/P)prc	(0,0,0)	-4.213770	-1.982344	平稳
SDL(E6/GDP)prc	(0,0,0)	-4.163694	-1.982344	平稳
SDLE7prc	(0,0,0)	-2.219423	-1.988198	平稳
SDL(E7/P)prc	(0,0,0)	-3.607297	-1.982344	平稳
SDL(E7/GDP)prc	(0,0,0)	-3.326779	-1.982344	平稳
SDLE8prc	(0,0,0)	-2.854133	-1.988198	平稳
SDL(E8/P)prc	(0,0,0)	-2.966175	-1.982344	平稳
SDL(E8/GDP)prc	(0,0,0)	-2.996188	-1.982344	平稳
SDLE9prc	(C,0,0)	-5.072348	-3.320969	平稳
SDL(E9/P)prc	(C,0,0)	-4.906514	-3.259808	平稳
SDL(E9/GDP)prc	(0,0,0)	-4.089902	-1.988198	平稳

注：SD 表示二阶差分。C 表示常数项，T 表示趋势项，K 表示滞后项的阶数。

表 4-9　中国财政支出分项指标协整回归及其残差 ADF 检验结果

表达式	解释变量	常数项	系数	$\bar{R}^2$	ADF	5%临界值	与GDP之间是否具有协整关系
1	LE1prc	-11.63517	1.633893	0.961143	-2.09822(1)	-1.977738	是
	LE2prc	-7.802239	1.301287	0.983236	-3.031477(1)	-1.977738	是
	LE3prc	-12.83277	1.72323	0.943204	-2.343483	-1.974028	是
	LE4prc	-10.23593	1.554615	0.90025	-1.231522	-1.974028	否
	LE5prc	-1.667527	0.793928	0.782071	-3.278862(2)	-1.982344	是
	LE6prc	-22.21426	2.587038	0.892277	-1.93884(1)	-1.977738	否
	LE7prc	-7.500945	1.354188	0.989359	-2.660282(1)	-1.977738	是
	LE8prc	-33.76899	3.559749	0.876496	-2.200208(1)	-1.977738	是
	LE9prc	-10.41725	1.465745	0.995801	-2.642501(1)	-1.977738	是
3	LE1prc	-8.767577	1.77886	0.964455	-2.132467(1)	-1.977738	是
	LE2prc	-5.490009	1.413501	0.981691	-2.932621(1)	-1.977738	是
	LE3prc	-9.734224	1.867651	0.937111	-2.205311	-1.974028	是
	LE4prc	-7.410263	1.68144	0.890362	-1.196716	-1.974028	否
	LE5prc	-0.231078	0.85945	0.77488	-3.164316(2)	-1.982344	是
	LE6prc	-17.51276	2.798169	0.882525	-1.905189(1)	-1.977738	否
	LE7prc	-5.104345	1.472064	0.989419	-2.628018(1)	-1.977738	是
	LE8prc	-27.2948	3.849698	0.866619	-2.141366(1)	-1.977738	是
	LE9prc	-7.833071	1.594457	0.997398	-3.955878(1)	-1.977738	是
4	L(E1/GDP)prc	-10.53958	0.69207	0.792743	-2.115739(1)	-1.977738	是
	L(E2/GDP)prc	-7.262013	0.32671	0.749929	-3.008563(1)	-1.977738	是
	L(E3/GDP)prc	-11.50623	0.780861	0.729523	-2.285853	-1.974028	是
	L(E4/GDP)prc	-9.182267	0.59465	0.501777	-1.225473	-1.974028	否
	L(E5/GDP)prc	-2.003082	-0.22734	0.147892	-3.307784(2)	-1.982344	是
	L(E6/GDP)prc	-19.28476	1.711379	0.740588	-1.920935(1)	-1.977738	否
	L(E7/GDP)prc	-6.876348	0.385273	0.864011	-2.661172(1)	-1.977738	是
	L(E8/GDP)prc	-29.0668	2.762908	0.771521	-2.15868(1)	-1.977738	是
	L(E9/GDP)prc	-9.605075	0.507667	0.96559	-2.981933(1)	-1.977738	是

表4-9(续)

表达式	解释变量	常数项	系数	$\bar{R}^2$	ADF	5%临界值	与GDP之间是否具有协整关系
5	L(E1/P)prc	-10.53958	1.69207	0.958812	-2.115739(1)	-1.977738	是
	L(E2/P)prc	-7.262013	1.32671	0.980674	-3.008563(1)	-1.977738	是
	L(E3/P)prc	-11.50623	1.780861	0.934976	-2.285853	-1.974028	是
	L(E4/P)prc	-9.182267	1.59465	0.885826	-1.225473	-1.974028	否
	L(E5/P)prc	-2.003082	0.77266	0.742538	-3.307784(2)	-1.982344	是
	L(E6/P)prc	-19.28476	2.711379	0.879399	-1.920935(1)	-1.977738	否
	L(E7/P)prc	-6.876348	1.385273	0.988114	-2.661172(1)	-1.977738	是
	L(E8/P)prc	-29.0668	3.762908	0.863794	-2.15868(1)	-1.977738	是
	L(E9/P)prc	-9.605075	1.507667	0.995986	-2.981933(1)	-1.977738	是
6	L(E1/GDP)prc	-11.63517	0.633893	0.78505	-2.09822(1)	-1.977738	是
	L(E2/GDP)prc	-7.802239	0.301287	0.754015	-3.031477(1)	-1.977738	是
	L(E3/GDP)prc	-12.83277	0.72323	0.740702	-2.343483	-1.974028	是
	L(E4/GDP)prc	-10.23593	0.554615	0.518285	-1.231522	-1.974028	否
	L(E5/GDP)prc	-1.667527	-0.206072	0.140934	-3.278862(2)	-1.982344	是
	L(E6/GDP)prc	-22.21426	1.587038	0.754009	-1.93884(1)	-1.977738	否
	L(E7/GDP)prc	-7.500945	0.354188	0.862693	-2.660282(1)	-1.977738	是
	L(E8/GDP)prc	-33.76899	2.559749	0.78399	-2.200208(1)	-1.977738	是
	L(E9/GDP)prc	-10.41725	0.465745	0.95979	-2.642501(1)	-1.977738	是

表4-10　中国财政支出分项指标与GDP因果检验结果

表达式	原假设	1 Lag P值	2 Lag P值	3 Lag P值
1	△LGDPprc does not cause △LE1prc	0.01890	0.36812	0.43821
	△LE1prc does not cause △LGDPprc	0.70829	0.72010	0.67553
	△LGDPprc does not cause △LE2prc	0.08672	0.24552	0.52903
	△LE2prc does not cause △LGDPprc	0.79422	0.24408	0.41620
	△LGDPprc does not cause △LE3prc	0.12209	0.75806	0.97188
	△LE3prc does not cause △LGDPprc	0.26417	0.51809	0.15885
	△LGDPprc does not cause △LE4prc	0.61756	0.77906	0.14561
	△LE4prc does not cause △LGDPprc	0.12477	0.26500	0.11881
	△LGDPprc does not cause △LE5prc	0.08414	0.37398	0.20955
	△LE5prc does not cause △LGDPprc	0.36023	0.49061	0.25415
	△LGDPprc does not cause △LE6prc	0.48995	0.45997	0.37606
	△LE6prc does not cause △LGDPprc	0.29339	0.23946	0.17530
	△LGDPprc does not cause △LE7prc	0.01670	0.32429	0.15560
	△LE7prc does not cause △LGDPprc	0.89264	0.41546	0.27817
	△LGDPprc does not cause △LE8prc	0.76393	0.41880	0.41880
	△LE8prc does not cause △LGDPprc	0.15984	0.28440	0.28440
	△LGDPprc does not cause △LE9prc	0.00097	0.04617	0.05956
	△LE9prc does not cause △LGDPprc	0.20194	0.11668	0.90036
3	△LGDP/Pprc does not cause △LE1prc	0.02889	0.40457	0.45176
	△LE1prc does not cause △LGDP/Pprc	0.72941	0.69224	0.51861
	△LGDP/Pprc does not cause △LE2prc	0.19820	0.27456	0.54996
	△LE2prc does not cause △LGDP/Pprc	0.59783	0.20229	0.27534
	△LGDP/Pprc does not cause △LE3prc	0.16745	0.83747	0.96425
	△LE3prc does not cause △LGDP/Pprc	0.19056	0.44677	0.10237
	△LGDP/Pprc does not cause △LE4prc	0.70041	0.80794	0.15041
	△LE4prc does not cause △LGDP/Pprc	0.08364	0.20500	0.06548
	△LGDP/Pprc does not cause △LE5prc	0.29330	0.41344	0.16131
	△LE5prc does not cause △LGDP/Pprc	0.56540	0.47590	0.37073
	△LGDP/Pprc does not cause △LE6prc	0.09171	0.38930	0.21908
	△LE6prc does not cause △LGDP/Pprc	0.21132	0.19616	0.10108

表4-10(续)

表达式	原假设	1 Lag P值	2 Lag P值	3 Lag P值
	△LGDP/Pprc does not cause △LE7prc	0.05900	0.36428	0.22341
	△LE7prc does not cause △LGDP/Pprc	0.89500	0.34842	0.20650
	△LGDP/Pprc does not cause △LE8prc	0.85393	0.44381	0.14883
	△LE8prc does not cause △LGDP/Pprc	0.11070	0.22153	0.09287
	△LGDP/Pprc does not cause △LE9prc	0.00021	0.02680	0.18316
	△LE9prc does not cause △LGDP/Pprc	0.25327	0.04518	0.20473
4	△LGDP/Pprc does not cause △LE1/Pprc	0.02165	0.38452	0.43707
	△LE1/Pprc does not cause △LGDP/Pprc	0.67953	0.71288	0.51286
	△LGDP/Pprc does not cause △LE2/Pprc	0.11368	0.25866	0.53101
	△LE2/Pprc does not cause △LGDP/Pprc	0.70028	0.21285	0.29303
	△LGDP/Pprc does not cause △LE3/Pprc	0.14384	0.80036	0.97769
	△LE3/Pprc does not cause △LGDP/Pprc	0.20395	0.43806	0.10906
	△LGDP/Pprc does not cause △LE4/Pprc	0.65827	0.78974	0.15017
	△LE4/Pprc does not cause △LGDP/Pprc	0.08557	0.19191	0.06453
	△LGDP/Pprc does not cause △LE5/Pprc	0.08527	0.37940	0.20492
	△LE5/Pprc does not cause △LGDP/Pprc	0.31207	0.40488	0.16211
	△LGDP/Pprc does not cause △LE6/Pprc	0.54175	0.47005	0.36750
	△LE6/Pprc does not cause △LGDP/Pprc	0.21618	0.19255	0.10025
	△LGDP/Pprc does not cause △LE7/Pprc	0.02535	0.34013	0.16900
	△LE7/Pprc does not cause △LGDP/Pprc	0.96202	0.37642	0.22962
	△LGDP/Pprc does not cause △LE8/Pprc	0.83449	0.43806	0.14797
	△LE8/Pprc does not cause △LGDP/Pprc	0.11239	0.21701	0.09184
	△LGDP/Pprc does not cause △LE9/Pprc	0.00034	0.03626	0.01599
	△LE9/Pprc does not cause △LGDP/Pprc	0.18027	0.11390	0.68699
5	△LGDP/Pprc does not cause △LE1/GDPprc	0.02483	0.38811	0.37380
	△LE1/GDPprc does not cause △LGDP/Pprc	0.67953	0.71288	0.51286
	△LGDP/Pprc does not cause △LE2/GDPprc	0.12310	0.18612	0.28768
	△LE2/GDPprc does not cause △LGDP/Pprc	0.70028	0.21285	0.29303
	△LGDP/Pprc does not cause △LE3/GDPprc	0.21430	0.88166	0.96605
	△LE3/GDPprc does not cause △LGDP/Pprc	0.20395	0.43806	0.10906

表4-10(续)

表达式	原假设	1 Lag P值	2 Lag P值	3 Lag P值
	△LGDP/Pprc does not cause △LE4/GDPprc	0.97958	0.90876	0.13320
	△LE4/GDPprc does not cause △LGDP/Pprc	0.08557	0.19191	0.06453
	△LGDP/Pprc does not cause △LE5/GDPprc	0.43909	0.68002	0.43294
	△LE5/GDPprc does not cause △LGDP/Pprc	0.31207	0.40488	0.16211
	△LGDP/Pprc does not cause △LE6/GDPprc	0.64969	0.52335	0.36957
	△LE6/GDPprc does not cause △LGDP/Pprc	0.21618	0.19255	0.10025
	△LGDP/Pprc does not cause △LE7/GDPprc	0.01900	0.18184	0.07417
	△LE7/GDPprc does not cause △LGDP/Pprc	0.96203	0.37642	0.22962
	△LGDP/Pprc does not cause △LE8/GDPprc	0.90819	0.48699	0.14713
	△LE8/GDPprc does not cause △LGDP/Pprc	0.11239	0.21701	0.09184
	△LGDP/Pprc does not cause △LE9/GDPprc	0.00200	0.05382	0.02662
	△LE9/GDPprc does not cause △LGDP/Pprc	0.18027	0.11390	0.68699
6	△LGDPprc does not cause △LE1/GDPprc	0.02110	0.37643	0.38128
	△LE1/GDPprc does not cause △LGDPprc	0.70829	0.72010	0.67553
	△LGDPprc does not cause △LE2/GDPprc	0.09848	0.18342	0.29361
	△LE2/GDPprc does not cause △LGDPprc	0.79422	0.24408	0.41620
	△LGDPprc does not cause △LE3/GDPprc	0.18623	0.84476	0.95892
	△LE3/GDPprc does not cause △LGDPprc	0.26417	0.51809	0.15885
	△LGDPprc does not cause △LE4/GDPprc	0.93646	0.91477	0.12997
	△LE4/GDPprc does not cause △LGDPprc	0.12477	0.26500	0.11881
	△LGDPprc does not cause △LE5/GDPprc	0.45082	0.68524	0.46169
	△LE5/GDPprc does not cause △LGDPprc	0.36023	0.49061	0.25415
	△LGDPprc does not cause △LE6/GDPprc	0.59498	0.51840	0.38238
	△LE6/GDPprc does not cause △LGDPprc	0.29339	0.23946	0.17530
	△LGDPprc does not cause △LE7/GDPprc	0.01337	0.18027	0.07385
	△LE7/GDPprc does not cause △LGDPprc	0.89264	0.41546	0.27817
	△LGDPprc does not cause △LE8/GDPprc	0.83820	0.47186	0.14743
	△LE8/GDPprc does not cause △LGDPprc	0.15984	0.28440	0.17427
	△LGDPprc does not cause △L9E/GDPprc	0.00345	0.06374	0.15472
	△LE9/GDPprc does not cause △LGDP[rc	0.20194	0.11668	0.90036

参考文献

[1] ABIZADEH S, GRAY J. Wagner's Law: A pooled time-series cross-section comparison [J]. National Tax Journal, 1985 (88).

[2] ABIZADEH S, YOUSEFI M. An Empirical Examination of Wagner's Law [J]. Economics Letters, 1988 (26).

[3] ABIZADEH S, YOUSEFI M. An Empirical Analysis of South Korea's Economic Development and Public Expenditure Growth [J]. Journal of Socio-Economics, 1998 (27).

[4] AFXENTIOU P C, SERLETIS A. Government expenditures in the European Union: Do they converge or follow Wagner's Law? [J]. International Economic Journal, 1996 (10).

[5] AFZA M, ABBAS Q. Wagner's law in Pakistan: Another look [J]. Economics and International Finance, 2010, 2 (1).

[6] AHSAN S M, KWAN A C, SAHNI B S. Cointegration and Wagner's Hypothesis: Time Series Evidence for Canada [J]. Applied Economics, 1996, 28 (8).

[7] AKITOBY B, CLEMENTS B, GUPTA S, INCHAUSTE G. Public spending, voracity, and Wagner's law in developing countries [J]. European Journal of Political Economy, 2006 (22).

[8] ANSARI M I, GORDON D V, AKUAMOAH C. Keynes versus Wagner: Public expenditure and national income for three African Countries [J]. Applied Economics, 1997 (29).

[9] ASSEERY A A, LAW D, PERDIKIS N. Wagner's Law and Public Expenditure in Iraq: A Test Using Disaggregated Data [J]. Applied Economics Letters, 1999 (6).

[10] BABATUNDE M ADETUNJI. A Bound Testing Analysis of Wagner's Law in Nigeria: 1970 - 2006 [OB/OL]. [2010 - 05 - 03] http://www. africametrics. org/documents/conference08/day1/session2/babatunde. pdf.

[11] BAIRAM, ERKIN I. Level of aggregation, variable elasticity and Wagner's law [J]. Economics Letters, 1995 (48).

[12] BAO S, CHANG G H, SACHS J D, WOO W T. Geographic factors and China's regional development under market reforms 1978 - 1998 [J]. China Economic Review, 2002 (13).

[13] BARTH J. BRADLEY M. The Impact of Government Spending on Economic Activity. Discussion Paper, George Washington University, 1987. Available at: http://s3. amazonaws. com/thf_media/2005/pdf/bg1831es. pdf. 2009 - 7 - 28.

[14] BASTABLE, CHARLES FRANCIS. 1892. Public Finance [M]. http://www. literaturecollection. com/a/c - f - bastable/ public - finance/1/, 2010.

[15] BAUMOL W J. Macroeconomics of Unbalanced Growth: the Anatomy of Urban Crisis [J]. American Economic Review, 1967 (57).

[16] BELL, DANIEL. The Coming of the Post – Industrial Society [J]. The Educational Forum, 1976, 40 (4).

[17] BIRD R M. Wagner's Law of expanding state activity [J]. Public Finance, 1971 (26).

[18] BISWAL B, DHAWAN U, LEE H Y. Testing Wagner versus Keynes using disaggregated public expenditure data for Canada [J]. Applied Economics, 1999 (31).

[19] BOOMS H B, GREYTAK D. Wagner's law and the Growth of State and Local Government [J]. The Annals of Regional Science, 1969, 3 (1).

[20] BRENNAN G, BUCHANAN J. The Power to Tax: Analytical Foundations of a Fiscal Constitution [M]. Cambridge, New York: Cambridge University Press, 1980.

[21] BUCHANAN JAMES M, TULLOCK GORDON. The Calculus of Consent: Logical Foundations of Constitutional Democracy [M]. http://www.econlib.org/library/Buchanan/buchCv3Contents.html. 2010 – 4 – 2.

[22] BURNEY N A, AL – MUSSALLAM N. Wagner's Law and public expenditure growth in Kuwait [J]. OPEC Review, 1999(23).

[23] CAVUSOGLU T. (in press) Testing the validity of Wagner's Law in Turkey: The bounds testing approach [OB/OL]. Ankara University Review of the Faculty of Political Sciences. http://www.politics.ankara.edu.tr/eski/dergi/pdf/60 /1/4_a_tarkan_cavusoglu.pdf

[24] CHANG T. An econometric test of Wagner's Law for six countries based on cointegration and error – correction modeling techniques [J]. Applied Economics, 2002 (34).

[25] CHANG T, LIU W, CAUDILL S B. A re – examination

of Wagner's Law for ten countries based on cointegration and error－correction modelling techniques [J]. Applied Financial Economics, 2004 (14).

[26] CHLESTOS M, KOLLIAS C. Testing Wagner's Law using disaggregated public expenditure data in the case of Greece: 1953－1993 [J]. Applied Economics, 1997 (29).

[27] COURAKIS A S, MOURA－ROQUE F, TRIDIMAS G. Public expenditure growth in Greece and Portugal, Wagner's Law and beyond [J]. Applied Economics, 1993 (25).

[28] DEMIRBAS S. Cointegration analysis－causality testing and Wagner's Law: the case of Turkey, 1950－1990 [OB/OL]. (University of Leicester Discussion Papers, 1999). http://www.le.ac.uk/economics/research/RePEc/lec/leecon/ econ99－3.pdf. 2009－8－6.

[29] DEVARAJAN S, SWAROOP V, ZOU H. The composition of public expenditure and economic growth [J]. Journal of monetary economics, 1996 (37).

[30] DOWRICK S. Technological Catch Up and Diverging Incomes: Patterns of Economic Growth 1960－88 [J]. The Economic Journal, 1992, Vol. 102 (412): 600－610. Available at: http://www.jstor.org/stable/2234297. 2010－4－20.

[31] ENGLE R F, GRANGER C W J. Cointegration and error correction representation: Estimation and testing [J]. Econometrica, 1987, 55 (2).

[32] FISHER R A. Statistical Methods for Research Workers [M]. 4th edition. Edinburgh: Oliver and Boyd, 1932.

[33] FLORIO MASSIMO, COLAUTTI SARA. A logistic growth theory of public expenditures: A study of five countries over

100 years [J]. Public Choice, 2005 (122).

[34] FRIMPONG JOSEPH M, OTENG – ABAYIE ERIC F. Does the Wagner's Hypothesis Matter in Developing Economies? Evidence from Three West African Monetary Zone (WAMZ) Countries [J]. American Journal of Economics and Business Administration, 2009, 1 (2).

[35] GANDHI V P. Wagner's Law of public expenditure: Do recent cross – section studies confirm it? [J]. Public Finance, 1971 (26).

[36] GOFFMAN J J, MAHAR D J. The growth of public expenditures in selected developing nations: Six Caribbean nations [J]. Public Finance, 1971 (26).

[37] GRANGER C W J, NEWBOLD P. Spurious regressions in econometrics [J]. Journal of Econometrics, 1974 (2).

[38] GRIER K, TULLOCK G. An Empirical Analysis of Cross – National Economic Growth, 1950 – 1980 [J]. Journal of Monetary Economics, 1987 (24).

[39] GUPTA S P. Public expenditure and economic growth: a time series analysis [J]. Public Finance, 1967 (22).

[40] GYLES A F. A time domain transfer function model of Wagner's Law: The case of the United Kingdom economy [J]. Applied Economics, 1991 (23).

[41] HALICIO FERDA. Testing Wagner's law for Turkey, 1960 – 2000 [J]. Review of Middle East Economics and Finance, 2003, 1 (2).

[42] HALICIOGLU F. Testing Wagner's Law for Turkey, 1960 – 2000 [J]. Review of Middle East Economics and Finance, 2003 (1).

[43] HANSEN ALVIN HARVEY. Economic Stabilization in an Unbalanced World [M]. New York: Harcourt, Brace and Company, 1905.

[44] HAYO B. No further evidence of Wagner's Law for Mexico [J]. Public Finance, 1994 (49).

[45] HENREKSON M. Wagner's Law - A spurious relationship [J]. Public Finance, 1993 (48).

[46] HOLMES J M, HUTTON P A. On the causal relationship between government expenditure and national income [J]. Review of Economics and Statistics, 1990 (72).

[47] HONDROYIANNIS G, PAPAPETROU E. An examination of Wagner's Law for Greece: A cointegration analysis [J]. Public Finance, 1995 (50).

[48] HSUEH T T, LI Q, LIU S (Eds.). China's Provincial Statistics, 1949 - 1989 [M]. Oxford: Westview Press, 1993.

[49] HUANG CHIUNG - JU. Government Expenditures in China and Taiwan: Do They Follow Wanger's Law? [J]. Economic Development, 2006, 31 (2).

[50] HUGHES OWEN E. Public Management & Administration [M]. The Macmillan Press LTD, 1994.

[51] ISLAM A M. Wagner's Law revisited: Cointegration and exogeneity tests for the USA [J]. Applied Economics Letters, 2001 (8).

[52] IYARE S O, LORDE T. Cointegration, causality and Wagner's Law: Tests for selected Caribbean countries [J]. Applied Economics Letters, 2004 (11).

[53] JIAN T, SACHS J D, WAMER A M. Trends in regional inequality in China [J]. China Economic Review, 1996 (7).

[54] KANBUR R, ZHANG X. Which regional inequality? The evolution of rural – urban and inland – coastal inequality in China from 1993 to 1995 [J]. Journal of Comparative Economics, 1999(27).

[55] KARAGIANNI STELLA, PEMPETZOGLOU MARIA. Evidence for Non – linear Causality between Public Spending And Income in The European Union Countries [J]. Applied Business Research, 2009, 25 (1).

[56] KAU JAMES B, RUBIN PAUL H. The Growth of Government: Sources and Limits [J]. Public Choice, 2002 (113).

[57] KEYNES JOHN MAYNARD. The General Theory of Employment Interest and Money [M]. London: Macmillan and Co., Limited Martins Street, 1936.

[58] KHAN A H. Wagner's Law and the developing economy: Time series evidence from Pakistan [J]. Indian Journal of Economics, 1990 (38).

[59] KORMENDI R, MEGUIRE P. Macroeconomic determinants of growth: cross – country evidence [J]. Journal of Monetary Economics, 1985 (16).

[60] KOLLURI B R, PANIK M J, WAHAB M. Government expenditure and economic growth: Evidence from G7 countries [J]. Applied Economics, 2000 (32).

[61] KOLLURI BHARAT R, WAHAB MAHMOUD. Asymmetries in the conditional relation of government expenditure and economic growth [J]. Applied Economics, 2007, (39).

[62] LAMARTINA SERENA (Germany), ZAGHINI ANDREA (Italy). Increasing Public Expenditures: Wagner's Law in OECD Countries [OB/OL]. CFS Working Paper No. 2008. http://econstor. eu/dspace/bitstream/10419/25548/1/ 577547798. PDF.

2010 -7 -3.

［63］ LANDU D. Government Expenditure and Econcmic Growth: A Cross - country Study ［J］. Southern Economic Journal, 1983 (49).

［64］ LEE J. Changes in the source of China's regional inequality ［J］. China Economic Review, 2000 (11).

［65］ LIN C A. More evidence on Wagner's Law for Mexico ［J］. Public Finance, 1995 (50).

［66］ MADDALA G S, WU S. A comparative study of unit roots with panel data and a new simple test ［J］. Oxford Bulletin of Economics and Statistics, 1999 (61).

［67］ MANN A J. Wagner's Law: An econometric test for Mexico ［J］. National Tax Journal, 1980 (33).

［68］ MANNING N. The Legacy of the New Public Management in Developing Countries ［J］. International Review of Administrative Sciences, 2001 (67).

［69］ MATHIASEN DAVID G. The New Public Management and its Critics ［J］. International Public Management Journal, 1999 (2).

［70］ MICHAS N A. Wagner's Law of pubic expenditures: what is appropriate measurement for a valid test? ［J］. Public Finance, 1975 (30).

［71］ MUSGRAVE R A. The Theory of Public Finance: A Study in Public Eeonomy ［M］. New York: MeGraw - hill, 1959.

［72］ MUSGRAVE R A. Fiscal Systems ［M］. New Haven: Yale University Press, 1969.

［73］ NARAYAN P K, NIELSEN I, SMYTH R. Panel data, cointegration, causality and Wagner's law: Empirical evidence from

Chinese provinces [J]. China Economic Review, 2008 (19).

[74] NARAYAN P K, PRASAD A, SINGH B. A test of the Wagner's hypothesis for the Fiji islands [J]. Applied Economics, 2008, 40 (1/3).

[75] NISKANEN W A. Bureaucracy and Representative Government [M]. Chicago: Aldine - Atherton, 1971.

[76] NOMURA M. Wagner's hypothesis and the displacement effect in Japan, 1960 - 1991 [J]. Public Finance, 1995 (50).

[77] OXLEY L. Cointegration, causality and Wagner's Law: A test for Britain 1870 - 1913 [J]. Scottish Journal of Political Economy, 1994 (41).

[78] PEACOCK A T, WISEMAN J. The growth of public expenditure in the United Kingdom [M]. Princeton: Princeton University Press, 1961.

[79] PEACOCK A, SCOTT A. The curious attraction of Wagner's Law [J]. Public Choice, 2000 (102).

[80] PEDRONI P. Critical values for cointegration tests in heterogeneous panels with multiple regresses [J]. Oxford Bulletin of Economics and Statistics, 1999 (61).

[81] PERDIKIS NICHOLAS. Wagner's Law and Public Expenditure in Iraq: Further Thoughts using Disaggregated Data [J]. Applied Economics Letters, 1999 (6).

[82] RAM R. Causality between income and government expenditure: A broad international perspective [J]. Public Finance, 1986 (41).

[83] RAM R. Government size and economic growth: A new framework and evidence from cross - section and time - series data [J]. American Economic Review, 1986, 76 (1).

[84] RAM R. Wagner's Hypothesis in Time – Series and Cross – Section Perspectives: Evidence from "Real" Data for 115 Countries [J]. The Review of Economics and Statistics, 1987, 69 (2).

[85] RAM R. Use of Box – Cox models for testing Wagner's hypothesis: A critical note [J]. Public Finance, 1992 (47).

[86] ROBERTS K. Rural migrants in urban China: Willing workers, invisible residents [J]. Asia Pacific Business Review, 2002 (8).

[87] ROSTOW W W. Politics and the Stages of Growth [M]. Cambridge: Cambridge University Press.

[88] SAMUELSON PAUL A, NORDHAUS WILLIAM D. Economics [M]. The 17th Edition. New York: McGraw – Hill Companies, Inc, 2001.

[89] SIDERIS DIMITRIOS. Wagner's Law in 19th Century Greece: a cointegration and causality analysis [OB/OL]. [2010 – 05 – 10] http://195.130.120.179/working_papers/sideris/wagnerlaw.pdf.

[90] SIN YVONNE. China: Pension Liabilities and Reform Options for Old Age Insurance [R]. World Bank, 2005.

[91] SONG S, CHU G S F, CAO R. Intercity regional disparity in China [J]. China Economic Review, 2000 (11).

[92] SUN K N. A political/economic analysis of Taiwan government spending growth [J]. Public Finance Review, 1997 (29).

[93] THORNTON J. Cointegration, causality and Wagner's Law in nineteenth century Europe [J]. Applied Economics Letters, 1999 (6).

[94] TOBIN D. Economic liberalization, the changing role of

the state and Wagner's Law: China's development experience since 1978 [J]. World Development, 2005, 33 (5).

[95] WAGNER A. Finanzwissenscaft (Germany) [M]. 3rd edition. Leipzig: Winter. 1883.

[96] WAHAB M. Economic growth and government expenditure: Evidence from a new test specification [J]. Applied Economics, 2004 (36).

[97] YANG D T. What has caused regional inequality in China? [J]. China Economic Review, 2002 (13).

[98] YING L G. China's changing regional disparities during the reform period [J]. Economic Geography, 1999 (75).

[99] YOUSEFI M, ABIZADEH S. Growth of state government expenditures: Empirical evidence from the United States [J]. Public Finance, 1992 (47).

[100] (美) 阿里·法拉兹曼得. 全球化与公共行政 [J]. 北京行政学院学报, 2000 (6).

[101] (美) 阿图·埃克斯坦. 公共财政学 [M]. 张愚山, 译. 北京: 中国财政经济出版社, 1983.

[102] (英) 安东尼·B.阿特金森, (美) 约瑟夫·E.斯蒂格里茨. 公共经济学 [M]. 蔡江南, 等, 译. 上海: 上海三联书店, 1994.

[103] (美) B.盖伊·彼得斯. 政府未来的治理模式 [M]. 吴爱明, 等, 译. 北京: 中国人民大学出版社, 2001.

[104] (美) 布坎南. 自由、市场和国家 [M]. 平新乔, 莫扶民, 译. 北京: 北京经济学院出版社, 1988.

[105] (美) 布坎南. 公共财政 [M]. 赵锡军, 译. 北京: 中国财政经济出版社, 1991.

[106] (美) 布坎南. 民主财政论 [M]. 穆怀朋, 译. 北

京：商务印书馆，1993．

[107]（美）布坎南，马斯格雷夫．公共财政与公共选择[M]．类承曜，译．北京：中国财政经济出版社，2001．

[108]（美）丹尼尔·贝尔．后工业社会的来临[M]．高铦，等，译．北京：新华出版社，1997．

[109] 曹永福．格兰杰因果性检验评述[J]．数量经济技术经济研究，2006（1）．

[110] 陈君．财政支出增长理论述评[J]．浙江社会科学，2000（2）．

[111] 陈天祥．新公共管理——政府再造的理论与实践[M]．北京：中国人民大学出版社，2007．

[112] 陈振明．政府再造——西方"新公共管理运动"述评[M]．北京：中国人民大学出版社，2003．

[113] 程祥国，韩艺．国际新公共管理浪潮与行政改革[M]．北京：人民出版社，2005．

[114] D.奥斯本，T.盖布勒．改革政府——企业精神如何改革着公共部门[M]．上海市政协编译所，译．上海：上海译文出版社，1996．

[115] 丁建定．西方社会保障制度的改革及其评价[J]．学习与实践，2007（2）．

[116] 董正威．浅析我国公共支出预算绩效管理的问题及解决方法[D]．上海：复旦大学，2008．

[117] 范希春．改革开放以来国务院机构历次重大改革比较研究[J]．北京行政学院学报，2003（6）．

[118] 国家行政学院国际合作交流部．西方国家行政改革述评[M]．北京：国家行政学院出版社，1999．

[119] 高培勇．中国财政政策报告2007/2008——财政与民生[M]．北京：中国财政经济出版社，2009．

[120] 高小平. 从服务型政府建设的历程看行政管理体制改革的深化 [J]. 中国城市经济, 2008 (8).

[121] 郭希林. 公共支出规模存在合理极值: "瓦格纳法则"新解 [J]. 现代财经, 2005 (2).

[122] 郝晓薇, 叶子荣. 基于新公共管理视角的瓦格纳定律之现实评析 [J]. 中南财经政法大学学报, 2010 (1).

[123] 郝晓薇, 陈娜. 我国高等教育成本分担政策中若干问题的分析 [J]. 云南行政学院学报, 2006 (3).

[124] 何水. 服务型政府及其在我国的构建 [D]. 四川大学, 2004.

[125] 亨利·温泽. 全球民营化趋势 [M] // 张小聪, 张学军. 经济体制改革前沿问题: 国际比较与借鉴. 北京: 人民出版社, 2003.

[126] 侯建民. 建设资源节约与环境友好型社会 促进人与自然和谐发展 [N]. 人民政协报, 2007-07-02.

[127] 胡锋. 转轨时期我国财政支出的实证分析 [J]. 财贸研究, 2002 (2).

[128] 黄耀南. 浅析公共服务主体多元化 [J]. 南方论刊, 2008 (1).

[129] 季建林. 瓦格纳定律及其合理极值与我国行政成本上升 [J]. 云南财经大学学报, 2010 (1).

[130] (美) 加里·贝克尔. 人类行为的经济分析 [M]. 王业宇, 陈琪, 译. 上海: 上海三联书店, 1995.

[131] (美) 杰里·本特利, 赫伯特·齐格勒. 新全球史——文明的传承与交流 [M]. 3版. 魏凤莲, 等, 译. 北京: 北京大学出版社, 2007.

[132] 黎君. 中国财政支出比率的实证分析 [J]. 中央财经大学学报, 2004 (3).

［133］李和中. 论法国公务员制度的现代化改革［J］. 法国研究, 2001（1）.

［134］李鹏. 新公共管理及应用［M］. 北京：社会科学文献出版社, 2004.

［135］李树生. 基于结构突变的瓦格纳定律的实证检验［J］. 经济问题, 2009（12）.

［136］李永友, 裴育. 公共支出与国民产出——基于瓦格纳定律的实证检验［J］. 财经研究, 2005（7）.

［137］连志慧. 论服务型政府的建构［D］. 北京：中共中央党校, 2009.

［138］刘厚金. 我国政府转型进程中的公共服务研究［D］. 上海：华东师范大学, 2007.

［139］刘力, 张源. "新公共管理"运动及其对中国行政改革的启示［J］. 天府新论, 2003（4）.

［140］刘熙瑞. 服务型政府：经济全球化背景下中国政府改革的目标选择［J］. 中国行政管理, 2002（7）.

［141］刘永利. 新公共管理浪潮中的财政管理改革［J］. 西安交通大学学报, 2001（增刊）.

［142］刘重. 关于政府公共服务管理与运营模式的思考［J］. 理论与现代化, 2009（5）.

［143］罗希. 我国公共服务市场化的理论与实践［D］. 北京：北京邮电大学, 2009.

［144］马杰. 公共事业组织融资困境与渠道拓展［J］. 学术交流, 2006（1）.

［145］（美）迈克尔·尼尔森. 信息技术与结构［J］. 美国信息技术述论, 1998（3）.

［146］潘小娟. 法国公共部门的改革（上）［J］. 中国行政管理, 2000（9）.

[147] 秦春华. 经济体制变迁中的财政职能研究[M]. 北京: 北京大学出版社, 2009.

[148] 邵萍英. 中国政府机构改革的历史回顾及基本经验[J]. 池州师专学报, 2005 (12).

[149] 孙天法. 基于市场结构范式的非瓦格纳财政体系[J]. 财政研究, 2007 (10).

[150] 汤玉刚, 范方志. 财政规模决定: 一个经验模型[J]. 财经问题研究, 2005 (9).

[151] 汤玉刚. 我国制度变迁中财政规模决定因素的经验分析[J]. 上海财经大学学报, 2006 (6).

[152] 吴江. 我国政府机构改革的历史经验[J]. 中国行政管理, 2005 (3).

[153] 吴凯. 浅论瓦格纳法则在中国的适用性[J]. 财经论丛, 2006 (5).

[154] 谢庆奎. 服务型政府建设的基本途径: 政府创新[J]. 北京大学学报: 哲学社会科学版, 2005 (1).

[155] 杨波. 西方国家公务员制度改革与核心价值的冲突[J]. 中国行政管理, 2001 (9).

[156] 杨继, 刘柯杰. 中国财政支出增长的实证分析[J]. 上海经济研究, 2002 (9).

[157] 姚静. 中国财政支出增长的实证分析——基于瓦格纳法则的研究[J]. 经济论坛, 2009 (15).

[158] 叶子荣, 郝晓薇, 杨超. 新公共管理运动及其对瓦格纳定律的冲击[J]. 财政研究, 2007 (3).

[159] 于长革. 公共消费支出及其最优规模分析[J]. 财经研究, 2004 (10).

[160] (美) 约瑟夫·S.奈, 约翰·D.唐纳胡. 全球化世界的治理[M]. 王勇, 等, 译. 北京: 世界知识出版社, 2003.

[161] 张馨. 公共化：20年财政改革的基本趋势 [J]. 中国财政, 2000 (2).

[162] 周志忍. 当代国外行政改革比较研究 [M]. 北京：国家行政学院出版社, 1999.

[163] 王定云, 王世雄. 西方国家新公共管理理论综述与实务分析 [M]. 上海：上海三联书店, 2008.

[164] 王强. 管理主义：信念、知识和实践 [J]. 中国行政管理, 2002 (5).

[165] 王小利, 张永正. Gibbs抽样条件下瓦格纳法则的中国有效性研究 [J]. 统计研究, 2009 (1).

[166] 赵石磊. "瓦格纳定律"检验中的协整与因果问题——中国的情况 [J]. 中央财经大学学报, 2008 (8).

[167] 张璋. 20世纪80年代以来的全球行政改革：背景、理论、举措与经验 [J]. 北京行政学院学报, 2002 (2).

[168] 郑春荣. 瓦格纳法则的检验及在中国的适用性研究 [J]. 理论探讨, 2008 (5).

[169] 中国行政管理学会. 中国行政管理简史 [M]. 北京：人民出版社, 2002.

致 谢

有太多感觉，无法用语言形容。

博士论文终于暂可定稿，可是却卡在"致谢"这个环节上。有那么多人需要感谢，这么多天我却写不出一个字。在百味杂陈的感觉面前，文字是如此的苍白无力。可是时不我待，现实不给更多时间让人整理好心情再来面对。所幸在收获的季节，我并不是一无所获，我的麦田虽然还有杂草，可是放眼望去也有一片金黄。曾经的迷茫和芜杂，几百个日夜的焦心和求索，终于可暂时告一段落。

在收获的季节，由衷地感谢我的导师叶子荣教授。叶子荣老师对于我来说亦师亦父亦友，没有叶老师，就不会有我的麦田。回首跟随叶子荣老师学习的整整六年时光，从硕士研究生到博士研究生，我从完全没有专业基础的一张白纸成长到创作出10万字的专业论文，完全是师父言传身教、倾心教导的结果。多少次的严厉训诫，多少次的迷津点拨，多少次的斟酌讨论，多少次的悉心关怀，叶子荣老师用他认真火热的准则在教导我们学习的同时教导了我们该如何处世。师恩如海，亲爱的叶老师，在未来的征途上，学生一定秉承您的火热情怀，将这份爱传递播撒、延展光大。

感谢我的两位副导师——贾志勇教授和黄登仕教授。两位学者严肃的治学态度可谓为人师表的典范，贾老师才思敏捷、博学多识，更难得的是平易热诚，令人可亲；黄老师逻辑严谨术业精深，对学习讲求规范，令人可敬。两位老师不同的学术气质不仅带给学生自然而然的精神熏陶，而且在百忙中就论文具体到研究思路和研究方法都给学生提出了有价值的建议。在学术追求之路上得遇如此良师指点，幸甚至哉！

感谢公共管理学院和经济管理学院的各位老师。各位任课老师在不同的课堂上展示了风姿各异的学术风采，使得学生能够搭建起坚实的研究基础。感谢王谦教授，是您给了我许多实践的机会，您平易近人的谦和与关注，是我内心永远的温暖；感谢高强副教授，您关注民生、真诚而独立的学者操守，使学生领略到学识的品质和风骨；感谢王建琼教授在专业课堂上的精彩表现，对统计及计量知识的首次接触始于您教授的"管理系统多变量分析"，相对于我文科出身的知识结构，这个开始意义重大。感谢刘颖老师在学习和生活中给我的援手和关怀，感谢余小英老师在研究生会工作上对我的帮助和指导，感谢王崇杰主任在平日琐事中给予的不厌其烦的支持，感谢秦凉平主任在教学实践中给我的信任和机会。感谢图书馆的李黎老师，感谢软件学院的李山丁老师，感谢南开大学的张晓峒老师，感谢西南财经大学的刘蓉老师，感谢甘肃行政学院的吕文广老师，感谢石家庄心理咨询师培训中心的王利玲老师，感谢西南交通大学出版社的李晓辉编辑，感谢所有关心过我、帮助过我的老师们！

回顾学习生涯，同学情谊且深且长。从硕士到博士，我在收获了学习成果的同时还收获了深厚的友谊。王芳、喇娟娟、杨明波、陈娟、邓晰隆、张衍顿、刘海燕、张斌、侯宇、赵燕都已参加工作。虽然大家天各一方,可是共同学习、彼此信任的过往早已铸就了坚实的友情,我对你们的友爱和信赖永远不变;谢冬梅、李周清、马东山、阴良魁、贾宪洲、郑浩生、叶宝忠等同学还在校园,冬梅大方开朗善良可人,周清师姐热情豪爽快意人生,东山踏实重义值得托付,良魁才情出众温文儒雅,贾师兄宽厚而内敛,浩生绅士而聪敏,叶师兄教给我很多处世经验。感谢现就读于中南财经政法大学的李艳红,你给我的帮助无比重要。感谢杨新文师兄,你给我的支持我永远不会忘记。感谢李盛竹师兄、邓发云师兄、宋可青美女。我亲爱的同学们,你们的情谊是我人生中无比宝贵的精神财富,感谢你们在我需要帮助的时候曾施以援手。我相信在未来的日子里,无论身在哪里,来自友爱的光辉将永远温暖我们的内心。

感谢我的朋友柳华平、齐永亚、陆丽华、宋聪敏、张玉静。柳华平博士对我而言亦师亦友,在我的学习和成长过程中,你对我的启迪至关重要。齐兄、大姐、聪敏和玉静是我儿时的伙伴,十几年的友情无法描述,那么多心情低落的时候,那么多生活困顿的时候,是你们给了我如水晶般纯净、如琉璃般华彩的友爱,是你们给了我毫无保留的赤诚援助,让我重新振作和奋进。

对于父母家人的感谢无法用语言表达。我是农民的女儿,是父母摔碎汗珠凝聚的微弱光芒始终在不离不弃地照耀我前行的方向,父母面朝黄土背朝天的辛劳,是我心尖上永远不能衰减的疼痛。此时此刻,我终于即将完成学习征程,对于父母的感恩之情不能用语言形容。感谢我的爱人郭海东,你多年以来一直无怨无悔、毫无保留地支持我照顾我,来自爱的信任赐予我力量和勇气。感谢大龙哥哥,在我求学的路上,是你给我指明了方向,并且一直给我关照和扶持,没有你很难有我的今天。

感谢我的妹妹、妹夫，你们替我照顾父母，我才能安心于学业；感谢我的弟弟，你的天性乐观和对生活的无比热情，是可以使我心情永远灿烂的阳光。

　　最后，再一次感谢我的老师、我的父母家人、我的同学和朋友，还有我的母校！我相信真爱无敌，我将用爱照亮新的起跑线！

郝晓薇
2010 年 9 月 10 日于眷诚斋